全国基层文化队伍培训教材
公共图书馆系列

GONGGONG TUSHUGUAN
GUANLI SHIWU

公共图书馆管理实务

邱冠华　陈　萍◎编　著

北京师范大学出版社

图书在版编目(CIP)数据

公共图书馆管理实务/邱冠华,陈萍编著.—北京:北京师范大学出版社,2013.1(2017.7重印)
(全国基层文化队伍培训教材)
ISBN 978-7-303-15596-5

Ⅰ.①公… Ⅱ.①邱…②陈… Ⅲ.①公共图书馆—图书馆管理—中国—业务培训—教材 Ⅳ.①G259.252

中国版本图书馆CIP数据核字(2012)第261839号

出版发行:北京师范大学出版社 www.bnupg.com
　　　　　北京新街口外大街19号
　　　　　邮政编码:100875
印　　刷:北京中印联印务有限公司
经　　销:全国新华书店
开　　本:730mm×980mm　1/16
印　　张:23
字　　数:276千字
版　　次:2013年1月第1版
印　　次:2017年7月第5次印刷
定　　价:39.00元

策划编辑:马洪立　　责任编辑:姚　兵
美术编辑:毛　佳　　装帧设计:毛　佳
责任校对:李　菡　　责任印制:马　洁

版权所有 侵权必究

反盗版、侵权举报电话:010-58800697
北京读者服务部电话:010-58808104
外埠邮购电话:010-58808083
本书如有印装质量问题,请与印制管理部联系调换。
印制管理部电话:010-58800825

内容简介

　　本书从实务的角度，向公共图书馆的工作人员和管理者介绍公共图书馆管理的基本知识、内容、思路和技巧，内容包括概述、战略管理、资金管理、成本管理、人力资源管理、用户管理、安全管理，以帮助公共图书馆工作人员在作为管理者时能够提升管理技巧、实现公共图书馆的理念和组织目标；在作为被管理者时能够理解管理对于保障公共图书馆在贯彻理念、履行职责、发挥功能方面的重要意义，配合和参与管理，使公共图书馆根据自身使命设计管理目标，正确决策，充分争取资源、整合资源、运用资源、管理资源，从而为社会提供平等、免费、专业、礼貌、高效的服务。另外，本书在公共图书馆全覆盖和普遍均等的语境下，将企业管理中的预算管理、成本管理等概念和方法引入公共图书馆管理，期望能够在保证全覆盖的前提下，实现公共图书馆在占用较少的公共资金的情况下实现较高的服务效益，从而保障公共图书馆的可持续发展。

作者简介

邱冠华，苏州图书馆研究员，江苏省图书馆学会副理事长，中国图书馆学会理事、阅读推广委员会副主任，公共图书馆研究院研究员、院务委员。研究方向为公共图书馆服务体系（总分馆制）、公共图书馆管理、公共图书馆阅读推广。

陈萍，常州市图书馆副馆长，副研究馆员，常州市图书馆学会理事，常州市天宁区政协第八届委员会委员。主要研究方向为公共图书馆服务与管理。

全国基层文化队伍培训教材

公共图书馆系列编委会

主　编：李国新

编　委：（以姓氏笔画为序）

　　　　于良芝　吴　晞　张广钦　李东来

　　　　李超平　杨玉麟　邱冠华　屈义华

　　　　范并思　金武刚

序 言

推动社会主义文化大发展大繁荣，队伍是基础，人才是关键。2007年中央"两办"发布的《关于加强公共文化服务体系建设的若干意见》中，就对加强公共文化服务人才队伍建设作出了部署，明确提出了提高公共文化服务人才队伍思想素质和工作能力的要求。2010年《国家中长期人才发展规划纲要（2010—2020年）》发布之后，文化部专门部署了开展全国基层文化人才队伍培训的工作。党的十七届六中全会通过的《关于深化文化体制改革，推动社会主义文化大发展大繁荣若干重大问题的决定》，提出基层文化人才队伍是文化改革发展的基础力量的论断，要求制定实施基层文化人才队伍建设规划，完善机构编制、学习培训、待遇保障等方面的政策措施。《国家"十二五"时期文化改革发展规划纲要》对加强基层文化队伍建设、完善文化人才培训机制作出了具体部署。建设一支德才兼备、锐意创新、规模宏大、结构合理的基层文化人才队伍，成为新时期公共文化服务体系建设的重要任务。

2010年9月，为落实《国家中长期人才发展规划纲要（2010—2020年）》，文化部发布了《关于开展全国基层文化队伍培训工作的意见》，主要任务是用五年时间，对全国现有约24万县乡专职文化队伍和360多万业余文化队伍进行系统培训，促使基层公共文化队伍素质显著提高，服务能力明显增强。为此要求建立健全基层文化队伍培训工作体制和机制，建立分级负责、分类实施的培训组织体系，其中文化部负责指导各地培训、组织编写教学纲要、建设远程培训平台、培养省级师资、举办示范性培训等工作。

按照文化部的统一安排，组织编写教学纲要和教材这一任务，由国家公共文化服务体系建设专家委员会负责实施。

专家委员会在广泛征求意见、充分讨论研究的基础上，形成了培训教材编写的整体方案：教材的内容规划为"公共文化服务通论系列"、"公共图书馆系列"、"文化馆（站）系列"三大系列；教材的形式设计为培训大纲性质的教学指导纲要和系统化的教材并举，为应培训之急需，先行编写出版公共图书馆系列和文化馆（站）系列的教学指导纲要；纲要和教材的编者在全国范围内遴选一流的专家学者和富有经验的实际工作者。2012年年初，先行组织编写的《公共图书馆业务培训指导纲要》和《文化馆（站）业务培训指导纲要》由北京师范大学出版社出版，文化部免费配送至全国县以上文、图两馆及相关部门。现在呈现在读者面前的，就是在指导纲要基础上编写的系统化教材。按照计划，三大系列共17部系统化教材在2012年年内全部出齐。

就公共图书馆系列的教材而言，由于图书馆学在大学里有专业，所以"学院派"的专业教材数量并不少，但是，专门面向基层公共图书馆从业人员在职学习、岗位培训的适用教材却比较缺乏。这类不是着眼于大学专业教学，而是着眼于提高基层从业人员职业素养和业务能力的教材应该体现出什么样的特点？经过反复研究讨论，我们达成了两大共识。首先是面向实践。内容设计以我国公共图书馆服务的现实需求为牵引，以提升从业人员的职业素养和业务能力为目标，以"学得会、用得上、有实效"为检验标准，注重总结、提炼、升华实践中成功的做法、经验和案例，适应启发式、案例式、研讨式教学的需要。其次是统筹兼顾。具体说就是统筹兼顾地处理好几个关系：体系科学性、内容基本性与实践导向的关系；观念阐述、政策解读、规律概括与服务能力提升的关系；注重应知应会、方法技能与体现学科体系、专业素养的关系。

"面向实践、统筹兼顾"的共识能否真正落实到教材的内容中去，关键在"人"——编写人员。2006年以来在中国图书馆学会、国家图书馆和全国文化信息资源建设管理中心的主持下，图书馆界连续5年以"志愿者行动"形式开展"基层公共图书馆馆长培训"，初步构建起了一个针对基层公共图书馆的业务培训内容体系，凝聚起了一支高水平的专家队伍，并且经历了遍及全国25个省市自治区、累计面对3000多位基层公共图书馆馆长和业务骨干讲授的实际历练。这些都为这次编写指导纲要和教材奠定了坚实基础。参加公共图书馆系列培训指导纲要和教材编写的专家，许多人参与过图书馆界的"志愿者行动"，所以他们对基层文化工作者的需要并不陌生。在实际编写过程中，我们强调每一部分的编写人员尽量做到高水平的专家教授和经验丰富的馆长、实际工作者相结合，从而为编写过程中教授和馆长的交流、观念和视野的碰撞、知识和案例的互补创造了条件，为内容上理论和实践的紧密结合奠定了基础。

教材不是个人专著，因此编写组通过研讨、交流乃至碰撞、争鸣而形成共识就显得尤为重要。这套教材在编写过程中，不论是大牌教授还是知名馆长，都表现出了令人敬佩的高度重视、严肃认真、团队合作、学术包容态度和精神。每本教材的主持人都组织编写人员进行了多种形式的研讨交流，从内容划分到框架体系，从章节要点到附属材料，都经过了编写团队的反复研讨打磨。三大系列所有编写人员参加的研讨会先后召开了4次。2011年年底公共图书馆系列和文化馆（站）系列培训指导纲要预印本印出后，分别在南京图书馆和宁波文化馆召开了有省、地、县各级公共文化服务机构代表参加的征求意见会。可以说，目前形成的教材，不仅凝聚着全体编写人员的心血，同时也包含着众多业界同仁的智慧。尽管如此，我知道问题和不足肯定还存在。欢迎使用这套教材的各级文化部门和基层文化工作者提出修改意见和建议，我们将在今后适当的时候作必要的修订。

推出这样一套教材，仅有编写人员的努力还不够，还应该感谢中国文化传媒集团公共文化发展中心为编写工作提供的有力保障，感谢北京师范大学出版集团高教分社的江燕副社长以及各位责任编辑为教材的出版把了最后一道关口，付出了心血和努力。

由于在国家公共文化服务体系建设专家委员会的工作关系，我本人承担了这套教材编写的组织工作，并且出任公共图书馆系列指导纲要和教材的主编。在教材出版之际，把这套教材的编写缘起和过程记录如上，算是对这项工作的一个小结，也算是为这套教材的诞生留下一点历史记录。

李国新

前　言

　　《公共图书馆管理实务》是文化部"全国基层文化队伍培训教材"系列之一。从责任管理思想出发，公共图书馆的所有工作者都有着管理者和被管理者的双重身份。因而本教材的主要目的是帮助公共图书馆的工作人员在作为管理者时能够理解什么是管理，为什么要管理，如何提升管理技巧，怎样通过管理实现公共图书馆的理念、提高服务效益和可持续发展；在作为被管理者时能够理解管理对于保障图书馆在贯彻公共图书馆理念、履行职责、发挥功能前提下的安全运行、正常开放、提供服务、降低成本、提高服务效益的重要意义，以配合和参与管理。

　　管理是一种理论和实践相结合的活动。现代管理理论从100年前诞生，至今已经发展成为"管理丛林"。中国企业的平均寿命只有数年的事实，既可说明管理实践必须要有理论指导，也可说明管理不能只靠纸上谈兵。正如彼得·德鲁克先生一方面毕生笔耕不止、著作齐身，向我们说明了管理理论的重要性；另一方面通过"管理是一种实践，其本质不在于'知'而在于'行'"而道出了管理的实践性。这些只说明了一个道理：管理的过程主要是实践，是一种需要有理念的指引、理论的指导的实践，管理实践需要遵循规律，需要借助技巧。因此，本书以实务为主、理论介绍为辅，对于与实务相关度小的理论一般不作展开论述。

　　撰写本书最大的难处在于阅读对象在公共图书馆中因为所处的位置而产生的视角不同。前面已经说过，公共图书馆的所有工作人员都有管理与被管理的两重性，但作为介绍管理实务的这样一本教材，却无法以有限篇幅照顾到方方面面，凡管理类的教材，其视角一定是更多地站在管理者的角度来审视问题，因为管理中最重要的工作——决策，主要由管理者作出，组织因管理产生的结果，且因此引发的责任也是由管理者来承担的。

　　本书另一个可能受质疑的地方是，作为一本公共图书馆管理的教材却没有涉及公共图书馆的基础业务工作，如采、分、编、流通等。笔者认为：公共图书馆的业务工作确实需要管理，但这种管理已经在本套教材中的其他论著中有专门的论述，且与本书所说的管理并不是在一个层面上。本书把管理对象当作公共图书馆的资源，通过优化和调配，经济高效地实现公共图书馆的组织目标，这可能是本书与其他公共图书馆管理教材最大的区别。

　　笔者曾经听到过一些同行交流管理中的所谓"技巧"，本书也大量讲述管理技巧，而且管理中需要讲求技巧，但总体上，管理更需要重规律、讲原则，至少需要七分道，最多只能三分术。因此，本书的内容安排主要为：管理者的素质、要求和管理技巧以及公共图书馆管理的特点，公共图书馆的战略管理，公共图书馆的资金管理，公共图书馆的成本管理，公共图书馆的人力资源管理，公共图书馆的用户管理，公共图书馆的安全管理。

　　本书的写作分工如下：邱冠华负责起草第一章的第一节、第二节、第三章和第四章；陈萍负责起草第五章和第六章；陆秀萍负责起草第一章中的第三节和第二章；蒋林军负责起草第七章。邱冠华对教材进行了第一次统稿，并对各章进行了修改；陈萍对教材进行了第二次统稿；邱冠华最后定稿。限于本系列教材的编写规定，陆秀萍、蒋林军两位没有列入编著者，但他们对完成本书的编著作出了很大贡献，在此特别表示感谢。

　　本书的撰写者都是管理的实践者，且试图把管理对象全部作为资源来论述公共图书馆的管理问题，其中还有使用经济方法来阐释公共图书馆管理的章节，书中存在错误和不足在所难免。感谢文化部非常放心大胆地把如此重要的任务交给我们来承担，使我们对自己及其他公共图书馆的管理实践进行了一次认真的梳理和反思，在把这些实践经验上升到理论并与大家分享的同时，也有助于提高自己的管理理论和实践能力。感谢所有参与"全国基层文化队伍培训教材"编写的专家学者，他们的批评、意见和建议使本书得以不断完善。感谢北京、杭州、佛山、东莞等地图书馆同仁为本书提供案例，贡献了他们的管理成果和管理智慧。感谢北京师范大学出版社的马洪立、姚兵两位编辑为本书的成书所提供的帮助。

编　者

目　录

第一章　概　述 /1
　　第一节　管理及管理者…………………… 1
　　第二节　公共图书馆管理的意义与特点
　　　　　　………………………………… 13
　　第三节　公共图书馆管理模式介绍
　　　　　　………………………………… 18

第二章　公共图书馆战略管理 /33
　　第一节　公共图书馆战略管理的基本
　　　　　　介绍…………………………… 33
　　第二节　公共图书馆战略规划的制定
　　　　　　………………………………… 39
　　第三节　公共图书馆战略实施………… 63
　　第四节　公共图书馆战略评价………… 67

第三章　公共图书馆资金管理 /74
　　第一节　公共图书馆财政预算的管理
　　　　　　………………………………… 74
　　第二节　公共图书馆内部预算管理
　　　　　　………………………………… 102
　　第三节　公共图书馆收入管理 ……… 109
　　第四节　公共图书馆资金管理规范
　　　　　　………………………………… 124

第四章　公共图书馆成本管理 /136
　　第一节　成本核算的基本方法 …………………… 136
　　第二节　成本核算应用范例 ……………………… 149

第五章　公共图书馆人力资源管理 /170
　　第一节　从人事管理到人力资源管理 …………… 170
　　第二节　公共图书馆的职业资质与继续教育 …… 179
　　第三节　从业人员的聘任与晋升 ………………… 199
　　第四节　公共图书馆的分配制度 ………………… 211
　　第五节　公共图书馆团队建设 …………………… 221

第六章　公共图书馆用户管理 /246
　　第一节　公共图书馆用户管理的意义 …………… 246
　　第二节　公共图书馆用户信息对管理的影响 …… 252
　　第三节　公共图书馆用户调查 …………………… 259
　　第四节　公共图书馆用户合作 …………………… 281

第七章　公共图书馆安全管理 /297
　　第一节　公共图书馆安全组织体系 ……………… 297
　　第二节　公共图书馆安全工作责任制 …………… 303
　　第三节　公共图书馆的安全规章制度 …………… 311
　　第四节　公共图书馆的应急预案 ………………… 318
　　第五节　公共图书馆安全管理工作举要 ………… 325

参考文献 /341

第一章 概　述

【内容提要】

通过本章的学习，要求学员简单了解管理的定义、管理思想的演变和发展，作为管理者如何扮演好自己的角色；掌握公共图书馆管理的意义和特点；掌握一定的管理技巧；了解公共图书馆的几种管理模式。

第一节　管理及管理者

一、管理

管理伴随人类社会的进步而出现，是劳动分工和社会化大生产的必然产物，并随着生产力和生产方式的发展而发展。

个体户经营一个小店，进货、销售、收款等全由一人承担，由于没有劳动分工，就不需要管理。随着小店的发展，出于扩大业务而雇用职员时，劳动分工就结伴而来，因而这个小店也随之产生了管理的需求。

劳动分工可以提高工作的专业化程度，从而提高工作效率。系统地分析劳动分工及其经济效果的是亚当·斯密，他在18世纪就在生产针的工厂中发现：采用1名工人完成全部18道工序的方法与1名工人只需要完成全部工序中的几道甚至1道相比，前者的工作效率要低得多，因为后者的劳动分工使工人的工作更加专业化，从而能够提高工作的熟练程度。亚当·斯密认为劳动分工有三个好处：(1)分工可以使劳动者技术熟练程度很快地提高。(2)分工可以使某个人专门从事某种作业，可以缩短从一项工种转到另一项工种所耗费的时间。(3)分工可以使专门从事某项作业的劳动者经常改革劳动工具和发明机器。① 公共图书馆的工作人员可以不知道这个故事，但只要从事过采编，那么一定知道在图书分编时，如果采编部门采用了由每一名采编人员从头至尾完成全部采编加工过程，这肯定是一种低效率的做法，而且，不同的员工对各道工序有着不同的悟性和兴趣，如果设定某个工种的一个指标，则有的员工可以轻松达到而有的员工并不能完成，但换一个工种则可能情况就会相反，因此，让合适的员工上合适的岗位可以进一步提高效率（在第五章"公共图书馆人力资源管理"中会有进一步论述）。现在来看，这是显而易见的道理，甚至不需要学过管理学。所以，通过科学的专业分工，可以提高员工的工作熟练程度，并使流程之间加强协调和配合，从而提高工作效率，这其实是一种自然而然产生的思想，而这就是产生管理的根源。

管理是在一定的环境条件下，对组织所拥有的资源（人力、物力和财力等各项资源）进行计划、组织、领导、控制和协调，以有效地实现组织目标的过程。许多学者也给管理下过定义，每个定义后面可能都伴随着一整套管理思想和理论，对于这些定义和理论，本书不作赘述。

从责任管理思想出发，组织内的每一个人都是管理者，当然，他同时又是被管理者，对于公共图书馆这样一个组织内的从业人员来说也不例外。因此，作为管理者的公共图书馆工作者需要拓宽管理思路，掌握管理理论，运用管理方法，形成管理智慧，展示管理技巧，实现管理目标；作为被管理者的公共图书馆工作者

---

① 赵志军，赵瀚清. 中外管理思想史[M]. 长春：吉林人民出版社，2010：206.

需要理解公共图书馆管理对于保障图书馆在贯彻公共图书馆理念、履行职责、发挥功能前提下的安全运行、正常开放、提供服务、降低成本、提高服务效益的重要意义。总之，公共图书馆的从业人员需要增强对图书馆管理的认同感和参与度，才能不断改善服务并提高服务效益。

二、管理思想的演变

人类最早的管理可能诞生于协同狩猎，但真正的管理实践，应该首先在部落（国家）的治理和军事上的运用。随着社会的进步，人们在管理实践中不断探索和总结，认识到分工越精细、协作越广泛，管理越重要。良好的管理可以优化资源配置、改善工作流程、激发职工热情、增加团队活力，从而提高效率、提升质量、降低成本。对管理实践的不断总结，就逐步产生了管理理论。

我国有着灿烂的古代文明，但在近代沦落为半殖民地半封建社会，对管理实践和理论需求最迫切的民族工业十分落后，因而并未形成科学管理的理论体系。但历史上，我国在先秦时期就出现了许多杰出的管理实践者，如管仲、商鞅等，也形成了许多管理思想，诸如老子的"道法自然"和"无为而治"，孔子的"为政以德"和"和与中庸"，孟子的"义利统一"和"以德服人"，孙子的人的因素决定胜负，以及管子的"以人为本"等管理思想。中国古代的管理思想，基本上都把人作为管理的主要对象。

现代科学管理理论和思想首先在资本主义发达的英、美等西方国家产生，并逐步形成体系。工业革命后，机器化大生产需要各个工种、各个流程之间相互协作、配合，资本的逐利属性要求不断提高生产效率，于是在1911年，泰罗的《科学管理》一书诞生，拉开了现代管理学的序幕。随后，法约尔的古典组织理论、韦伯的行政组织理论、霍桑实验、马斯洛的需要层次论、麦格雷戈的 X 理论和 Y 理论、卡特的团体动力学、赫茨伯格的双因素理论、西蒙的决策理论、孔茨的过程管理、圣吉的学习型组织等不断面世,以至于孔茨将众多的管理理论称为"管理理论丛林"。

虽然管理理论层出不穷,但管理学大师彼得·德鲁克认为:"管理是一种实践,其本质不在于'知'而在于'行';其验证不在于逻辑,而在于成果;其唯一权威就是成就。"[1]本书认为,从彼得·德鲁克撰写过管理著作超过三十本的事实,就可以看出这段话的意思绝不是否认管理理论的重要性,而是可以理解成这样三层意思:(1)不要对管理理论产生畏难情绪,管理重在实践、重在效果。(2)管理是理论与实践相结合的活动,有规律可循。(3)面对众多的管理理论,需要寻找和运用适用并能实现管理目标的理论,不能教条化。

三、管理层次

管理层次是指组织在权威链[2]上所设置的管理职位的级数。与其对应的概念是管理幅度,它是指管理者可以有效管理的范围。我们现在知道,在组织达到一定规模时,管理层次与管理幅度之间成反比关系。尽管管理层次与管理幅度的设定在每个组织因受到组织性质、管理者与被管理者素质、工作复杂程度、信息沟通方便程度等多种因素的影响,并没有固定的模式,但一般来说,管理层次越多,高层和一线管理者的沟通越慢,导致决策缺乏效率,组织的应变能力就会随之降低。

19 世纪末 20 世纪初,韦伯创立了官僚行政组织的理想模式,

---

[1] 彼得·德鲁克. 管理:使命、责任、实务(使命篇)[M]. 北京:机械工业出版社,2009:9.

[2] 权威链是指组织中从高层到基层的"指挥链"。参见:加雷思·琼斯,珍妮弗·乔治. 当代管理学[M]. 李建伟,等,译. 2版. 北京:人民邮电出版社,2003:34.

法约尔则发展出了行政管理理论，他们都提出在一个组织中需要建立权威等级体系，并遵循相应的原则。这些原则是现代管理的基石，至今仍然能够指导我们建立高效率的组织，而现在有些原则依然是被我们忽视或难以遵循的，如韦伯提出在组织中人们的职位应该根据其业绩表现而不是社会地位或个人关系来决定，法约尔的公平原则中要求组织中的所有成员都应该受到公正的待遇和尊重。

特别是在大型组织内部，往往会分成几个各自相对独立的权威链，不同的权威链中的中层和基层管理者之间的沟通、交流和协调变得非常重要，当组织一旦出现问题时，不同权威链的管理者之间需要沟通情况，交换意见，提出解决问题的决策意见，从而提高决策的速度和效率。法约尔是最早提出这个问题的管理专家，他提出组织的权力不应该集中于权威链的顶端，虽然这种做法有利于保证组织有效实施其战略，但弊端是显而易见的，如不利于中层和基层管理者发挥积极性，一线员工不能够及时对出现的问题作出反映，其结果是降低了组织的应变能力和决策效率。

为实现组织内部信息的迅速传递而使组织提高应变能力，法约尔专门设计了著名的"跳板原则"。"跳板原则"是允许组织内不同等级链中相同层次的人员在有关上级同意的情况下直接联系。限于当时的技术和条件，法约尔并没有提出控制管理层次的理论。

随着现代技术的普及和运用，扁平化管理逐渐成为可能。在信息化时代以前，一名管理者合适的管理幅度为5~8人，少则浪费、多则失控。而通过现代技术的运用，如通讯技术、网络技术、远程监控等，管理幅度已经大为提升，根据笔者实际经验和观察，现在一名管理者的管理幅度可达到15人甚至更多。

四、管理者

管理者是指负责掌握、控制和调配组织资源的使用以实现组织目标的人。前面说过，从责任管理思想出发，组织内管理者同时也是被管理者。作为一名管理者，不论其领导的组织的大小、职位的高低，无非是履行计划、组织、领导、控制和协调五种职能，但管理者如何履行、履行的优劣程度将决定所在组织的生存和发展，因为一个单位的发展，一定受制于这个单位领导的思维空间，可以想象，单位一把手绝不能为自己还不能理解的方案进行决策，更不用说正确决策了。对于管理者的这种重要性，彼得·德鲁克表述为"管理者是企业最基本、最稀有、最昂贵的资源"①。

管理者的权力和权威是两个不同而又有联系的概念。管理者的权力来自管理者在组织中所处的等级位置，所处的等级位置越高，其权力也就越大，但权力大不等于权威高。管理者的权威实际上更多地来自管理者个人的品质（素质、个性、本领、名望等），管理者通过展示良好的品质影响着下属员工的观念和行动，只有具备良好品质的管理者才可能在组织内建立起权威，即所谓"不怒而威"。因此，管理者应该把权力当成责任和义务。

管理者为了履行好自己的职责，在各种场合需要以特定的身份出现，扮演不同的角色，有时还需要同时扮演几种角色。20世纪70年代，亨利·明茨伯格（Henry Mintzberg）提出了管理者开展有效管理所需要扮演的3类10种角色②。

第一类是人际关系型。在这个类型中，有挂名首脑、领导者、联络人这样三种角色。这三种角色的具体表现有：个人形象代表组织形象，所以是组织的形象大使；激励下属并调动其积极性；对外联络以获取组织发展所需要的资源等。

---

① 彼得·德鲁克. 管理的实践[M]. 北京：机械工业出版社，2011：90.
② 加雷思·琼斯，珍妮弗·乔治. 当代管理学[M]. 李建伟，等，译. 2版. 北京：人民邮电出版社，2003：34.

第二类是信息型。在这个类型中，有倾听者、传播者、发言人这样三种角色。这三种角色的具体表现有：获取并分析信息，传播对组织有利的信息，发布组织的价值观等。

第三类是决策型。在这个类型中，有企业家、混乱应对者、资源分配者、谈判者这样四种角色。这四种角色的具体表现有：确定战略，处理突发事件，调配并优化组织资源，与组织内的相关人员和组织外的相关组织进行讨价还价并达成共识等。

我们以图书馆分馆建设的合作为例，简单分析一下在合作建设分馆时，馆长在整个过程中扮演了哪些角色。

首先，在决定采用合作方式建设分馆前，需要开展调查研究，确定战略和方案，这时，馆长所扮演的角色是"倾听者"——获取并分析信息、"企业家"——确定战略。

其次，合作建设分馆由于没有政府主导，无疑会给图书馆增加额外的工作量和负担，需要对现有的资源进行调配，需要使馆内员工支持建设分馆的决策。这时，馆长所扮演的角色是"资源分配者"——调配并优化组织资源、"领导者"——激励下属并调动积极性。

再次，需要寻找可能有合作建设分馆意愿的合作伙伴，在这个过程中，馆长所扮演的角色是"挂名首脑"——组织的形象大使、"联络人"——对外联络以获取资源。

最后，与可能合作建设分馆的基层政府、机构进行沟通，向它们宣传公共图书馆在构建和谐社会、提高社区居民科学文化素质等方面的重要作用，并洽谈合作的具体内容，因而扮演的角色是"传播者"——传播对公共图书馆有利的信息、"发言人"——宣传和发布公共图书馆的价值观、"谈判者"——讨价还价并达成合作建设分馆的共识。

五、管理技巧

管理是创造性和智慧型的实践活动。即使是同一个组织、同一个项目要完成相同的目标，不同的管理者尽管面对着相同的管理客体和环境，仍绝少会运用完全相同的理论和方法开展管理。由于主观条件的不同（管理者个人的性格、经验、专业背景等），就使管理者对管理客体的认识和分析发生差异。另外，管理者对管理理论的熟知程度、理解深浅、运用能力等因素，都会影响管理实践活动，最终会影响组织目标的完成，或者影响完成的质量，或者影响成本的高低。任何管理思想和理论都是对管理实践（甚至是实验）的总结，互相之间不存在前后的替代关系，也没有过时之说。面对众多的管理理论、复杂的管理对象、多变的内外环境，管理者必须加强学习，并使已有的管理知识升华，从而具备对各种管理理论综合运用、对复杂环境分析应变的能力，这些能力的集合，就表现为管理者的管理智慧，管理智慧的外在表现就是管理技巧。具有较高管理智慧的管理者，可以比较容易通过管理活动完成组织目标，而且使管理过程赏心悦目。因而，管理也被称为是一门艺术。

管理技巧是管理者针对组织面对的环境和管理对象的实际，应用管理理论、管理方法、管理智慧实施管理所形成的结果的外在表现。如果管理过程顺畅、管理结果符合预期目标，其管理技巧就运用得当。然而，管理是一个过程，组织所处的环境也处于不断的变化之中。一方面，管理过程主要受到外部环境的影响，所以需要不断调整管理策略和实施方案；另一方面，管理过程本身也会造成组织环境发生变化，从而影响外部环境。"尽管组织环境里很多的变化不取决于某一个组织，但还是有相当多的环境变化是组织内管理者行动的直接结果。组织是个开放的系统：从环境里摄取投入，然后将其转化成产品和服务，再输出到环境里去。这样一来，环境里发生的变化就是双向的过程。"①因此，管理的实施需要有周密的计划，管理者需要能够预见管理实施过程可能对管理对象、管理环境造成的变化，使管理实施方案能够适应这种变化，并且在实施过程中能够不断修正方案。而这种本领，也是管理技巧的重要方面。

苏州图书馆的读者向市长投诉：每天需要排队一个多小时才能进馆，图书馆每天的开放时间应该提早。而市长对投诉的批示是："请苏州图书馆研究，是否有适当提早开放的可能？"市长的这个批示尽管以一种询问的方式提出，其实却很明确地表达了要求苏州图书馆提前开放的意思。最终苏州图书馆只是把朝九晚九的开放时间整体向前挪了半个小时，每天仍只开放 12 小时。这种做法，并不仅仅是不想延长开放时间，而是希望晚上的到馆读者可能因图书馆比原来提前闭馆半小时而投诉。苏州图书馆根据苏州市公共图书馆设施不足、人员编制偏少的实际情况，希望把这次投诉应对变成向市长争取支持的机会。所以，苏州图书馆一方面向市长汇报已经调整了开放时间，并说明这个问题的实质是图书馆供应不足；另一方面期望通过晚上提前闭馆而再次引起读者投诉，让市长对图书馆供应不足的问题有进一步的认识。在这里，苏州图书馆解决读者投诉问题时，已经预计到了会再次引起读者投诉，不仅做好了应对再次投诉的准备，而且还希望再次投诉的出现。这个思考，反映了一种管理技巧：引导事物朝向自己设计的方向和进程发展。

管理者的管理技巧是一种管理理念、管理知识和管理实践的集中反映，在具体的管理实践中，有时表现为一种直觉，这种直

---

① 加雷思·琼斯，珍妮弗·乔治. 当代管理学[M]. 李建伟，等，译. 2 版. 北京：人民邮电出版社，2003：65.

觉其实是理念、学识、经验、教训、信息等的集合，是一种通过长期学习和训练而养成的综合判断能力。因此，培养和训练管理技巧的途径，主要是接受正规教育、培训、自我学习和经验积累，同时，公共图书馆的管理者还应该在以上这些方面下功夫。

（1）建立准则。所谓建立准则，就是建立和健全图书馆的规章制度，包括馆藏政策、服务政策等，使管理、服务等都有章可循。笔者在美国公共图书馆考察时发现，各个公共图书馆在一些服务的提供上并不完全一致，这应该会引起读者的投诉，但公共图书馆的解释是：每个公共图书馆在总的职业理念、职业道德框架下，具体理解和执行可以不完全一样，只要提供的资源和服务符合馆藏政策和服务政策，就无可非议。

（2）以身作则。所谓以身作则，就是管理者要成为执行制度的模范，而不能根据自己的意愿破坏规则。管理者必须首先弄清一个问题，即管理者是管理自己还是管理别人。当一名管理者在确定组织的管理目标时，就掌握了这个组织的主动权，因而这个组织的所有责任都应该由他来承担，所以管理者首先需要管理自己。管理者的言行，体现了管理者的品质，只有品行端正、处事公正，才能不怒而威，建立权威，影响下属。简单来说，你要下属遵守工作纪律，那么你必须带头遵守工作纪律。

（3）坚持原则。坚守公共图书馆的理念、社会道德和政策法规，开展服务、行使职权都必须符合理念、道德和法规的要求。特别是理念和道德，没有非常硬性的制约，管理者只有在平时坚守的前提下，才会养成思维习惯和行动习惯。如果管理者在潜意识中没有培养出这样的习惯，那么在处理事务中，就不可能会产生符合公共图书馆理念的直觉。

（4）重视规则。除了政策法令外，各个部门、各个单位、各个团队都会有自己的办事风格和习惯。在正式组织以外，还有许多非正式组织存在，例如在一个单位中，某几个职工特别投缘，其行动会非常一致，这是正常的现象。霍桑实验的结论早就告诉我们，非正式组织中形成的规则（或默契），比奖金更能规范人的行为。因此，外出办事，需要事先了解办事机构的规则，这样可以少走弯路，提高办事效率。在公共图书馆内部，宣传和确立核心价值观，建立学习型团队、项目小组，引导非正式组织将兴趣转移到围绕图书馆服务创新、技术创新等方面来，就显得格外重要。

（5）多听少说。所谓多听少说有几层意思：一是在下属面前，管理者不能随便发表意见，而要学会倾听，便于了解事物的全貌，从而正确判断，一旦说出口的话，管理者必须兑现；二是在讨论问题时，管理者也不要抢先发表意见，你的意见，下属会认为是决定，而使讨论到此结束；三是处理问题（如读者投诉）时要多听少说，让别人先说完，把事情的来龙去脉搞清楚，而不要抢着做解释。笔者曾经接待过一位老年读者的投诉，从 9:30 进门一直到 11:30，这位老年读者不断地向笔者倾诉着他受到的"不公正待遇"：他非常容易出汗，又只喝茶不喝开水，所以要将茶杯带进阅览室，而图书馆的规定是有色饮料不能带进阅览室，所以，他要求笔者修改制度，否则将向市长、向媒体投诉。笔者一直没有机会插话，也不想打断他的倾诉，含笑听其说话。本馆的办公室主任在 11:30 时机灵地进到办公室来，说送来的盒饭要凉了，是否需要重叫一份。这时，这位老年读者站起身向笔者告别，笔者说："事情还没解决呢，吃饭晚一点没关系。"老读者则说："本没有什么大事，我只是一时气头上，你们并没有做错，而你听我啰唆，浪费了两个小时，谢谢馆长。"管理者应该知道一点：倾听的作用比一般人所了解的要大得多。"专心注意对你讲话的人极其重要。

没有别的东西比那样更使人开心。"①

(6)换位思考。在管理中,需要多角度考虑问题,多站在管理对象的角度来思考问题,防止片面化。在与外部机构和单位沟通协调以及合作时,更需要按照合作共赢的原则考虑问题;要争取其他部门的支持,但不能让别人违反原则,而且在接受别人支持时,不能一味索取,而需要考虑对方的利益。图书馆只有做到以服务换取支持,这种支持才可能长久。

(7)灵活权变。任何制度都不是铁板一块,一定存在例外,泰罗在《科学管理》中早就论述了例外原则。管理者要有坚持制度原则前提下的实事求是态度,如果确有特殊原因,而且又不影响制度今后的严肃性,则有时需要变通。例如,上班不能迟到是制度,但如果在夜降大雪(专指南方)的前提下,早晨上班发生迟到的概率就会很大,那么在这种特殊原因面前,这一天的考勤就可以把迟到因素排除在外。

(8)掌握时机。决策中的困难有一个重大的影响因素就是时机。任何事物都有存在的时空,有时事物本身并无对错,仅仅因为是发生的时间和场合不同而已。还以工作纪律为例,某馆的馆长针对馆内存在的严重迟到情况,修订和完善了考勤奖惩制度,但很谨慎地宣布从新年元旦开始试行。但在试行开头的两个月中,迟到状况依旧,而且在考勤记录上,居然没有找到一例迟到记录。由于迟到者众多,这时处罚影响面会很大,所谓"法不责众",于是,馆长忍住不发。在3月份的全馆职工学习会上,馆长很高兴地对大家说:"经过两个多月的试行,没有收到一份对考勤奖惩制度的意见,根据考勤记录也没有发现一例违反制度的情况,说明制度是切实可行的,大家也都能自觉遵守制度,所以,我们将从

---

① 戴尔·卡内基. 人性的弱点[M]. 北京:长安出版社,2009:47.

4月1日起正式执行,我将从那天起,亲自督查考勤情况,请大家继续保持这两个多月来的良好状态,遵守工作纪律。如果哪位碰巧在我督查时被发现违反制度,没有商量的余地,按制度办理;如果考勤员没有按实记录出勤情况,将加倍惩处。"4月1日,绝大多数人心中有数,但也有人大概没有当回事,两名迟到者被处罚。一段时间后,遵守工作纪律就成为大家的习惯。

(9)诚实守信。诚实守信是做人的基本行为准则,对管理者而言,更应该言必信、行必果。管理者诚实守信,同时表现出对不讲诚信行为的失望、厌恶,对缺乏诚信者不予重用,就会改善组织和团队在诚信方面的风气,使管理简单而有效。而管理者如果失信于下属,就会降低下属对其的信任度,将难以实施有效的管理。

第二节 公共图书馆管理的意义与特点

公共图书馆是公共服务机构,在国外同医院、学校(义务教育阶段)等一起被界定为"非营利组织"。我们所熟悉的大多数管理理论都是为了企业管理的需要而发展起来的,作为不计盈亏的公共服务机构似乎用不上。彼得·德鲁克在1990年出版的《非营利组织的管理》中这样论述:"非营利组织没有所谓'损益',它们往往会认为所做的每件事都是公正、合乎道义并服务于美好理想的,因此,即使没有达到预想的结果,也不愿意考虑是否应该把资源用到其他更合理的地方。非营利组织可能比企业更需要在运作方面进行合理的取舍,需要大胆面对重要抉择。"①其实,从表面看,作为非营利组织的公共图书馆不需要在乎和计算盈亏,没有财务

---

① 彼得·德鲁克.非营利组织的管理[M].北京:机械工业出版社,2009:8.

的底线，看到需要就去行动，但实际上却处处受到资源的限制。公共资金、专业人才，甚至土地、馆舍等的稀缺，都决定了在公共图书馆只能调动有限的资源、提供有限的服务。公共图书馆服务供给上的有限与用户对公共图书馆服务需求相对的无限，使公共图书馆必须考虑资源的组织和优化，考虑服务成本及其与效益之间的关系。

另外，公共图书馆提供的是机构化、专业化的服务[1]，其服务的提供，不仅需要馆舍、设施设备、文献资源等硬件，也需要专业人员运用专业知识和技能在科学的工作流程下进行专业设计、分工协作、互相配合。因此，部门和人员之间的协调、流程之间的配合，以及服务效益的提高都需要科学的管理。

公共图书馆服务体系是公共文化服务体系最重要的组成部分。[2] 随着公共图书馆走向体系化、网络化，特别是总分馆制与单个图书馆相比更加规模化、系统化，因而公共图书馆的管理比以往更复杂、更重要。

一、公共图书馆管理的概念

公共图书馆管理的概念可以从宏观和微观两个方面来定义。宏观方面的概念主要是指国家或政府为保障人民群众平等利用公共图书馆服务的权益，通过颁布法律或法规建立公共图书馆制度，确定建设主体、管理单元[3]，制定建设、服务、评估等标准体系并组织实施的过程。微观方面的概念是指公共图书馆管理者为完

---

[1] 于良芝，许晓霞，张广钦. 公共图书馆基本原理[M]. 北京：北京师范大学出版社，2012：45.

[2] 邱冠华. 从政府购买看实行总分馆制的必然性[J]. 新世纪图书馆，2008(6).

[3] 邱冠华，于良芝，许晓霞. 覆盖全社会的公共图书馆服务体系模式、技术支撑与方案[M]. 北京：北京图书馆出版社，2008.

成使命，对公共图书馆所拥有的各项人力、物力和财力等资源进行计划、组织、领导、控制和协调的过程，在保障人民群众享用到普遍均等的公共图书馆服务的同时，使服务成本最小化。本书只讨论微观方面的管理，公共图书馆宏观管理见本套教材中于良芝教授等编著的《公共图书馆基本原理》。

二、公共图书馆管理的意义

在新时期全覆盖和普遍均等的语境下，公共图书馆正从单打独斗、各自为政走向体系化、网络化，在资源建设上讲求共建共享，在服务提供上讲求质量一致，在读者利用上讲求方便快捷。特别是在总分馆建设上，许多地区已经开始从注重形式转向形式与内容的统一。总分馆使一个地区中的许多个图书馆形成了统一的服务体系，成为当地公共文化服务体系最重要的组成部分。之所以这样说，是因为在公共文化服务体系中，只有公共图书馆有国际统一的服务理念和服务标准，纵向有完备的组织体系，横向可以借助计算机网络技术把设施构建成服务网络，而且最具备资源共享的可操作性。前面说过，越是规模化、系统化的组织体系，管理越重要。因此，具体来说，新时期公共图书馆管理的意义主要有以下四个方面。

（1）是提供规范和专业的公共图书馆服务的需要。公共图书馆提供的是机构化、专业化的服务，一个高度专业化机构的运行，需要规划、组织、协调，有人事、行政事务，有资金的组织和运用，所有这些，都离不开管理；特别是专业化的服务离不开专业人才，专业人才的招聘、录用、考核、薪酬、晋升及职业生涯规划等，都需要管理。

（2）是现代信息资源组织和利用的需要。图书馆是"生长着的有机体"，从甲骨文到计算机，图书馆一直充分利用人类文明成果开展文献信息资源的组织、加工和服务，科学技术的发展会导致图书馆运行模式、服务手段、服务方式、人员专业结构等的变化，管理是适应变化、利用变化的有效武器。

（3）是构建全覆盖的公共图书馆服务体系的需要。覆盖全国的公共图书馆服务体系，是由许多地区的公共图书馆服务体系组成；某一个区域的公共图书馆服务体系是由一群图书馆按科学布局、某种共建共享方式（或一体，或合作，或联合）、某种统一的服务标准、某种管理模式等集合而成。机构规模越大，管理就越复杂，一群图书馆构建成一种体系后，其本身就成为一个系统，内部结构更为复杂。因而，就新时期而言，公共图书馆的管理不仅需要针对单个图书馆，而更要从整体性出发，按照系统论的方法实施管理。

（4）是实现经济高效和可持续发展的需要。公共图书馆是一种较为昂贵的服务，在全免费时代，人民群众可以充分享受到公共图书馆服务，但服务越多、成本越大。因而公共图书馆一方面需要彰显价值，从而在有限的公共资源中占有一定的份额；另一方面必须以一种经济高效的组织形式、服务模式，来不断降低服务成本、提高服务效益，从而使其总的服务成本维持在公共财政可以支撑的范围内，实现可持续发展。因而预算的编制、成本的核算、财务的策划、效益的评估等，都成为公共图书馆管理的重要内容。

三、公共图书馆管理的特点

许多学者总结过公共图书馆管理的特点，如综合性、前沿性、依附性、协调性、组织性、变革性、科学性、艺术性、经济性、理论性、实践性等。本书根据公共图书馆实践和新时期提供普遍均等公共图书馆服务的要求，认为公共图书馆管理有以下一些特点。

(1) 理念与实践的结合。公共图书馆的管理是一种实践活动，是需要以管理理论指导的实践活动，通过管理，提高服务效益，从而经济高效地实现公共图书馆的目标。但公共图书馆有其自身特定的价值观和使命，因此，公共图书馆的管理除了应符合管理本身的普遍规律外，还需要根据其使命符合自身固有的服务理念，公共图书馆管理是根据公共图书馆理念指引的实践活动。所以，公共图书馆管理除了需要具备管理理论、知识、方法、技巧和艺术外，还必须把公共图书馆的服务理念贯彻始终，在管理中坚持自己的核心价值观，使决策首先符合理念，保持正确的方向；否则，背离理念的管理，效率越高，离目标越远。

(2) 公平与效率的结合。公平是普世价值，公共图书馆的使命之一是实现社会信息公平，因而在各项服务中，公平原则应该成为管理中的前提。但在支撑和保障服务开展的过程中，必须讲求效率，资源的稀缺性决定了缺乏效率就实现不了公平。同时，公平和效率永远是一对相对的概念，没有绝对的公平，也没有最高的效率。公共图书馆的管理，不管是设置制度，还是馆藏政策、服务政策等，都必须在公平和效率中寻找结合点、平衡点。另外，公共图书馆在实现经济高效的同时还必须实现两大目标：对内不断降低服务成本，提高服务效率；对外不断降低读者利用图书馆的交通成本和时间成本，提高读者的满意度。这些，使得公共图书馆管理与企业管理有较大差异。

(3) 传统与现代的结合。公共图书馆既提供传统的纸本文献借阅服务，又大量使用现代科技手段开展各种信息服务。由于向所有人开放，用户的年龄、职业、层次、需求、利用图书馆的习惯和方式呈现多样性，不同的用户对图书馆的环境、资源、技术运用、服务手段和方式也有着不同的要求。公共图书馆从满足所有用户需求的理念出发，需要在巩固传统服务技术和方式的前提下，不断运用高新技术支持和支撑服务创新。为适应这种变化，公共图书馆在管理理论、管理体制、管理机制、管理实践、管理手段等方面与现代企业管理相比都存在着很大差距，这就导致了公共图书馆的管理需要融合各种管理思想，选择适合自身实际的管理理论，创新管理机制，开展管理实践。

(4) 宏观与微观的结合。我们正处于建设覆盖全社会的公共图书馆服务体系的转型和实践时期，公共图书馆的管理者面对着图书馆自身发展和社会大环境的变化，其管理既要针对单个图书馆，又要针对总分馆、区域性服务网络等服务体系，这需要公共图书馆的管理者积极探索实践，创新管理理论，提升管理能力，以保障公共图书馆普遍均等服务目标的实现。

第三节　公共图书馆管理模式介绍

在公共图书馆的管理实践中，自觉不自觉地采用了许多企业的管理理念和方法，这些先进的理念和方法赋予了公共图书馆有效运行的活力，还有一些公共图书馆根据各自馆的特色创新本馆的管理方式，取得了良好的效果。下面介绍几种我国公共图书馆界的管理模式。

一、项目管理

(一) 项目管理的定义

所谓项目，就是为了提高某项产品、服务或成果所做的临时性努力[1]。从这个概念中，可以看出项目的两个关键点：成果和

---

[1] 吴翠红. 项目管理在图书馆的应用探索[J]. 图书馆论坛, 2009(6): 104-107.

临时性努力。所谓项目管理，就是以项目为对象，通过一个临时的、柔性化的专门组织，对项目进行高效率的计划、领导、协调和控制，使项目的全过程资源得到优化，从而顺利实现项目预期目标的过程①。

时间、成本和质量是一个项目的三个关键因素。它们之间相互制约、相互促进，也相互矛盾，在具体的实际中，要根据具体项目的性质来协调三者的关系。以活动为中心进行的项目一般时间比较关键，例如某一个商场的周年庆，庆祝日是不可变更的，所以这个项目的日期从一开始就确定了。以质量为中心的项目一般质量都比较关键，例如某一个研发项目，研发产品是否成功，关键在于其质量。还有不少项目是以成本为关键的，例如一项承包工程，客户给出一定的价格，项目的支出就必须保持在预算之内。

项目管理的过程一般包括：(1)项目的确定，包括初步确定项目组成人员、确定项目界限、初步确定项目计划、项目初始阶段总结评审。(2)项目的计划过程，包括确认项目流程、确认项目详细计划、计划评审及批准等。(3)项目的实施过程，包括执行项目计划、管理项目、控制项目计划及完成情况、项目变更控制及进程评审。(4)项目的结束过程，包括完成多项项目的移交准备工作、完成项目的总结报告等。②

在项目管理过程中，表现出几个特点：(1)复杂性：项目是由多个部分组成，跨多个部门或组织，涉及的事情比较多，所以项目管理具有复杂性。(2)需要集权领导和专门组织：要求不同部门

---

① 秦雪平. 试论项目管理在图书馆中的应用[J]. 内蒙古科技与经济，2010(2)：122-126.

② 彼得·霍布斯. 项目管理[M]. 包晓闻，译. 北京：中国社会科学出版社，2001：124.

之间作出迅速有效而且相互关联、相互依存的反应,需要建立围绕某一任务进行决策的机制和相应的专门组织。(3)项目负责人起着非常重要的作用:要在有限的时间、资金条件下完成项目目标,有权独立进行计划、资源调配、协调和控制。(4)创造性:项目的一次性特点,决定了项目管理既要承担风险又要创造性地进行管理。[1]

(二)项目管理在公共图书馆的应用

项目管理在图书馆界应用比较多,例如,东华大学图书馆在其中文图书馆藏优化中采用了项目管理机制[2],一些高校图书馆在回溯建库、建立特色数据库方面都用了此方法。在公共图书馆,项目管理其实也融入了日常工作中,只是没有挂上项目管理这个牌子。例如,为举办一次联欢晚会而设立一个"春晚小组",为完成某一次迎评工作而成立一个"××小组",或者是为组织一次大型读者活动(比如"4·23"世界读书日活动)成立一个小组。这些其实都应用了项目管理,即打破部门组织结构,根据任务的需要将相关部门的人员组织起来,并设定一个负责人(通常是副馆长或部门主任,但也可以是普通馆员),负责整个项目实施过程中的监督和协调。乌鲁木齐市图书馆曾采用项目管理打造"文化讲坛"这一项目[3];苏州图书馆根据人员编制不足、许多工作无法安排的情况,在打造学习型组织的过程中,组建了许多学习型团队,并指派工作项目,把原来无法安排下去的工作以项目的形式发包给团

---

[1] 秦雪平.试论项目管理在图书馆中的应用[J].内蒙古科技与经济,2010(2):122-126.

[2] 戚颖.项目管理在东华大学图书馆中文图书馆藏优化中的应用研究[J].上海高校图书情报工作研究,2010(2):59-63.

[3] 计津.以项目管理方式组织图书馆读者活动的思考[J].科技情报开发与经济,2011(18):97-99.

队，每年通过项目制完成的工作任务有许多个，完成了古籍地方文献数据库、中美合作中文信息平台、《爱书人的世界》和《亲子阅读》等的编撰等本来无法完成的工作任务。在公共图书馆的管理上明确提出"项目立馆"的是佛山市图书馆。

1. "项目立馆"的提出

佛山市图书馆在2011年1月正式提出了"项目立馆"的办馆方针。随即成立了"项目立馆"课题组，该课题组对"项目立馆"的定义、实施的必要性及可行性、图书馆项目的特点和种类、图书馆项目团队组织结构及责权、图书馆项目实施步骤与办法、图书馆对项目的行政支持工作、项目促进图书馆人才队伍建设、图书馆项目成果的推广应用等方面进行了系统的研究。并形成了一系列研究成果，包括：《佛山市图书馆项目实施步骤》《项目文档模板》《佛山市图书馆项目实施答疑》《佛山市图书馆项目等级说明》《佛山市图书馆2012年项目申报办法》，以及研究报告：《项目立馆——图书馆发展新思路》等。

2. "项目立馆"的实施

（1）建立试点。2011年2月，佛山市图书馆以"崇文佛山·阅读春天"系列读书活动作为"项目立馆"的试点，将项目管理正式应用到该馆的日常管理中。同时成立了活动领导小组，并以"项目立馆"课题组的前期理论研究为基础，将该系列活动拆分为12个独立项目，然后向全馆公布该系列活动的通知并号召馆员根据自身实际情况及意向，加入相关项目。随即公布了系列活动项目申请、项目组成与职责等相关说明。两周之后，领导小组确立了系列活动项目负责人，召开会议并安排了具体工作。四个月之后，分管项目管理的业务管理部门发布了《佛山市图书馆项目实施步骤》。2011年12月底启动的"崇文佛山·阅读春天"系列读书活动项目、2011年3月启动的"读者自主采购借阅服务"、2011年5月启动的

"佛山市联合图书馆'二代身份证'免押金借阅服务"及"项目立馆"，这些项目全部进入结项程序，经项目评审小组评审通过。

（2）"项目立馆"的正式应用。2011年11月，佛山市图书馆发布了《佛山市图书馆2012年项目申报办法》，各部门开始2012年的项目申报。2012年共申报62个项目，经图书馆项目评审小组评审，最终有48个项目获得立项。

（3）"项目立馆"的实施效果。佛山市图书馆在开展"项目立馆"试点工作后发现，实施项目管理不仅使项目经费得到了有效利用，而且扩大了宣传效应，并使所有的宣传有了一致性。例如，通过"系列读书活动整体宣传"项目的成功运作，整个系列读书活动在《中国文化报》等各类主流平面媒体发稿就多达72篇，篇幅之多、版面之广是历届之最。此外，实施项目管理还调动了馆员的工作积极性。据统计，仅"崇文佛山·阅读春天"系列读书活动，主动报名参与各项目的员工就有58位，占员工总数的48%；2012年员工的参与度更是达到90%以上。

3. 注意的问题

佛山市图书馆在"项目立馆"的情况介绍中指出，作为第一次尝试，由于馆员对各项流程不熟悉，在实施过程中，没有项目管理的专责机构对所实施项目进行全面的监控和协调管理以及项目制度本身的不完善，导致部分项目未能严格按照流程实施，记录档案不完备。同时，项目负责人和成员权限不明，项目与项目之间、项目与部门之间的沟通、协调及人员安排方面存在问题。

通过对佛山市图书馆项目立馆相关材料的解读和分析发现，该馆在开始项目管理前做了很充分的准备，其整个试点实施也开展得有声有色，很多馆员积极参与了相关项目。在实施过程中，该馆将项目的参与与"员工评分系统"挂钩，凡参与项目者均有相应的分值，这一操作一方面鼓励了馆员参与项目，另一方面也可能为滥竽充数埋下了伏笔。所以，在项目管理上值得注意的是：不仅要调动馆员的积极性，更要充分发挥馆员的才智，尽可能地避免项目参与泛滥化，可以对每个项目的成员组成提出一定的要求，以此来督促馆员不断地提升自己。

二、绩效管理

(一)绩效管理的定义

绩效管理作为组织管理活动，尤其是人力资源管理活动的重要组成部分之一，是指管理者用来确保员工的工作活动和工作产出与组织的目标保持一致的手段及过程。具体说来，是指管理者与被管理者之间根据组织目标对被管理者的工作技能、工作活动、工作产出进行持续的沟通与评价，使组织、群体和个人取得较好工作结果，进而保证组织目标有效实现的管理方法与管理过程。[①]

戴成英将公共图书馆的绩效管理定义为通过对图书馆战略目标分解和业绩评价，将绩效成绩用于图书馆日常管理活动中，以激励员工业绩持续改进并最终实现图书馆战略目标的一种管理活动。[②]

(二)绩效管理在公共图书馆的应用

绩效管理在公共图书馆中的应用比较普遍也比较合适，作为一种非营利组织，公共图书馆需要通过各种机制来激发馆员的工作热情。英国合益管理咨询公司的调查显示，51%的英国员工认为，因为缺乏激励，不能全身心地接受工作角色，并导致业绩不佳。[③] 我国公共图书馆长期以来存在严重的平均主义思想，吃的

---

① 徐延利. 绩效管理：理论、方法、流程及应用[M]. 北京：经济科学出版社，2011：23.
② 戴成英. 论公共图书馆的绩效管理[J]. 河南图书馆学刊，2011(1)：91-93.
③ 田儒会. 公共图书馆绩效管理中的激励方法研究[J]. 科技信息，2011(1)：205-206.

是"大锅饭",很难调动馆员最大限度地发挥其才智。近年来事业单位实行绩效改革后,公共图书馆纷纷开始实行绩效工资,开展了绩效管理。

2005年,苏州图书馆开始把绩效管理运用到管理实践中,并根据公共图书馆的使命、本馆的实际,结合学习型组织的创建,把绩效管理本馆化,取得了良好的效果。

1. 背景介绍

苏州图书馆新馆于2001年正式对外开放,新馆的落成为该馆的整体发展提供了一个新的平台。但同时,政府并没有因新馆开馆而增加人员编制,而新馆与老馆相比(2003年与2000年相比),开放时间增加了75%,持证读者增加了8倍,到馆读者增加了7.5倍,外借册次增加了7倍,讲座从无增加到24场等,综合工作量增加了约10倍,使全馆陷于应付开馆的状态,不要说信息推送、古籍数字化、二次文献开发、学术研究等无人来做,就是读者调查等常规性的工作也缺乏人手。为此,苏州图书馆开展了以提高工作热情和工作绩效为目的的绩效管理。

2. 具体实施

(1)设定绩效目标。在确定了实施绩效管理后,苏州图书馆根据本馆的发展目标制定了一系列绩效目标,并运用岗位工资制、目标责任制、馆员学分制、项目负责制等方式,精神鼓励和物质奖励相结合,配以定期的目标考核,使原来缺乏人手而无法开展的工作变成馆员竞相承担的工作。

目标责任制是根据战略规划,确定每年各部门的年度工作目标,制定工作的量化指标,年初部门主任与馆长室签订目标管理责任书。责任书内容细化到日常工作的各个方面,例如排架的出错率、图书的遗失率、编目的准确率等。可以说,目标责任书制度是苏州图书馆实行绩效管理的一个铺垫。馆员学分管理是一种督促馆员加强业务学习、提高自身专业素养的途径，不同职位不同级别的人有不同的学分要求，每年年终馆员个人的学分是考核馆员个人的一个指标。项目负责制是建立以完成项目任务为主题的学习型团队，把项目任务与团队学习结合起来，让馆员在完成项目的过程中强化学习、提高技能，并完成工作任务。

(2) 确定绩效考评机制。苏州图书馆在设定绩效目标的基础上，确定了绩效考评机制。每个季度和年终由考核小组交叉对各个部门的工作进行检查，考核小组由馆长室和部门主任组成。每次考核完，召开中层干部会议对考核结果给予公布、分析、讨论，及时发现问题并商讨问题解决方案。

(3) 设立各种奖金。苏州图书馆从2005年起在原来平均主义奖金的基础上，调整和完善奖金发放办法，把根据考核分值计算出来的奖金发到部门，再由部门在对员工考核的基础上进行分配，调动了部门主任和员工的积极性；同时，馆内增设了一些单项奖励项目，比如项目奖金、超产奖励、个人奖金、团队活动经费等。项目奖金是每年年底对一年中完成的重大项目(读者活动、对外交流等)进行奖励，或者对额外完成项目任务的部门或团队进行奖励；奖金的多少取决于项目的大小和取得的效果；项目奖金能够最大限度地激励那些除了做好本职工作，还努力参加项目团队或参与临时大型事件的馆员。超产奖励是通过年终考核对各个部门的工作进行检查，超出目标责任书任务规定的给予相应奖励，反之将扣除部分奖金；超产奖励将日常工作目标与奖金直接挂钩，强化馆员的主人翁意识，同时也有助于一个部门的团结，实现了目标激励。个人奖励是对工作中表现优异的个人(如先进个人、服务标兵、最高学分者等)进行奖励，借此，树立楷模，鼓励先进，实现了模范激励。团队活动经费是指有些团队承担的项目永远看不到结果，但团队活动增强了馆员技能、保障了图书馆正常开放，例如安全活动团队，队员们平时的演练、学习，对全馆的安全检查、整改等，其效果只能体现在图书馆的安全运行上，所以，每年需要拨付一定的活动经费保证其正常开展活动。

此外，苏州图书馆还以阶梯式的方式将奖金分配比例与职位挂钩，在一定程度上打破了"大锅饭"的平均主义，体现了多劳多得，突出了责任与所得的对等，从而激励馆员积极进取，努力攀登职业生涯阶梯。

3. 实施效果

（1）调动了馆员的工作积极性。苏州图书馆实施绩效管理以来，极大地调动了馆员的工作热情。绩效管理实施后，全馆的工作业绩较之以前有了明显的提高。在没有增加人员编制的情况下，各项新的工作有序开展，成绩不断涌现："苏州大讲坛"经过四五年的运作被成功打造成品牌活动，截至2011年7月，十年中已经成功举办500期，连续两次被评为江苏省优秀讲坛；分馆建设如火如荼，从2005年开始建设分馆，截至2011年年底，已建成36家；开发的手机图书馆获江苏省五星工程奖；古籍地方文献数据库、分馆远程监控平台投入使用；开创了扶老上网、悦读宝贝、欢乐大本营、七彩夏日等许多服务品牌，使全馆读者接待量和图书外借量不断刷新纪录，使苏州图书馆成为提供优质公共服务的典型，形成了很好的口碑。

（2）塑造了民主化的管理文化。绩效目标、绩效考评、绩效奖励——一套严谨的管理制度形成了客观、公正的管理氛围，构成了苏州图书馆透明的组织文化氛围。这种管理文化配合公共图书馆的服务理念，形成了苏州图书馆内部公平、公正、积极向上的价值观。

（3）有效地检测和控制了图书馆的各项工作。苏州图书馆在实施绩效管理的过程中，及时发现了各种问题并给予解决，保障了全馆各项工作有条不紊地向着战略目标前进。

4. 注意的问题

绩效管理中，需要物质奖励与精神奖励相配合，所以，可能被看不上眼的先进个人、服务标兵、技术能手等评比恰恰是一种荣誉奖励和尊重奖励。在奖励上，需要不断完善奖励机制，细化奖励标准。另外，在绩效管理中，特别要注重组织文化的建立，绩效评价要客观、公正，奖励才会发挥鼓励积极、鞭策落后的作用。还有，通过绩效管理应最大限度地激发新进馆员的工作热情，充分发挥他们的各项专业技能，这是图书馆实现可持续发展的一个重要因素。

三、科技立馆

在今天，科学技术对于每一个现代化组织来讲都显得非常必要和重要。20世纪后信息技术的发展给公共图书馆带来了冲击和挑战，但同时也带来了发展的机遇和活力。当很多公共图书馆在为技术带来的威胁而感到紧张和无奈时，东莞图书馆提出了"科技立馆"的理念，并成功付诸实践，取得了显著效果。

(一) 背景介绍

东莞是一个在行政设置上非常特别的地级市，全市跳过县、区，只设置了4个街道、28个乡镇。这为东莞图书馆提供了直接与乡镇街道图书馆建立联盟的便利。由于体制的问题，东莞图书馆没有走打通或绕开体制建立联盟的道路，而是探索了技术先行的路子，通过开发集群化管理系统，将全市的乡镇街道图书馆纳入其中，形成了东莞特有的公共图书馆集群化管理，并在此过程中，确立了自身的"科技立馆"战略。

(二)实施项目

1. 研发 Interlib 图书馆集群网络管理平台

在"科技立馆"理念的指引下,东莞图书馆积极探索创新,于 2003 年研发出了 Interlib 图书馆集群网络管理平台。2005 年 5 月,该系统通过了文化部组织的科技成果项目鉴定。Interlib 图书馆集群网络管理平台的出现,革命性地为总分馆制的实现提供了技术保障。依托此管理系统,东莞市大力实施以城市为中心、图书馆为龙头的服务体系建设,构建起紧密协作的图书馆集群网络,逐步开展东莞地区总分馆的通借通还、资源共享和活动联动,实现区域图书馆的协同发展。这些成就(区域图书馆集群管理与协同发展模式)使得东莞图书馆在 2006 年荣获了第二届文化部创新奖。

2. 打造 24 小时全天候自助服务

2005 年 9 月,东莞图书馆将图书自助借还设备、图书检测设备、门禁设备、图书馆业务系统等技术进行整合,开设全国首家自助图书馆;2007 年 12 月,又推出运用 RFID(射频识别)技术和可放置于城市任何角落的全国第一家图书馆 ATM(图书自助服务站)。这些先进技术的应用延长了图书馆服务的时间,延伸了服务空间,为民众利用公共图书馆提供了新途径,多样化了公共图书馆的服务方式。2009 年 9 月,自助图书馆被文化部选为"国家文化创新工程"扶持项目,东莞城市图书馆总分馆服务体系因此得到不断的完善。2011 年,"实现全市镇街 24 小时自助图书借阅全覆盖"被列为 2011 年东莞市为民办成的十件实事之一。

3. 开发"市民学习网"

2005 年,通过运用先进技术,东莞图书馆推出了为市民开发的自主学习平台——"市民学习网",开设网上课程 1 500 余门,市民在家中即可通过远程网络进行自主学习,该平台的建立有助于东莞图书馆完成在促进社会教育方面的使命。以此为基础的"互联网环境下的市民学习平台研发与项目实施"项目在 2009 年 3 月通过了国家文化部验收。紧接着，东莞图书馆继续深入研发，于 2011 年推出"东莞学习中心"，即向读者提供可以利用的 150 万种电子图书、1 万种电子期刊、2 800 万篇学术论文以及 1 万多部视频资源，充分地为民众的自主学习、继续教育提供了条件和平台。

(三)实施成效

以科学技术为发展依托点，创新服务方式，构建服务体系，为东莞图书馆取得了良好的经济和社会效益。(1)Interlib 图书馆集群网络管理平台帮助东莞成功构建了协同发展的公共图书馆服务体系，实现了"一馆办证，多馆借书；一馆借书，多馆还书"。此外，该系统被业界多个地区的 2 000 多家图书馆使用，在一定程度上促进了我国公共图书馆的发展。(2)自助图书馆和图书馆 ATM 全天候为读者提供自助借阅服务，深受读者的好评和喜爱。自助服务开放七年多，平均年接待读者 6.3 万人次，年图书借还量 6.8 万册次，相当于东莞图书馆年总借还量的 3%。

以科学技术为发展突破口，东莞图书馆研发了一系列于民方便、于馆高效的信息系统和网络平台。在新时代下，公共图书馆的确需要借助技术来进一步实现自身的使命，也需要顺应技术的发展来开辟新的业务发展空间。

四、评估与质量管理

在业界，还有不少公共图书馆巧用多种方法，借助多方力量来推进该馆管理工作的开展，其中杭州图书馆在这一方面树立了楷模。

(一)产出经济评价与绩效评估

2008 年，杭州图书馆借助"钱江特聘专家"推出了"公共图书馆投入产出经济评价与绩效评估研究"项目，邀请了北京大学和浙江大学的图书馆专家学者对杭州图书馆的经济效益和服务绩效进行了评估研究。整个评估研究分为两个部分：(1)通过消费者剩余法和条件价值评估法对杭州图书馆各项服务所产生的经济效益进行评估，即以代替品的价格(例如可以根据租书店租书价格来计算借出一本书的产值)和问卷调查读者愿意支付的价格(例如调查读者愿意付多少费用来参加一次读者活动)来核算该馆的经济产值。(2)通过建立评估指标体系对杭州图书馆的实际服务情况作了诊断，包括经费、人群覆盖率、文献利用率、设备的有效性等方面。

经济效益的评估显示：2009年杭州图书馆的成本与效益之比是1：1.87，与一般公共图书馆"1：3～1：6"的经济效益相比存在着差距[1]。服务绩效评估显示杭州图书馆在硬件方面已经超过了我国省级公共图书馆的平均水平，经费保障方面与纽约、温哥华、东京还有差距，整体服务效益在国内处于领先水平，与国外大城市相比还有差距。

(二)注重内部质量管理

杭州图书馆目前正在编制该馆的《质量手册》，该手册结合图书馆的实际情况对馆内各项规章制度进行了梳理和修订，使杭州图书馆内部管理体系通过国际标准 ISO9000 质量管理体系的认证，从而提升服务能力。在编制过程中，杭州图书馆借助专业的认证公司(杭州万泰认证公司)为该馆的质量体系建设进行测评认证，目前一切工作正在有序进行中。

---

[1] 数据来源：杭州图书馆所提供的案例材料("公共图书馆投入产出经济评价与绩效评估研究"项目)。

【本章小结】

　　管理起源于劳动分工，是社会化大生产的产物，其目的是以最小的成本实现最大的效益。现代管理理论诞生于一百年前的《科学管理》，实践、探索和研究者甚众，其成果和学派虽然已多至被称为"管理丛林"，但这些理论相互之间并不具有替代性，而且至今还为我们的管理实践提供指导。公共图书馆是非营利组织，由于不计盈利，故而对管理这个为企业提高效益而产生的重要工具并没有应有的重视。但随着公共资源的稀缺使得公共图书馆需要以相对有限的资源面对相对无限的需求时，降低成本、提高效益就成为解决（"缓解"可能更确切）这个矛盾的唯一途径。另外，公共图书馆制度的设立是顺应社会发展本身的需要，服务的利用者与购买者分离，使其管理有其自身的特点：既需要符合管理的普遍原则——以最小的成本（公共支出）实现尽可能高的经济效益（服务效益），同时又要符合公共图书馆的服务理念——提供平等、免费、无区别服务，实现社会信息公平。所以，公共图书馆的管理者除了通过正确扮演角色、行使管理职权、运用管理技巧、展示个人品质、理论联系实际来实现经济高效的管理目标外，还要使管理思路、管理实践符合公共图书馆理念。背离理念的管理，效率越高，离目标越远。本章最后列举了几个公共图书馆管理的案例，可能对拓展思路有所帮助。

【思考题】

　　1. 了解中西方的管理思想对公共图书馆管理水平的提高有什么意义？

　　2. 公共图书馆服务体系在公共文化服务体系中处在什么位

置？它们之间有什么关系？

3. 公共图书馆是公共文化服务机构，其管理有哪些特点？

4. 管理的目的是讲求经济高效，公共图书馆通过管理使服务经济高效的真正含义是什么？

【推荐阅读】

1. 于良芝. 图书馆学导论[M]. 北京：科学出版社，2003.

2. 赵志军，赵瀚清. 中外管理思想史[M]. 长春：吉林人民出版社，2010.

3. 彼得·德鲁克. 非营利组织的管理[M]. 北京：机械工业出版社，2009.

4. 加雷思·琼斯，珍妮弗·乔治. 当代管理学[M]. 李建伟，等，译. 2版. 北京：人民邮电出版社，2003.

第二章 公共图书馆战略管理

【内容提要】

通过本章学习，要求对公共图书馆战略管理的意义有所认识，了解公共图书馆的战略制定、实施以及评价过程，掌握公共图书馆的 SWOT 环境分析方法和针对公共图书馆战略评价的平衡计分卡法，从而了解战略管理这一管理方法在公共图书馆中的应用。

第一节 公共图书馆战略管理的基本介绍

一、战略管理的概念

战略是企业着眼于未来，根据其外部环境的变化和内部资源条件，为获得持久竞争优势以求得企业生存和长远发展而进行的总体性谋划[1]。战略管理(Strategic Management)是根据组织的使命、内外环境，对全局和长远发展目标的制定、落实、修正、实施的动态过程。它是制定、实施以及评价多功能决策的一门艺术和科学，这些决策可以保证一个组织实现其目标[2]。在很多情况下，战略管理和战略规划都会混淆使用，在商界，战略规划使用得更广一些，而学术界多使用战略管理。在本书中，战略管理指

---

[1] 龚荒.企业战略管理：概念、方法与案例[M].北京：清华大学出版社，北京交通大学出版社，2008：5.
[2] 弗雷德·R·大卫.战略管理概念部分[M].11版.北京：清华大学出版社，2008：6.

战略的制定、实施和评价，战略规划仅指战略制定。

战略管理作为一个决定组织未来发展方向的管理艺术，是一个需要策略和方法的过程，这个过程包含了战略制定、战略实施和战略评价。战略管理的过程既适用于商业性质的各类组织，也适用于一些非营利性机构和组织，如伦敦动物园、英国的克罗马蒂法院博物馆和柯克里斯市政会。正如K.W.格莱斯特所说："战略管理过程能用于各种类型的组织或机构并不是指战略分析的所有方法及手段能同样适用任何商业性和非商业性组织，而是指其中一些方法适用。"[①]对于公共图书馆来说，的确如此。

战略管理的主要益处是使用更为科学、系统、合理的方法帮助组织制定出更好的发展规划。不少研究发现，在实际的操作过程中，战略管理构建了员工内部的沟通体系，鼓励员工参与决策并充分发挥员工的主动性，这一点使得战略管理成为组织的一支兴奋剂。

二、公共图书馆战略管理的概念

公共图书馆的具体管理工作涉及资源、人员、经费、用户、安全等方面，这些是公共图书馆的日常事务管理。但是作为一个组织，要想持续高效地发展下去，在各种环境中占有一席之地，公共图书馆的微观管理（如第一章第二节对公共图书馆管理的定义）需要方法。21世纪以来，不少企业界的管理方法被公共图书馆借鉴应用，如项目管理、绩效管理、战略管理等，这些商界管理方法的引入都具有其特定的历史背景。

战略管理的思想和理论最早起源于两千多年前的军事领域，20世纪初开始受到工商管理界的重视，20世纪六七十年代被应用

---

① 希尔，格莱斯．战略管理案例[M]．2版．北京：经济管理出版社，2000：3.

到公共图书馆领域。其具体历史背景是：新时代下网络的出现和信息技术的发展给公共图书馆的生存带来了冲击。例如，上网搜索信息成为便捷而富有乐趣的信息获取途径，公共图书馆的信息中心职能受到挑战；同时，上网也渐渐像电视一样成为民众业余生活的重要娱乐方式之一，这对公共图书馆作为休闲娱乐中心的职能形成竞争；电子文献的出现也为传统纸质文献借阅带来压力。因此，为了生存和发展，公共图书馆不得不通过多种途径进一步地持续彰显自己的价值，寻求各种管理方法来提升自身竞争力，作为注重竞争环境、突出竞争优势、为组织生存和长远发展而进行总体性谋划的战略管理就被引入了公共图书馆的管理中。

在本书中，我们将公共图书馆的战略管理定义为：在符合上级主管部门的各项规章制度下，公共图书馆根据自身外部环境变化和内部资源条件，为完成公共图书馆使命，制定未来发展规划和实施规划并对其进行科学评价的一种管理方法。在这个过程中，遵守上级主管部门的各项人事管理、经费使用等规章制度是公共图书馆作为政府公共服务部门开展工作的基本原则之一。公共图书馆所处地区的经济、文化、技术、教育等社会环境的变化和本馆资源、经费、人员、设备等内部资源的条件是进行战略管理的依据。战略的制定、实施及评价是公共图书馆战略管理过程的必备环节，而完成公共图书馆使命则是公共图书馆战略管理的根本要求。

公共图书馆的战略管理必须要根据本馆的实际情况，不切实际的贸然应用不仅会导致人、财、物的浪费，还会适得其反并削弱竞争力。战略的制定、实施和评价也必须有机结合，制定了非常完美的发展规划而没有相对应的实施计划相当于纸上谈兵，同样，缺乏科学的评价会影响公共图书馆战略管理的可持续发展。

三、公共图书馆战略管理的过程

如上所述,公共图书馆的战略管理包括战略制定(即战略规划)、战略实施和战略评价三个环节。战略制定是公共图书馆通过对本馆的使命、职能、任务、资源进行科学、全面的分析,认识本馆所处的环境,从而制定一个五年以上的发展规划书。包括分析自身内外环境,明确本馆的远景(要成为一个什么样的公共图书馆),使命(要做些什么事情),了解读者的需求,确定服务措施,设定战略目标(长期目标和短期目标)。战略实施是按照战略规划,采取一系列措施保障战略目标的实现,包括分解目标、细化方案、制定相应政策、建立相应薪酬激励机制、在可操作范围内建立相对有效的组织结构等。战略评价是检查战略实施的效果的重要措施。公共图书馆战略管理的具体过程如图2.1所示。

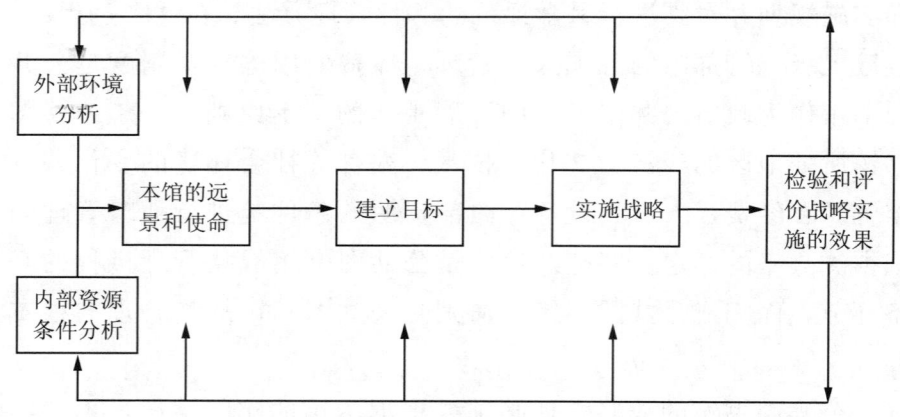

图 2.1 公共图书馆战略管理过程示意图

此外,本书建议计划应用战略管理的公共图书馆能够在开始之初就设立一个战略管理小组,该小组可以由馆领导、馆里的其他中层管理者、有管理学学科知识背景的馆员、图书馆业界的专家以及战略管理的专家组成。这种做法在企业界也很常见,一些大型企业会有专门的战略部门，所有股份制企业，在董事会下都设置一个战略委员会，专门负责研究公司的长期战略规划，对战略投资进行研究并提出建议。对于公共图书馆来讲，建立这样的小组非常有利于战略管理的开展。

(1)战略管理的总体负责需要一定的人力。战略管理是一个相对时间较长、涉及内容较多的管理过程。在这个过程中有许多繁缛细节的工作，例如，战略的制定需要多次组织管理人员商讨决定，战略的选择和分析需要准备大量的背景材料，战略的评价需要测评专家，评价的结果需要书面的报告等。

(2)除了馆领导以外，其他馆员参与战略管理小组有助于大家接受战略管理思想。一项新的管理方法的应用起初通常会遭到馆员的排斥，战略小组的建立其实是馆领导与馆员之间的一个沟通桥梁，同时全程参与的过程会让馆员对战略管理的认识更为全面，从而也会影响其他馆员。

(3)借助专家的力量，使战略管理的开展更顺利、更科学。战略管理是一种比较成熟和科学的管理方法，整个过程中需要图书馆专业人士和战略管理方面专业人士的建议和指导，如使命的定位、环境的分析以及战略评价等。

四、公共图书馆战略管理的意义

战略管理作为一种警惕生存环境、强调忧患意识、勇于自我挑战和竞争的管理方法和过程，很大程度上与企业自负盈亏、竞争激烈的商业性质相互吻合，因此企业在其需求意愿和主动性方面比较强。而公共图书馆作为一个由政府买单的公共服务机构，较之企业其忧患意识、竞争意识相对较弱。在我国，公共图书馆属于事业单位范畴，2011年2月，国家文化部、财政部颁发了《关于推进全国美术馆、公共图书馆、文化馆(站)免费开放工作的意见》，这意味着公共图书馆越来越不需要考虑收入问题，与20世纪七八十年代的"以文养文"政策相比，当今我国公共图书馆的生存有了保障。但这种情况意味着政府和社会将会更加关注图书馆的服务效益，政府投入越大，整个社会对公共图书馆的期望值就越高，如果公共图书馆没有较大的作为，则生存问题就会比以往任何时候都更加突出。因此，免费开放不是为公共图书馆上了一份保险，而是装了一个推进器。在装了推进器后的公共图书馆如同有了更好动力性能的汽车，获得了比以前快得多的前进速度，这时，你需要比以往更好的视力，能够看到道路上远处的弯道和障碍，否则，原来构不成威胁的东西，现在都可能使你翻车。所以，公共图书馆越是在貌似安全无忧和顺畅的环境中，越需要自觉地激发忧患意识，这时，战略管理就显得尤为必要。

(一)促使馆领导重视生存环境

生存环境对于任何一个组织或者个体来讲，都非常重要。环境可以为一个组织带来机遇，也可以为组织带来威胁。作为政府公共服务部门，我国公共图书馆的发展存在"官本位"现象，一个公共图书馆的发展方向在很大程度上取决于领导的个人意愿，如果该馆的领导对环境没有清醒的认识和认真的分析，那么该馆的发展方向就很容易"跟风"或者走弯路。战略管理能够使一个馆的领导重视生存环境对发展的重要性，可以促使馆领导客观全面地分析本馆所处的内外环境，如读者的需求、行业的发展、政策的导向、馆员的素质、经费的利用等，将这些因素综合起来审视本馆所处的位置。较之简单的商讨分析或者"拍脑门"决定，这样细致的分析虽然烦琐，但是值得付出这样的努力。

(二)调动馆员的工作积极性

在一个组织中，组织成员工作积极性的高低与多方面因素有关，如成员自身的个性、工作的环境、人事制度、薪酬制度、工作内容、工作性质等。在我国，事业单位的工作相对稳定，社会上称为"铁饭碗"。公共图书馆作为事业单位性质的机构，其馆员的招聘和解聘由相关人事机构负责，凡是进了编制的馆员，基本上就步入了"终身馆员"的行列。这种"铁饭碗"人事制度非常容易助长馆员的安逸意识。

　　战略管理可以从三个方面调动馆员的积极性：首先，战略管理要求所有中层干部都要参与战略的制定过程。据调查研究，通常情况下只要给予机会，组织成员都非常愿意为组织的发展出谋划策。因此，让中层管理者参与本馆战略的制定可以让他们都有主人翁意识和奉献自己才智的成就感。其次，在战略制定的过程中，能够了解本馆所面临的威胁和机遇，这能激发馆员的紧迫感和挑战欲。最后，战略管理要求组织根据战略目标制定实施方案，这些方案会涉及如组织文化、人事管理、薪酬分配等与馆员切身利益相关的问题，可以在一定程度上调动馆员的工作积极性。

(三)提高服务效益

　　公共图书馆的战略管理可以提高图书馆的服务效益。一方面在战略管理过程中，公共图书馆对用户的需求、所在地区的需求会有更深入的分析和了解，使服务工作更有针对性；另一方面战略管理能够使公共图书馆扬长避短，使得资源的利用达到最大化，风险系数降低到最小，从而使本馆的服务及管理工作既科学又高效。

第二节　公共图书馆战略规划的制定

　　在实际工作中，一个图书馆战略的制定是馆领导班子的重要任务。在图书馆这样一个为社会提供公共服务和公共产品的单位，馆长最重要的是要具有现代图书馆服务理念，并根据这个理念，结合当地的社会环境和单位实际，制定出既符合理念，又符合本馆实际的、科学的、可操作的长期发展目标，并在这个长期发展目标下，确定分步实施的具体计划，落实各个步骤，提供保障目标实施的资源，以使图书馆和馆员个人协同发展，让馆员个人在其中实现自身的价值。此外，规划的制定要慎重而踏实，为了保障制定出的规划能够科学、合理，可以邀请一些业界的专家参与战略的制定，国家图书馆在"十二五"规划的制定过程中，曾邀请上级主管部门、业界专家学者、馆内中层干部一起开座谈会，商讨制定规划。公共图书馆研究院在接受文化部委托制定公共图书馆"十二五"规划时，更是邀请了业界一大批专家学者和实际工作者，组成了十个小组，每个小组负责一个部分的研究和规划起草。在国外，一些图书馆还会组织专门的战略制定委员会。

一、战略制定对公共图书馆的意义

对任何一个应用战略管理的组织来讲，战略制定是一个深刻反省组织使命、全面分析内外环境、慎重选择组织目标的过程，最终形成一份战略规划。公共图书馆战略制定所形成的战略规划不仅可以为后期的战略实施提供可靠的依据，而且可以向上级主管部门彰显自身的价值。

（一）规划可以作为一个指引灯，为全馆的发展指明方向

像任何一个组织一样，公共图书馆的发展需要一个明确的方向，这个方向可以像指引灯一样引导所有的馆员、所有的工作向着同一个目标迈进。战略规划就是这样的一个指引灯，它通常明确一个馆在未来五年或更长时间内的发展目标，例如，一个公共图书馆为了"普遍、均等、全覆盖"的理念而致力服务体系建设，或者一个少儿图书馆为了培养当地儿童的阅读习惯而致力阅读推广。在我国，文化部公共文化司（即原来的社文司）通常会制定公

共图书馆发展的规划文本,这就为我国公共图书馆事业的总体发展提供了一份指导纲要。具体到一个公共图书馆,战略规划可以为全馆的工作提供指导。

(二)规划有利于全馆管理工作的开展

规划有利于公共图书馆管理工作的开展,体现在两个方面:一方面,战略规划为组织设定了一个共同的目标,在彼得·圣吉的《第五项修炼:学习型组织的艺术和实务》中称为建立"共同愿景"[①],使得馆员的力量使向同一个方向,凝聚馆员的士气,增加他们的斗志;另一方面,战略规划的制定过程需要图书馆中层管理人员和馆长们共同参与,这一过程可以让所有管理者理解、接受和认可战略管理,有利于后期战略的实施和评价。

(三)规划可以宣传图书馆的价值

除了以上两方面的作用,战略规划是公共图书馆一个很好的宣传名片,它可以向上级主管部门彰显图书馆的潜在价值,帮助社会了解图书馆的发展目标,提高领导对图书馆工作的认可度,这就为图书馆争取经费提供了很有力的依据。同时,不少图书馆都把战略规划放在自己的网站上,向公众展示它们的未来发展目标,一方面宣传了本馆的发展意愿,另一方面也培养了公众对图书馆的认知。

二、公共图书馆战略制定的过程

公共图书馆的战略制定分为三个步骤:首先是分析内外环境,其次是确定使命,最后是确定目标。具体如图 2.2 所示。

---

① 彼得·圣吉. 第五项修炼:学习型组织的艺术和实务[M]. 2 版. 上海:三联出版社,1998:238-239.

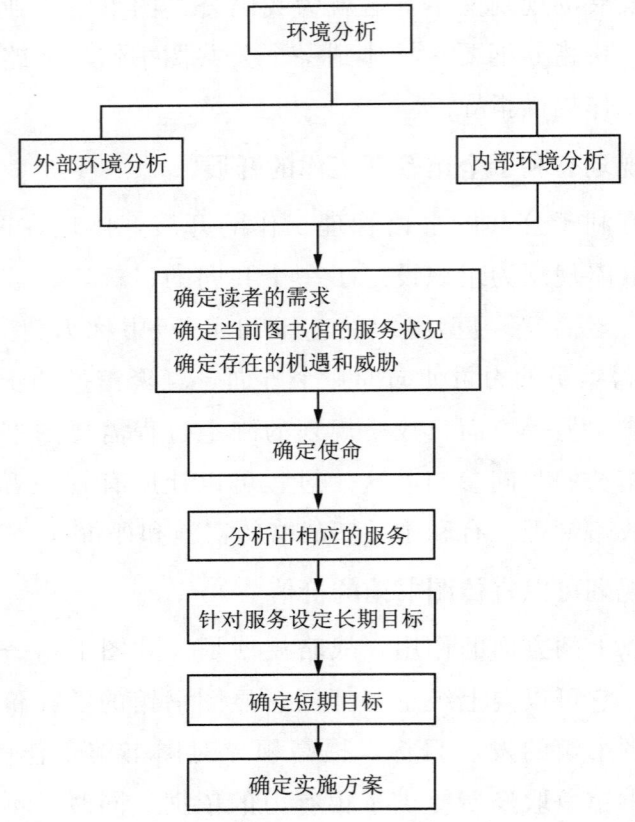

图 2.2 公共图书馆战略制定示意图

(一)环境分析

在企业管理界,环境分析的方法有很多,如 PEST 分析法(从政治与法律环境、经济环境、社会与文化环境、技术环境四个方面来探察、认识影响组织发展的重要因素)、波特的五种力量模型、波士顿矩阵、组织链分析法、SWOT 内外部环境综合分析法。其中,SWOT 内外部环境综合分析法由哈佛大学的安德鲁(K. Andrews)等人提出。这种方法把环境分析结果归纳为优势(Strengths)、劣势(Weaknesses)、机会(Opportunities)、威胁

(Threats)四部分，形成环境分析矩阵。其中，"优势"指增强组织核心竞争力的内部因素；"劣势"指可能瓦解组织核心竞争力的内部因素；"机遇"指组织可以善加利用的外部环境因素；"威胁"指对组织可能造成冲击的外部环境因素。

在本书中，笔者选用SWOT分析法，主要是基于以下两个原因：(1)SWOT分析法广泛应用于各行各业的管理实践中。不管是营利组织还是非营利组织、规模宏大的组织还是规模较小的组织，该方法都可以把组织的错综复杂的内外部环境用一个二维平面矩阵反映出来，直观而简单。而其他一些环境分析方法，如五种力量模型、脚本法、波士顿矩阵等方法都因为涉及明显的市场占有率、赤裸裸的经济利益而不太适用于像公共图书馆这样的非营利性的公共服务部门。(2)在现有的有关图书馆环境分析的文献中，用得最多的、最成熟的是SWOT分析法。虽然在《公共图书馆战略管理》(*Strategic Management for Public Libraries*)一书中，著者用波士顿矩阵的修改版来分析公共图书馆的市场占有率[1]，在《现代图书馆管理》一书中，作者也试图用五种力量模型分析图书馆产业竞争力[2]，但多数图书馆在自己的战略规划中选用的仍是SWOT分析法。表2.1罗列了国外部分高校图书馆和公共图书馆在其战略规划中进行的SWOT分析，可供参考。下面我们对SWOT分析法中各个要素进行简要介绍。

1. 内部环境分析

内部环境分析的基本宗旨就是对图书馆的现状进行诊断，确认现状有哪些优势、哪些不足，内部环境的分析通常包括以下几个因素。

---

[1] HAYES R M, WALTER V A. Strategic management for public libraries. Westport, Connecticut: Greenwood Press, 1996: 143-147.

[2] 徐建华. 现代图书馆管理[M]. 天津：南开大学出版社，2003：89-93.

表 2.1 国外部分高校和公共图书馆 SWOT 分析

图书馆	数据收集	优势	劣势	机遇	威胁
UBC Library[①]	对全体员工的访谈调研	✓ 出色而又富有经验的员工 ✓ 良好的合作关系和公共形象 ✓ 以用户需求为导向的组织和服务（服务时间、服务内容、增值服务等） ✓ 馆藏资源（特色资源、资源规模等） ✓ 基础设施（技术和电子设备、网络服务器、物理学习空间）	✓ 空间和设备（设备不足且不标准、馆舍及设备维护不到位、馆藏隐患、特色馆藏破损安全隐患、服务分散、特色馆藏破损） ✓ 人力资源（缺少新员工，缺乏人员补充计划、馆员年龄老化、身心疲惫、精力不足、培训欠缺、工资微薄等） ✓ 组织和服务（没有随环境而变、组织结构大而臃肿、学科服务不均衡、缺乏对学生的培训等） ✓ 系统和技术设备（盲目应用现代技术、OPAC 速度太慢、资源共享服务系统过于复杂、CD-ROM 资源的获取不方便、馆藏防盗及防破坏措施不足） ✓ 经费（经费购买资源和服务的订购费不足、连续出版物的经费减少、年度财政预算不足）	✓ 学校发展规划（课程的变化、教学活动对图书馆的重新定位、学科的增加新文学、远程教育、新的学习模式） ✓ 新的经费来源（捐赠、其他非政府部门） ✓ 人员更新（引进新技术、人员更替、员工培训） ✓ 技术（纸质文献电子化、采购方式的转变、视听会议和远程教育） ✓ 合作关系和形象（地方、地区、国家、国际层面的合作、与学校老师的合作）	✓ 版权限制和数据库访问权限制 ✓ 信息提供者（如数据库提供商绕过图书馆直接提供给用户，其他的信息供给） ✓ 信息领域和信息技术的快速发展（图书馆难以及时更新技术，新技术的应用导致忽略入馆的作用、电子资源的管理、硬件和软件使用寿命缩短给图书馆带来压力，认为电子图书馆不需要馆合的误解，用户需求的变化） ✓ 经费和经济（政府财政出现问题，对图书馆学校的经费减少；对企业资助者和私人资助者的依赖会加剧学术自由造成威胁） ✓ 其他机构（与其他机构的合作、与学校老师的合作、少方面依赖于其他机构、导致 UBC 在不少方面依赖于其他机构）

① UBC Library SWOT analysis[EB/OL].[2008-01-14]. http://www.library.ubc.ca/home/SWOT-analysis.pdf.

续表

图书馆	数据收集	优势	劣势	机遇	威胁
Vanderbilt University Library①	头脑风暴法	✓ 馆藏丰富 ✓ 多个合作项目的领导者角色 ✓ 多个专题馆藏 ✓ 音乐、法律等分馆的新修馆舍及友好环境	✓ 外部用户使用电子资源的限制 ✓ 各馆舍之间缺乏统一的停车制度、入馆政策、开放时间 ✓ 馆舍布局冷漠、不清晰 ✓ 图书馆之友经费不足	✓ 中心馆将拟订新的共享计划 ✓ 潜在的收费信息服务 ✓ 调整周边图书馆之友的捐赠政策	✓ Google 等导致对图书馆需求降低 ✓ 与其他组织竞争资源和特藏发展 ✓ 用户之间竞争馆员时间和电脑
Queen's University Library②	员工调查及规划制定者的亲身经历	✓ 有技能的馆员 ✓ 电子资源 ✓ 学习空间 ✓ 学习型组织 ✓ 团队型组织结构 ✓ 服务对象(教职工及学生) ✓ 一般资源 ✓ 馆员发展机遇 ✓ 信息基础设施 ✓ 合作关系 ✓ 24小时的全天候服务 ✓ 适应能力 ✓ 创新能力	✓ 人力不足 ✓ 与用户的交流和联系不足 ✓ 物理实体资源不足 ✓ 对周边社区的服务不足 ✓ 空间不足,不赏心悦目 ✓ 缺乏数据收集来支持决策 ✓ 临时工的雇用 ✓ 对资源和服务的认识不足 ✓ 没有足够多的创新机会 ✓ 说"不"的自主性不足	✓ 对商业及社区的服务 ✓ 电子资源的增加 ✓ 资源服务意识的增强 ✓ 电子教学设备 ✓ 信息推送及个性化技术的应用 ✓ 与商业机构的合作机会 ✓ 租用教学设备带来的创收机会 ✓ 学校发展规划 ✓ 与教职工的合作 ✓ 校友服务 ✓ 已经建立起来的合作关系	✓ 对图书馆使命的理解 ✓ 社区和合作伙伴的意见 ✓ 确定服务优先次序 ✓ 交流渠道 ✓ 对馆员能力和责任的界定 ✓ 服务评价系统 ✓ 创新与已有服务之间的平衡 ✓ 对学术研究的关注

① Vanderbilt University Library strategic planning[EB/OL]. [2008-01-14]. http://staffweb.library.vanderbilt.edu/strategic-plan/external/report.htm.
② Queen's University Library SWOT exercise[EB/OL]. [2008-01-14]. http://library.queensu.ca/webir/st/SWOT_summary.pdf.

续表

图书馆	数据收集	优势	劣势	机遇	威胁
Boulder Public Library[①]	对该馆的资深员工及图书馆理事会、利益相关者的调查	✓理解图书馆作为信息中心的含义，功能广泛（信息素养项目、延伸服务、少儿项目、传统服务与文化项目） ✓拥有公众支持和良好口碑 ✓作为社区中心被很好地利用 ✓馆员们知识丰富、服务热心且以用户为中心 ✓有效的总分馆系统（总分馆建筑宏伟、分馆地理位置方便、环境安全舒适） ✓与其他馆有广泛的资源共享 ✓图书馆基金有助于开展文化和艺术活动	✓经费不足（岗位缩减，服务时间缩短，对学校和社区居民延伸服务的时间缩短，跟不上技术的发展，对成年人资料的收藏不够） ✓主馆的馆舍设计导致了一些操作层面上的问题 ✓分馆系统的选址有问题（没有按照人口的分布选址，有些地方没有分馆） ✓馆员的多样化受到限制 ✓"一个名为'三省图书馆协会'"的组织带来的限制	✓该馆所服务的社区是一个受过良好教育和拥有良好信息素养的社区 ✓信息技术能提供更快更有效的信息获取方式，图书馆需要为用户提供获取信息的培训，该馆评价信息的网站也能成为一个可视化的分馆 ✓合作关系（与更多馆发展合作关系，与更多的商业机构建立联系） ✓延伸服务的机会 ✓经费机制	✓信息技术（更新技术的费用大，不得不同时提供和支持多种信息技术，用户需要有关如何使用及评价各种信息的教育，图书馆系统和数据库在易用性方面远不如Google或Amazon） ✓人口变动（老年人的增加，低收入和不会说英语的居民的增加，新一代人更习惯于用Google来搜索信息） ✓经费（竞争加剧） ✓图书馆与居民生活的关联度（公众对图书馆提供的服务不认识，一些人认为所有的信息需求都可以通过网络来满足） ✓领导变动，资深馆员退休

[①] Boulder Public Library SWOT assessment summary[EB/OL]. [2008-01-14]. http://www.librarymasterplan.info/docs/06SWOTAssessment.pdf.

(1)服务。包括当前开展了哪些服务、这些服务的对象是谁、这些服务取得的效益怎样、哪些区域的服务还存在空白、哪些服务还需要深入等。

(2)馆舍。包括具体馆舍面积、阅览坐席等。如果一个图书馆通过对服务的分析发现在展览和讲座方面还需要扩大和深入,那么就要考虑场地的问题。

(3)馆员。具体指标包括馆员数量、专业馆员结构比例、馆员的学历水平、馆员的专业背景、馆员的性别比例、馆员的特长等。通过对现有人才队伍结构的详细了解可以为战略的制定提供真实的材料。如果一个图书馆想要在参考咨询服务上有所突破,就要考虑到现有馆员的学科背景。

(4)馆藏。包括现在馆藏资源的种类、数量、新旧程度等。

(5)经费。包括当前的财政拨款、经费的利用情况、经费是否存在缺口等。

(6)当前的战略。要想对未来作出一个适宜的规划,就要对当前的战略进行一个评估和分析,了解组织当前的任务和目标。例如,苏州图书馆在"十一五"的时候拉开了总分馆建设的帷幕,并有所成效,成为当时工作的重点,那么"十二五"规划就要在这一基础上制定。

2. 外部环境分析

外部环境分析是诊断公共图书馆所处的社会环境,分析出面临的威胁和机遇,具体分析因素如下。

(1)经济因素。公共图书馆的发展与社会的经济水平、自身所处地方的经济水平密切相关。一方面,公共图书馆作为全额拨款的公共服务机构,它的发展依赖于政府的投入量;另一方面,经济发展与当地人口素质和劳动者技能高低密切相关,而人口素质与民众的受教育水平又息息相关,同时,受教育水平在很大程度上影响着当地民众的阅读能力和阅读需求量，进而影响人的素质和经济发展水平，这是一个不断循环的过程。此外，经济发达了，随之而来对信息的需求也就更多，这会刺激包括图书馆在内的信息交流机构。① 因此，对所处区域经济状况的分析至关重要，值得一提的是在分析经济状况的同时也要关注地方政府对文化的投入程度及未来的相关政策。

（2）文化因素。作为为公众服务的公共图书馆，它所处区域的社会环境对图书馆服务效益有潜移默化的影响，地方文化在很大程度上决定着社会成员的生活方式、思维方式、价值观念及行为准则等。文化因素一方面影响着图书馆本身的职业发展，另一方面决定着民众对公共图书馆的认可、依赖程度。比如，一个文化底蕴深厚、学习氛围浓厚、阅读风气盛行的地方，图书馆的发展就拥有得天独厚的条件。在世界上，北欧一些小国家阅读风气盛行，民众对公共图书馆的喜爱和依赖程度也相对较高。一个社会文化底蕴浅薄的地区，公共图书馆既要面临引导人们文化生活的机遇，又要面临读者群少、工作难度大、价值的显现需要长时间的努力等威胁。

（3）技术因素。作为以信息为主要资本和产品的公共图书馆，新兴的技术对公共图书馆产生着巨大的影响，尤其是信息技术。有些信息技术为公共图书馆的服务、管理带来了便利，甚至机遇，例如，RFID（射频识别）技术为图书流通业务带来了极大的方便。同样，如本章第一节所言，某些信息产业或信息机构会成为公共图书馆的竞争对手，一些信息技术会给公共图书馆带来挑战，例如，电子图书的出现给传统纸质图书的借阅带来冲击等。

（4）人口因素。所处区域的人口特点，如年龄构成、性别构成、人口素质、人口增长情况等都是公共图书馆读者群的特征。

---

① 于良芝.图书馆学导论[M].北京：科学出版社，2003：71.

一个外来人口一直增加的地区，它的图书馆在战略制定中一方面需要从服务角度考虑外来人口的需求，另一方面要从资源角度考虑人口增长带来的威胁。相反，在一个中年人和青年人多数外出打工、留守儿童和老人居多的地区，它的图书馆就要考虑在未来的发展中如何为这两个群体服好务，同时要考虑读者群数量的减少带给它的威胁。有这样一个例子：一对中国老年夫妇到在国外定居的儿子家居住，当他们到当地的图书馆看书时发现没有中文小说，于是他们就向馆员提出这个需求，后来这个图书馆为他们采购了中文图书，不过更重要的是当这个图书馆的馆长知道这件事后批评了负责馆藏建设的主管，原因是他在采购馆藏资源时没有考虑到当地移民人口的特点①。

(5) 政治因素。社会的政治环境包括两个方面：一是社会的政治制度；二是维持这一制度运行的国家机器，特别是政府的行为。这两个方面对公共图书馆都有影响，对公共图书馆来讲，上级主管部门会直接影响图书馆的发展，很多公共图书馆都经历过由于上级主管领导的更换带来的命运起伏。地方政府关于地方发展的宏观政治目标也会影响图书馆。例如，深圳政府在 2002 年提出"文化立市"的战略目标直接推进了深圳"图书馆之城"的建设；佛山禅城区的联合图书馆是在区人民政府建设文化标志工程的政府行为中发展起来的。需要提出的一点是，在实际工作中，公共图书馆的管理者要勇于行使职责，又要充分扮演好公共图书馆管理者的各种角色，积极争取或影响地方政府的行为。

(6) 科学教育与研究。如前文在经济因素中所言，教育和科学研究决定着民众对公共图书馆的利用。

对于具体的分析要素及判断标准，于良芝教授曾提出了一个

---

① 徐雁. 阅读拯救自己[R]. 苏州：苏州图书馆，2011.4

针对我国公共图书馆的 SWOT 分析要素表，如表 2.2 和表 2.3 所示。

表 2.2　公共图书馆优势和劣势的分析侧面、数据要素和判断标准

分析侧面	数据要素	S/W 判断依据
馆　舍	✓ 馆舍离所在地区中心地带的距离 ✓ 距离图书馆 200 米范围以内设置的公交站点数量 ✓ 步行 20 分钟能到图书馆的人占总人口的比例 ✓ 馆舍面积、人均面积 ✓ 馆舍初建年份 ✓ 馆舍最近装修年份 ✓ 馆舍布局（借阅一体还是分离） ✓ 阅览室布局（阅览室数量、用途、位置、入室证件） ✓ 馆舍标识系统（数量、类别、位置）	✓《公共图书馆建设标准》 ✓ 相对应的文化部《县市级图书馆评估标准》 ✓《中国图书馆统计年鉴》 ✓ 其他可比图书馆（所在地区经济水平相当、图书馆级别相当）
馆　藏	✓ 藏书数量、成人非小说类图书的学科分布、实用型图书（如 DIY、菜谱、旅游等）的大致比例 ✓ 成人小说类图书的数量、占馆藏比例 ✓ 少儿读物的数量、占馆藏比例 ✓ 农业科技类图书数量、占馆藏比例 ✓ 参考工具书数量、类别（词典、百科全书、统计资料等） ✓ 地方文献的数量 ✓ 期刊种数、报纸种数 ✓ 数据库数量、名称，自建数据库数量、名称，地方文献数据库数量、名称 ✓ 过去三年的年均馆藏增长率 ✓ 特色馆藏类别及每类的数量 ✓ 视听资料数量（件） ✓ 视听文献年入藏数量（件）	✓ 相对应的文化部《县市级图书馆评估标准》 ✓《中国图书馆统计年鉴》 ✓ 其他可比图书馆

续表

分析侧面	数据要素	S/W 判断依据
设施	✓ 全馆阅览坐席数 ✓ 少儿阅览坐席数 ✓ 电脑数量，包括用于电子阅览室的电脑数量、用于书目检索的电脑数量、少儿专用电脑数量 ✓ 电脑的配备型号、网速容量 ✓ 电脑购置年份 ✓ 电脑软件的升级频率 ✓ 阅览室是否有空调或电扇 ✓ 是否提供饮用水 ✓ 是否有图书馆自动化系统 ✓ 是否已建馆内局域网 ✓ 是否已建图书馆网站	✓ 相对应的文化部《县市级图书馆评估标准》 ✓《中国图书馆统计年鉴》 ✓ 其他可比图书馆
经费	✓ 过去三年的年均政府拨款 ✓ 人均经费量 ✓ 购书经费占总经费的比例、人均购书费 ✓ 近三年的平均年经费增长率 ✓ 除馆舍维修外的项目经费 ✓ 捐赠经费 ✓ 过去三年的创收额、占总经费的比例	✓ 相对应的文化部《县市级图书馆评估标准》 ✓《中国图书馆统计年鉴》 ✓ 其他可比图书馆
馆员	✓ 在编工作人员数量、合同工数量 ✓ 每万人馆员数量 ✓ 大学本科以上学历职工占职工总数的比例(含合同工) ✓ 图书馆学专业人士的比例(含合同工) ✓ 中级以上职称占职工总数的比例 ✓ 馆员的年龄结构、平均年龄 ✓ 馆员接待读者的态度(馆员接待读者时是否微笑耐心、读者的投诉率) ✓ 馆员对图书馆职业的认识(通过访谈) ✓ 每年的培训次数、人均继续教育学时/学分 ✓ 馆员加入图书馆学会的比例 ✓ 馆员的工资待遇与当地工资水平比例	✓ 相对应的文化部《县市级图书馆评估标准》 ✓《中国图书馆统计年鉴》 ✓ 其他可比图书馆

续表

分析侧面	数据要素	S/W 判断依据
服 务	✓ 办证量、办证人口占总人口的比例 ✓ 年增办证量 ✓ 人均外借册数 ✓ 平均每册图书年流通次数 ✓ 每年解答问题量 ✓ 人均解答量 ✓ 每年开展少儿活动次数、参加人次 ✓ 每年开展成年人活动次数(不含培训)、参加人次 ✓ 每年开展送书下乡活动、送书量 ✓ 每年开展读者培训活动次数、参加人次 ✓ 每年定题服务的数量	✓ 相对应的文化部《县市级图书馆评估标准》 ✓《中国图书馆统计年鉴》 ✓ 其他可比图书馆

表 2.3　图书馆机遇与威胁的分析侧面、数据要素与判断标准

分析侧面	数据要素	O/T 判断依据
政治经济 （1）	✓ 地区(市、县)经济社会发展规划的相关内容 ✓ 地区(市、县)文化发展规划的相关内容 ✓ 地区(市、县)教育发展规划的相关内容 ✓ 地区(市、县)信息化发展规划的相关内容 ✓ 本地经济社会发展统计资料 ✓ 地方志、地方媒体等地方文献 ✓ 对相关政府部门或机构的访谈	✓ 重点发展领域与公共图书馆的关联 ✓ 左栏文献对公共图书馆的关注、理解与期待 ✓ 左栏文献对社会教育机构的关注、理解与期待 ✓ 左栏文献对信息服务机构的关注、理解与期待 ✓ 左栏文献对其他公共文件设施的关注、理解与期待 ✓ 左栏文献对经营性文化、教育、信息机构的关注、理解与期待

续表

分析侧面	数据要素	O/T 判断依据
政治经济（2）	✓ 由各类发展规划派生的文化、教育、信息、社区发展项目（工程）： • 资金来源 • 实施主体 • 实施过程	✓ 由公共图书馆实施或参与的项目及支持力度 ✓ 由社会教育、信息服务及其他公益性组织实施的项目及支持力度
社会人口文化	✓ 婴儿出生率 ✓ 人口老龄化程度 ✓ 外来人员的分部情况 ✓ 常住人口的年龄构成比例 ✓ 常住人口的性别构成比例 ✓ 平均受教育程度 ✓ 人口迁入迁出率 ✓ 年均人口增长量 ✓ 生活方式 ✓ 对闲暇时间休闲方式的选择 ✓ 对阅读文化的态度 ✓ 地区性趣味和偏好 ✓ 全国出版行业的状况 ✓ 公共娱乐设施（博物馆、文化站等）的数量、分布及免费开放情况 ✓ 所在区域幼儿园、小学、中学、大学的分布、数量及学生分布结构 ✓ 健身房的分布、数量及经营状况 ✓ 网吧的分布、数量及经营状况 ✓ 书吧、咖啡吧的分布、数量及经营状况 ✓ 书店、租书摊的分布、数量及经营状况 ✓ 所在区域的其他公共图书馆的数量及状况	✓ 对图书馆读者结构的影响 ✓ 对图书馆需求的影响 ✓ 对图书馆的竞争的影响

续表

分析侧面	数据要素	O/T 判断依据
技术	✓电脑与网络普及率 ✓网民的比例(数字技能) ✓当前出现的信息传递技术、信息存储技术和信息处理技术情况及其应用状况(如借还书系统、智能恒温恒湿存储系统等) ✓未来的技术趋向 ✓除了与公共图书馆常规业务相关的信息技术,其他技术的情况及应用状况(如办公自动化)	✓全国性统计资料 ✓行业内其他图书馆的应用状况 ✓本馆的经费状况

3. 组合分析

上述内外环境分析可以判断出一个公共图书馆自身的优势、劣势,面临的机遇、威胁。在此基础上进行进一步组合分析,将各方面的优势与机遇结合,发掘哪些机遇可以抓住,哪些威胁是可以转化成机遇的,哪些劣势是可以改进的,哪些优势是可以更好发挥的,哪些威胁需要小心规避。

如表 2.4 所示,通常情况下,SO 组合(内部优势+外部机会)是最理想的匹配,通过最佳的资源组合来抓住机遇;WO 组合(内部劣势+外部机会)需要加强改进劣势,将劣势转化成优势;ST 组合(内部优势+外部威胁)需要通过将内部资源进行重组,尽最大努力将威胁转化成机会;WT 组合(内部劣势+外部威胁)是最糟糕的匹配,应该尽量避免。

表 2.4 SWOT 矩阵

外部＼内部	优势 S	劣势 W
机遇 O	SO 组合	WO 组合

续表

内部 外部	优势 S	劣势 W
威胁 T	ST 组合	WT 组合

对于一个公共图书馆来讲，这样的环境分析犹如一次全身体检。公共图书馆借此了解到读者的需求、自身当前的服务状况、面临的机遇、需要改进的劣势等，为后续使命的制定提供了充分的背景材料。

关于 SWOT 分析法在我国公共图书馆的应用的具体例子请参见李晓新、陆秀萍、付德金合著的《新农村建设中公共图书馆的功能设计——针对资源短缺型县级图书馆的研究》一文。

(二) 明确远景和使命

使命对于一个组织来讲，非常重要和必要，国外相关研究表明，拥有正式使命陈述的企业给予股东的回报是那些没有正式使命陈述的企业的两倍。作为一个正式组织，公共图书馆需要明确自己的使命。联合国教科文组织在《公共图书馆宣言》中归纳了十二条使命，本套教材中的《公共图书馆基本原理》根据新形势，将其归类成六大使命，并且阐述了公共图书馆的使命应具有战略性，它是公共图书馆努力的目标。

1. 什么是远景和使命

远景（Vision）和使命（Mission）经常可以在国外很多公共图书馆的网站首页找到，一些公共图书馆的年度报告开头也会出现。远景通常是回答"要成为什么"，使命通常是回答"我们的主要业务是什么"，对于公共图书馆来讲，一个馆的远景就是想成为一个怎样的图书馆，使命是说该馆的目的是什么，或者是存在的理由、业务是什么。举例来看，对于使命和远景的陈述如表 2.5 所示。

表 2.5　使命和远景的陈述例子

图书馆	使命	远景
EVANSTON 市公共图书馆①	通过向民众开放各种有关文化、知识、信息的资源来培养独立、自信、有素养的公民	1. 让 EVANSTON 市的每一位民众在智慧和文化上都有丰富的享受 2. 让每一个孩子在上学的时候都能掌握必需的发展性技能 3. 让每个孩子都享受到阅读和学习的愉悦 4. 让社区能够喜爱自己社区文化的多元性 5. 让民众能够轻易地找到自己需要的信息
GRAVES 郡公共图书馆②	为民众的教育、娱乐提供丰富的信息资源和优质的服务，培养市民参与到终身学习的计划中，尤其是对学生和科研人员	为民众提供优质的服务，最大限度地满足读者的需求，让每一位到馆读者都能享受到愉悦
DEKALB 郡公共图书馆③	DEKALB 郡图书馆通过提供负责、活力的服务来满足多元文化居民不断变化的信息需求。通过训练有素的馆员、合作伙伴来为民众提供电子资源。此外，致力于优秀服务来为公众提供优质生活	希望能够使 DEKALB 郡成为一个注重家庭、多元文化和合作的社会，每一个人都能充分发挥自己的潜能

　　① Evanston Public Library. About the library[EB/OL]. [2011-05-21]. http://www.epl.org/index.php? option=com_content&view=article&id=125&Itemid=226.
　　② Graves County Public Library. Policies [EB/OL]. [2011-05-21]. http://www.gcpl.org/Policies.htm.
　　③ DeKalb County Public Library. Mission and Vision[EB/OL]. [2011-05-21]. http://www.dekalblibrary.org/mission-vision.html.

续表

图书馆	使 命	远 景
贝利伍医院①	贝利伍医院满怀尊重、同情、政治和勇敢之情，尊重患者、雇员、社区的个性特征和隐私，在预测和提供预防保健服务方面不断进步	贝利伍医院是提供必要资源、努力保障社区成员获得最佳终身保健服务的领先者
美国地质测量局②	通过提供如下可靠信息服务国家： 1. 描绘和认识地球； 2. 将自然灾害带来的人员和财产损失减少到最低程度； 3. 管理水、生物、能源和矿产资源，增进并保护公众的生活质量	通过我们卓有成效的科学活动和对社会需要的有效满足努力成为自然科学领域的全球领先组织

2. 如何制定使命

在我国，公共图书馆的使命曾被很多学者和专家呼吁，如文化传播使命、支持社会教育使命、促进阅读使命、信息保障使命等。但是不同类型、不同地域、不同规模的公共图书馆，其使命都有所不同。例如，一个省级图书馆的使命不仅要满足民众的需求，还应该承担全省公共图书馆的资源保障任务以及全省公共图书馆的业务辅导；一个乡镇或街道图书馆的使命更侧重于满足所

---

① 弗雷德·R·大卫. 战略管理概念部分[M]. 11版. 北京：清华大学出版社，2008：63.

② 同上书。

在区域居民的阅读需求。例如，上海图书馆在简介上先定位该馆是一个研究性图书馆，接着明确提出该馆的使命是"以积淀文化、致力于卓越的知识服务"。

在战略管理中，一个公共图书馆的战略管理小组可以选择几篇有关公共图书馆使命陈述的文章、相关案例以及SWOT环境分析的结果发给馆里的管理人员（中层干部和馆领导）作为背景资料阅读，然后要求每位管理人员为本馆准备一份使命陈述。战略管理小组将提交的使命陈述组合成为一篇使命陈述草稿，分发给本馆的管理人员，征求意见，并召开会议统一修改，确定一份简洁、笼统的使命陈述文稿，这个使命相当于战略规划中的总体目标。

当使命陈述确定后，公共图书馆要努力将本馆的使命陈述传播给所有馆员、读者以及其他相关利益者（如上级主管部门、业界同行）。可以放在网站的首页、读者指引手册的首页等，馆长及馆内的人员，还要利用各种可能的机会和场合，来宣传本馆的使命，传播核心价值观。

3. 根据使命来设计相对应的服务及制定长期目标、短期目标

使命的实现需要一系列相应的服务来支撑，因此，一个公共图书馆在明确了自身使命后，战略管理小组需要设计相应的服务，使笼统的使命具体化，并进一步设定长期目标使提出的服务得以细化。长期目标的时间跨度应该与战略一致，通常为2~5年，短期目标通常是1年或者1个季度，短期目标应当量化。在目标设定环节，有些图书馆会具体到短期目标以及实施方案，例如Needham免费公共图书馆的2011—2015年战略规划（见表2.6）、Duke大学图书馆的2006—2010年的战略规划；有些图书馆只设定一个大概方向，例如Duke大学图书馆的2010—2012年的战略规划、UBC大学图书馆的2010—2015年战略规划，在后面我们会给出具体的例子。

考虑到我国公共图书馆界对于战略管理经验的不足，所以在本书中，我们将长期目标作为战略制定的末梢，将短期目标以及具体的实施方案归入战略实施中，给予后期的实施一些空间和灵活度。

表 2.6　Needham 免费公共图书馆 2011—2015 年战略规划中部分目标设定及方案

使命：民族多样性及文化传承项目——彰显 Needham 的历史和民族演变	使命：激发想象力——休闲阅读、观赏和聆听
总目标：图书馆将开展一系列项目和服务，用于提升用户对他们自己的和其他民族文化遗产的鉴赏和理解，促进用户对社区历史的了解	总目标：图书馆要为用户提供更多选择和服务，支持用户高质量地度过休闲时光
需要的统计： ✓ 使用档案和家谱的用户人数 ✓ 开展的民族多样性和文化传承项目数量 ✓ 购买的外语书籍及影视作品的数量	需要的统计： ✓ 从用户提出需要一本畅销书，到用户借到这本书，要花费的时间是多少 ✓ 副本量 ✓ 将新的流通数据与过去的数据相比较 ✓ 用户满意度调研 ✓ 减少新书预订的手续 ✓ 暑假阅读活动中注册的儿童人数 ✓ 暑假阅读活动中儿童的阅读量 ✓ 可用的电子书籍数 ✓ 可下载的电子书籍数 ✓ 参观图书馆的人数

续表

使命：民族多样性及文化传承项目——彰显 Needham 的历史和民族演变	使命：激发想象力——休闲阅读、观赏和聆听
长期目标： ✓ 2011—2015 年，使用档案和家谱的用户人数在每个财年有 5% 的增长 ✓ 2011—2015 年，每个财年至少实施一个关于本地民族多样性和文化遗产的项目 ✓ 2011—2015 年，每个财年增加价值为 1 000 美元的外语书籍和电影拷贝	长期目标： ✓ 减少预订书籍的时间 ✓ 2011—2015 年，每个财年提高 2% 的流通率 ✓ 减少网上操作的程序 ✓ 在 2013 年，将每周开馆时间延长 1.5 小时 ✓ 在 2013 年，增加周日开馆的图书馆数目 ✓ 2011—2015 年，增加 50% 的电子书籍量 ✓ 2011—2015 年，实现可下载电子书数量 50% 的增加 ✓ 向公众介绍图书馆和图书馆的资源
具体措施： ✓ 公开档案和家谱资料供用户查阅 ✓ 开展常规的家谱讲座课程和特定的在线家谱检索服务 ✓ 购买家谱数据库 ✓ 购买家谱 CD 光盘 ✓ 成立专门的委员会负责项目推进和外语资源的购置 ✓ 招聘项目发言人 ✓ 开展反映社区多样性的儿童活动 ✓ 与学校教育系统联系，确定非英语民族的学生的语言 ✓ 联络当地社团和组织，争取它们捐赠外语书籍和电影拷贝	具体措施： ✓ 考察 3 周的预约统计，为 3 周内有 5 位读者预约的书籍购买 1 本副本 ✓ 考察 1 周的预约统计，为 1 周内有 8 位预订的书籍购买 1 本副本 ✓ 在一开始购进新书时，为很可能流行的书籍预订副本 ✓ 为流行的书建立"快速取阅"通道，无须用户填写预约表 ✓ 开设培训，优化用户对小型图书馆联盟数据库的使用 ✓ 开设培训，优化用户对其他数据库的使用，如小说数据库 ✓ 鼓励读者加入两个图书馆阅读俱乐部

续表

使命：民族多样性及文化传承项目——彰显 Needham 的历史和民族演变	使命：激发想象力——休闲阅读、观赏和聆听
✓ 要求其他图书馆和当地的图书馆基金会资助项目和资源 ✓ 预订价值为 1 000 美元的外语书籍（包括成人和儿童书籍） ✓ 获取其他图书馆的外语期刊的使用权 ✓ 申请该项目的专用资金 ✓ 申请资金用于档案及历史资料的保存与数字化 ✓ 为社区的非英语母语项目（ESL）购买资源 ✓ 将数年的档案及家谱资料数字化（从最易破碎损毁的开始）	✓ 一天发送两次"信息推送" ✓ 寻求支持图书馆在星期五开馆至晚 7 点的资金 ✓ 开放图书馆的资源 ✓ 每两年开展一次用户满意度调研 ✓ 增加剔旧的频率以保证藏书的流行性 ✓ 寻求支持图书馆在夏季周日开馆的资金 ✓ 从其他图书馆和基金会寻求更多的视听资料资助 ✓ 申请合适的资金 ✓ 向当地政府申请增加购书经费投入 ✓ 规律地举办参观图书馆的活动

资料来源：Needham Free Library strategic plan 2010［EB/OL］.［2011-05-21］. http://needhamma.gov/documentview.aspx?did=3096。

在服务设计、目标的制定过程中，战略管理小组及一个馆的管理人员需要多次协商沟通，从多方面考虑到目标的可操作性。这个交流、产生分歧、解决分歧的过程给予了每一个管理人员接受、理解、认识战略管理的机会，这对战略实施非常重要。

为了更具体地了解战略规划的内容，在此介绍国外两个公共图书馆战略规划的目录，如表 2.7 所示。

表 2.7　国外两个公共图书馆战略规划的目录

尼达姆（Needham）免费公共图书馆 2011—2015 年战略规划①	美国梅克伦堡县(Charlotte & Mecklenburg County)公共图书馆 2009—2012 年战略规划②
（一）前言 （二）规划研究方法和发现 （三）尼达姆小镇的概况 （四）尼达姆小镇的远景陈述（或未来发展蓝图） （五）尼达姆小镇的 SWOT 环境分析 （六）尼达姆小镇的需求 （七）尼达姆免费公共图书馆的概况 （八）尼达姆免费公共图书馆的 SWOT 环境分析 （九）评估读者需求 （十）尼达姆免费公共图书馆当前的服务 （十一）尼达姆免费公共图书馆的远景陈述 （十二）尼达姆免费公共图书馆的使命陈述 （十三）服务对策、目标、措施、具体目标、活动方案 ✓ 信息通畅 ✓ 终身学习 ✓ 民族多样化和文化传承 ✓ 激励想象 （十四）活动方案计划概要 （十五）规划制定委员会成员 （十六）附录：规划调查问卷(针对读者)	前言：馆长致辞 第一部分：概况 ✓ 梅克伦堡县公共图书馆的利益相关者 ✓ 梅克伦堡县公共图书馆以往规划的综述 ✓ 致谢 ✓ 我们的使命 第二部分：梅克伦堡县公共图书馆和社区 ✓ 背景和梅克伦堡县公共图书馆的基本资产 ✓ 公共图书馆的概况 ✓ 梅克伦堡县的概况 第三部分：我们的三年规划目标：一个大概 ✓ 我们的目标是如何与战略的结果相匹配的 第四部分：继续对我们的优势增加投入 ✓ 我们优势的大概方向 ✓ 具体的目标、策略和强化措施 第五部分：在新的战略机遇方面加强投资 ✓ 我们机遇的大概方向 ✓ 具体的目标、策略和强化措施

① Needham free library strategic plan 2010［EB/OL］.［2011-05-21］. http://needhamma.gov/documentview.aspx?did=3096.

② Strategic Plan for the public library of Charlotte & Mecklenburg County 2009-2012［EB/OL］.［2011-05-21］. http://www.cmlibrary.org/about_us/StrategicPlan_finalweb.pdf.

第三节　公共图书馆战略实施

一、针对战略目标建立公共图书馆的核心价值观

　　核心价值观是组织文化的核心部分，说得通俗一些，就是构成一个公共图书馆凝聚力的"主心骨"。公共图书馆有一个国际通用的服务理念——"平等、免费、无差别"，各个图书馆可以依据它建立各自的组织文化，但是公共图书馆馆员要对公共图书馆的服务理念充分地接受和认可，并且尊重知识、尊重信息自由、尊重社会平等是每一个公共图书馆都应秉承的宗旨。

　　在实际工作中，每个图书馆依据组织的特色建立自己的核心价值观，例如中山大学图书馆的馆训"智慧与服务"[1]，苏州图书馆"平等、免费、专业、礼貌、高效"的服务理念，上海图书馆提出的"精致服务、至诚合作、引领学习、激扬智慧"[2]核心价值观等。

　　核心价值观的确定一定要与自己所处馆的使命相结合，同时也要考虑到地方文化、读者特征这些因素。核心价值观一旦建立并确定下来，就要对所有馆员进行讲解培训，让所有馆员充分地理解、认可这个价值观，在实际工作中，核心价值观要成为所有工作人员的工作宗旨。

---

　　[1] 中山大学图书馆馆训［EB/OL］．［2012-04-10］．http://library.sysu.edu.cn/web/guest/bggk/gx.

　　[2] 上海图书馆上海科学技术情报所简介［EB/OL］．［2012-04-10］．http://www.library.sh.cn/fwzn/jianjie.htm.

二、根据战略目标设定并实施具体方案

(一)制定短期目标的实施方案

战略制定中已经确定战略目标中的短期目标,在此基础上,还要将每一个短期目标分解成一个个具体的方案。例如,某图书馆在 2012—2016 年的战略规划中,长期目标设定为到 2015 年读者投诉率要降低 50%,短期目标设定为每年的读者投诉率要降低 10%。针对这一目标,制定具体的操作方案。例如,进行读者调查,了解读者满意度;设置意见箱,及时听取读者的建议,针对读者的建议进行完善(可能是服务、资源、制度等);制定遇到读者纠纷的处理流程(谁来负责,如何处理)及强化服务台馆员的服务礼仪(给予培训、制定相应的文明服务条例)等。具体见第二节中 Needham 免费公共图书馆的例子。

制定方案的方法有以下两种:(1)战略管理小组可以将短期目标和 SWOT 环境分析的结果发给本馆的管理人员,召集大家在一起进行 2~3 次的头脑风暴,将大家的方案进行汇总集中讨论,确定最终的方案。(2)将多个短期目标分摊给每个管理人员,并附上 SWOT 环境分析的结果,给予 2~3 周的准备时间再集中演示讨论。这两种方案都要求制定者在制定具体方案的过程中一定要结合环境分析中的优势、劣势、机遇和威胁。

(二)明确实施方案的负责人及相关部门

具体方案的实施需要相关的责任部门和负责人,这样才能明确实施主体,保证方案的实施,避免推脱或踢皮球现象。在方案确定的会议上,要由馆长牵头确定好实施方案中的责任部门、分管领导,可以制作一个战略目标实施任务表,如表 2.8 所示。一些方案可以归入某一个部门,但某些方案的实施需要几个部门的合作,例如资源建设,需要外借、采编的合作。还有一些方案是

临时性的项目，例如大型读者活动、馆舍的改建、一个软件的开发，对于这样的方案可以采取项目管理制，具体介绍参照本教材第一章第三节。

表 2.8　战略目标实施任务表

目　标	实施方案	分管领导	责任部门	备　注

三、多种途径筹集经费

制约战略目标实施的关键因素之一是经费，在战略实施阶段，馆长的另一个重要任务是筹集经费。经费筹集具体方法请参见本书第三章。

四、根据战略目标的需要调整组织结构

图书馆内部结构的划分，可分为四种模式：（1）以服务项目为基础的划分方式。（2）以服务地区为基础的划分方式。（3）以图书馆职能为基础的划分方式。（4）以顾客对象为基础的划分方式。[1]

各种划分都有利有弊，没有绝对的好，也没有绝对的坏，而是要根据使命、环境、任务、资源、效率等进行综合分析。例如，针对阅读推广工作任务，是单独设立阅读推广部门，还是把阅读推广职能分解到各个部门？电子阅览室是归技术部门还是归开放部门？可能不同地区图书馆的选择会不一样，甚至同一个图书馆在不同阶段的选择也不一样，这也是为什么要根据战略目标来调整组织结构的重要原因。

---

[1] 曾淑贤. 公共图书馆在终身学习社会中的经营策略与服务效能[M]. 中国台北：孙运璿学术基金会，2003：45.

在战略实施过程中,根据战略目标对组织结构进行调整,这种调整一定要避免盲目的一刀切,而要根据战略实施的需要因时而异,因事而异。需要指出的是,公共图书馆作为事业单位,组织结构的变动没有企业那样大的自由度,一个部门的建立或者更改都需要征得上级主管部门同意甚至当地编制委员会的审批,所以公共图书馆在组织结构的调整过程中,不仅要学会变通,更要慎重。在这种情况下,可以作如下三种调整:(1)部门业务范围的调整。在实施过程中可以根据环境分析的结果和战略目标将部门业务范围进行重新梳理。(2)人员的调整。战略管理的实施需要多方面的人才,一个公共图书馆在确定了战略目标后,会有一些新增的或需要改进的业务范畴,这些业务需要能够胜任的馆员去实施。因此在实施过程中,对人员进行调整,将合适的人用在合适的岗位上,可以最大限度地发挥馆员的潜力。(3)资源的调整。在战略目标实施过程中,要分析资源对实现战略目标的制约,重点突破是管理中常用的方法,这时,优化资源配置是必要的,把资源调配到最需要的部门和地方,让有限的资源发挥最大的作用,因而可能会使某些部门(业务)强化,某些部门(业务)弱化。

五、建立有效的人员薪酬制度

公共图书馆的馆员工资由基本工资和奖金两部分组成,基本工资按照国家事业单位人员工资规定发放,属于固定工资;绩效工资(奖金)部分是激励馆员工作、实现公平公正的重要筹码。作为馆领导,绩效工资如何分配、分配的依据和重点、分配比例等,都必须考虑本馆的实际情况,有以下几种方式可以借鉴。

(1)项目奖金。与上述战略实施中的项目管理相对应,对于重大项目要给予奖励;奖励的多少按照完成情况、项目大小来确定。

(2)部门奖金。与绩效管理相对应,针对每个部门年度目标任务设立部门奖金(参见第一章第三节)。

(3)个人奖金。在战略实施过程中,对于表现优异、贡献突出的个人要给予奖励,比如项目管理小组的组长、某一大型项目的负责人等。

奖金的发放时间既要兼顾平时又要兼顾年终,平时发放有利于项目工作的推进,年终发放则有利于对项目完成情况进行考核,体现绩效,并使下一年度项目工作顺利进行。奖金数量的多少,既取决于预算、资金,也受制于工资总额,所以在内部预算编制时就要放进去。馆长室一旦确定了奖金发放的考核办法、奖励方式,就应该予以公示,让所有馆员明确本馆的奖惩机制。

第四节 公共图书馆战略评价

在战略实施的过程中,组织的内外环境会发生变化,当初设计的战略会变得过时。因此,战略评价和控制就显得十分必要。

一、公共图书馆战略评价的意义

战略评价可能是一项复杂而敏感的工作。过分强调战略评价可能会带来高额费用开支及多重负面效应。而且,没有一个人愿意被过分苛刻地评价。有时,馆领导越是试图评价他人的行为,他们的控制就越弱。然而,评价太少或者没有评价会导致更严重的问题,所以战略评价对保证实现既定目标非常必要[①]。

(一)及时发现战略实施中资源利用问题

公共图书馆的资源是有限的,通过战略评价,可以发现哪些资源可能被过分利用、哪些资源可能不足,并及时处理,将问题

---

① 弗雷德·R·大卫. 战略管理概念部分[M]. 北京:清华大学出版社,2008:331.

扼杀在萌芽状态。

(二)保障战略实施方向与战略目标的一致性

战略的实施涉及很多细节问题,并不是每一个方案的实施结果都与战略目标相一致,尤其是一些非量化的指标。战略评价通过科学的方法来进行考核,可以及时发现问题。

(三)为有效管理提供依据

评价不仅可以发现问题,也可以发现亮点和成绩,这为馆员的考核提供了确凿的证据,馆领导可以以此作为馆员奖惩的依据,以事实说话,最能服众。因此,战略评价是全馆有效管理的一个重要裁判。

二、评估方法

战略实施的评估可以以季度考核、年终考核、三年考核等时间间隔来进行。为了保障评估效果的客观真实,每次评估都可以设立评估小组,季度考核和年终考核评估小组可以由部门负责人组成,三年考核可以邀请一些专家进行助阵检测。

(一)品质管理方法

品质管理方法是企业较常用的一种方法,它通过对管理者所扮演的角色、品质管理部门所扮演的角色、训练、产品的资料报告、员工关系等八项因素来测评组织品质,这八个因素不仅可以用来衡量品质管理的状况,而且对组织绩效也有很大影响。作为公共服务部门,一些图书馆已经采用此方法来检测自己的服务工作。我们可以借鉴它们品质管理中的评估标准来评估战略实施的效果。

芬兰赫尔辛基市市立图书馆在检测其规划实施效果时用到以下几个指标:领导、资讯及其分析、策略规划、人员发展、控制程序、结果、接近顾客、社会影响。每一个指标对应一个检测表格，其中对社会影响和人员发展的部分测评指标如表 2.9 所示。

表 2.9 对社会影响和人员发展的部分测评

社会影响			
目　标	程　序	应用/实施	改进目标
规划及实施活动时，考虑周围社区，尤其是相邻社区及顾客	与利益团体合作及注意其发展的相关资讯		
推广图书馆活动、组织及其目标和原则	规定及部门可能的原则被知晓，且组织也充分被认识		
参与全国及国际图书馆服务的发展	通过教学和指引支持图书馆专业方面的教育	训练、见习、工作经验发展及规划工作、完成计划、口头报告、建议	
人员发展			
目　标	程　序	应用/实施	改进目标
给予工作人员在规划管理及改善工作方面的创新及自我指引的机会	在图书馆或部门内，划分责任范围，在进行绩效检视时，注意及检查责任范围。鼓励工作人员提出建议，并参加共同活动及规划小组。对工作人员的创新尽可能进行处理及介绍		

续表

人员发展			
目　标	程　序	应用/实施	改进目标
图书馆或部门考虑工作人员及单位需要，办理训练计划	在结果讨论时，理清工作人员的训练需求及意愿。草拟计划并注意其进展	施行绩效相关奖金计划，举行结果讨论，检视工作气氛及从工作人员得到回馈	

资料来源：曾淑贤. 公共图书馆在终身学习社会中的经营策略与服务效能［M］. 中国台北：孙运璿基金会，2003：115-121.

（二）平衡计分卡法

平衡计分卡由哈佛商学院教授罗伯特·卡普兰和诺朗诺顿研究所所长戴维·诺顿提出，它将企业的关键成功因素、绩效指标或者企业目标同企业长期的远景联结起来，提供了一个综合性的绩效管理框架。该方法有效地将管理层制定的战略与运作层面的活动整合起来。它的四个衡量标准分别是财务、客户、内部流程以及创新与学习。①

作为评估组织工作的重要工具，图书馆对平衡计分卡法也产生了"兴趣"，国内外一些专家学者对其进行了研究。威尔森（Despina Dapias Wilson）等人根据平衡计分卡的原理，结合图书馆的实际情况，设计了将平衡计分卡应用于图书馆的模板，如表2.10所示。②

---

① 曾淑贤. 公共图书馆在终身学习社会中的经营策略与服务效能［M］. 中国台北：孙运璿学术基金会，2003：97.
② WILSON D D. et al. The measure of library excellence：linking the malcolm bladrige criteria and balanced scorecard methods to assess service quality［M］. Jefferson：McFarland & Company, Inc. Publishers，2008：154-155.

表 2.10 图书馆平衡计分卡方法应用示例

视角	战略目标	测评指标	类型（滞后或领先）	实际值	目标值	责任者	行动	预算
客户	扩展客户基础	·注册用户占服务人口的比重						
	留住现有客户	·参加活动者的比重						
	为客户创造价值	·提升品质的活动数量 ·客户满意度						
内部流程	优化设施	·设施使用率 ·人均馆藏量 ·馆藏平均寿命						
	加强可利用性	·培训设施的数量 ·辅助技术使用的数量 ·每百人计算机/工作站的数量						
知识与创造	招聘和保留高质量员工	·员工保留率						
	开发所需能力	·参加培训的员工比率 ·参加MLS（图书馆学硕士）项目的员工数量						
	领导力建设与促进创新	·采纳最佳实践项目的数量						
财务	鼓励地方投资	·人均地方运转投入						
	流线治理	·人均地方资本开支 ·县级图书馆系统数量						
	创立发展政策	·具有馆藏发展政策的图书馆比例 ·具有网络使用政策的图书馆比例						

资料来源：于良芝，许晓霞，张钦之.公共图书馆基本原理[M].北京：北京师范大学出版社，2012：150-151.

在表 2.10 中，每一项测评指标在评估后都会得到一个"实际值"，与先前战略规划中设定的"目标值"进行比较，得到表中的"类型"值，即滞后或者领先，根据这两个值，形成"行动"方案，并制定"预算"，由"责任者"负责实施。平衡计分卡方法就是希望通过采取相关的行动，实现预定的战略目标。

【本章小结】

作为一种管理艺术，战略管理是公共图书馆应对外部环境变化、彰显自身价值的一个重要管理过程。战略制定、战略实施、战略评价是这个过程的三部曲，建立在内外部环境分析基础上的战略制定是根据环境分析的结果确定使命，进而设定战略目标，最终出炉的战略规划是公共图书馆发展的指引灯。战略实施涉及制定对应战略目标的具体实施方案、组织结构的调整和有效的薪酬制度。在这个实施过程中，内外环境的变化会与最初的战略设计有偏差，因此，及时、科学、有效的战略评价是检测战略实施效果、保障战略管理与时俱进的必要环节。

作为一种管理方法，战略管理又是由多个管理方法支撑起来的一种科学谋略，内外部环境分析需要应用 PEST 分析法、SOWT 内外部环境综合分析法、波士顿矩阵等多种环境分析法，战略的实施与绩效管理、项目管理等管理方法又有交集可借鉴，品质管理法、平衡计分卡法为战略评价提供了有效的工具。

战略管理既是一种独特的管理方法，又是公共图书馆管理的一个小小分支。对公共图书馆而言，战略管理的独特之处是它能帮助公共图书馆时刻警惕环境的变化而避免盲目发展，有效协调环境变化与资源条件之间的对应而使得资源效益得到最大化，从而促使"普遍、均等、全覆盖"的公共图书馆服务理念落实得更科学、更长远。

【思考题】

1. 战略管理包括哪几部分内容？
2. 请用 SWOT 分析法对你所在的图书馆进行一个环境分析。
3. 请用平衡计分卡法对你所在的图书馆的年度计划进展情况进行一个评估。

【推荐阅读】

1. 约翰·A·皮尔斯二世，小理查德·B·鲁滨逊. 战略管理——制定、实施和控制[M]. 8版. 北京：中国人民大学出版社，2004.
2. 弗雷德·R·大卫. 战略管理概念部分[M]. 北京：清华大学出版社，2008.
3. HAYES R M，WALTER V A. Strategic management for public libraries：a handbook [M]. Westport，Connecticut：Greenwood Press，1996.
4. 科林·克拉克-希尔，基思·格莱斯特. 战略管理案例[M]. 2版. 北京：经济管理出版社，2000.
5. 田野. 公共图书馆免费开放的 SWOT 分析[J]. 图书馆学刊，2011(8)：31-33.
6. 于良芝，陆秀萍，付德金. SWOT 与图书馆的科学规划：应用反思[J]. 国家图书馆学刊，2009(2)：17-22.
7. 于良芝. 战略规划作为公共图书馆管理工具：应用、价值及其与我国公共图书馆的相关性[J]. 图书馆建设，2008(4)：54-58.

第三章　公共图书馆资金管理

【内容提要】

通过本章的学习，要求学员了解公共图书馆的预算编制、预算追加、争取经费、内部预算控制等方法，熟练界定基本服务与非基本服务，学会利用本馆资源组织收入，掌握组织资金、管理资金、平衡预算的技巧，熟悉资金使用规范，从而保障公共图书馆开展服务和活动的资金支撑。

第一节　公共图书馆财政预算的管理

维持公共图书馆正常运行、提供服务的资金主要来自于当地的公共财政，预算资金是公共图书馆组织资源、提供服务、开展活动的主要资金支撑。对一个组织而言，"预算是仅次于复式记账法和复印机的最常用的管理工具"[1]。因此，编制好公共图书馆的年度经费预算、管好用好资金、争取更多支持，特别在单位年度预算不足的情况下争取拿到追加经费，组织与图书馆服务数量和质量相匹配的资金，是保障图书馆正常开放、为社会提供服务的前提条件，也成为公共图书馆管理的主要内容之一。

公共图书馆的预算管理主要分为两个方面：单位财政预算的管理和单位内部预算的管理。

---

[1] 彼得·德鲁克. 管理(下册)[M]. 北京：机械工业出版社，2010：98.

一、财政预算的概念和基本方法

预算是对未来一定时期内收支安排的预测和计划。因此，预算的涉及面非常广，有财政预算、部门预算、单位预算、企业预算、内部预算、项目预算等，即使财政预算，也并非只指中央预算，每一级政府都有本级财政预算。对于公共图书馆而言，关心的预算主要是本地财政预算、单位财政预算和单位内部预算。

现代预算起源于 19 世纪的英国，大概可称得上唯一起源于政府而非企业的管理工具。财政预算[①]是政府活动计划的一个反映，它是经法定程序批准的、政府在一个财政年度内的财政收支计划，体现了政府及其财政活动的范围、政府在特定时期所要实现的政策目标和政策手段。

预算不仅是一种财务工具而且也是现代管理的重要管理工具的原因，是管理者可以通过预算对计划进行组织，对资源进行调配，对管理过程加以控制，对计划实施过程进行监督，对不恰当的计划进行调整，对绩效进行考评。前几年，有相当多地方的公共图书馆陷入双方指责的境地：政府说建了新的公共图书馆仍门可罗雀，因而得出居民不需要公共图书馆服务的结论；公共图书馆则说是政府资金投入不足，缺乏吸引读者的文献资源和提供专业服务的专业人员。我们现在基本上知道这是因为政府对公共图

---

① 权威的财政预算概念(Clevelend, 1915)如下：财政预算必须是经法定程序批准的、政府机关在一定时期的财政收支计划。它不仅是对财政数据的记录、汇集、估算和汇报，而且还是一个计划。这个计划由政府首脑准备，然后提交立法机构审查批准。它必须是全面的、有清晰分类的、统一的、准确的、严密的、有时效的、有约束力的；它必须经立法机构批准与授权后方可实施，并公之于众。参见：王绍光. 从税收国家到预算国家[G]//马俊，侯一麟，林尚立. 国家治理与公共预算[M]. 北京：中国财政经济出版社，2007.

书馆的投入没有达到临界水平①，这如同对企业的投入没有达到可以开工生产的状态。尽管这个道理简单得如同私人要购买汽车不仅要支付汽车的价款，还要准备支付"落地费用"和汽油费用一样，财政投入没有超过临界点的公共图书馆与没有加汽油的汽车一般，都是摆设，其本质是没有做好公共图书馆的建设和运行的预算，其结果是不仅没有产生出相应的效益，而且使已经投下去的资金全部成为无效投资，浪费了公共资源。

编制年度经费预算的方法主要有基础法和零基法。基础法是指在上年度公共图书馆的年度预算基础上，根据事业任务的增减而相应增减年度经费的预算编制方法。使用基础法编制预算，由于在一般情况下总会存在物价因素、增资因素等，所以采用基础法编制的年度预算，总会大于上年度的年度预算。

我国在财政预算的编制办法上曾经长期使用基础法，其间还有相当长一段时间实行财政经费包干。1993年开始，我国部分的省（市）开始试行零基预算法，1995年出台的《预算法》中明确提出了编制部门预算②的要求，1995年11月2日，《预算法实施条例》的颁布，标志着部门预算和零基预算正式成为我国法定的预算编制模式。2000年，我国财政进行了部门预算的改革试点，其中中央财政试编了教育部、农业部、科技部以及劳动和社会保障部四个部门的预算③，自2002年起扩大了试行范围，到2004年基本

---

① 李国新. 立足新变化　突破新问题　推动县级图书馆持续发展——第三届百县馆长论坛主旨报告[J]. 图书与情报，2010(4)：1-3.

② 部门预算，是指部门依据国家有关政策规定及其使职能的需求，由基层预算单位编制，逐级上报、审核、汇总，经财政部门审核后提交立法机构依法批准的，涵盖部门各项收支的综合财政收支计划。参见：中国发展研究基金会. 公共预算读本[M]. 北京：中国发展出版社，2008：41.

③ 关于深化部门预算改革的若干思考[EB/OL]. [2012-05-20]. http://www.eduzhai.net/lunwen/78/169/lunwen_177815.html.

推广到全国。因此，从理论上说，现在各地财政都应该采用零基预算法编制预算。

零基法是指以零为基础，按照本年度的事业任务来编制经费的预算方法。这种方法要求每个部门系统地评估和审查所有的项目和活动（包括现有的和新的项目）；审查以项目的产出（绩效）和成本为基础进行；强调以管理决策为核心，数字导向的预算为辅；并且要求加大技术分析的比重。[1] 零基预算最初是由美国德州仪器公司的彼得·派尔在20世纪60年代提出，之后被部分发达国家的企业所采用，并取得了良好的效果。[2]

从理论上说，由于零基预算是对每项支出从实际出发进行预算，所以从总体来看，完成单项支出的预算会比基础法小，因而更科学，也更容易发挥财政资金的使用效果。

尽管部门预算中规定使用零基预算法对各事业单位进行预算，但在实际工作中，一方面物价水平总是不断上升，另一方面真正使用零基预算法来编制预算是一个极为复杂的过程，甚至有人认为即使在最先提出零基预算法的美国，其零基预算执行的结果实际上是不成功的，预算的基数依然在发挥着作用，零基预算在中国的实际运用情况也是不尽如人意的[3][4][5]，更何况编制预算者的思维惯性还会往基数法上去靠，这就不难理解编制出来的年度预算一般还是比以前年度会有所增加，很少出现经常性项目经费比

---

[1] 中国发展研究基金会. 公共预算读本[M]. 北京：中国发展出版社，2008：52.
[2] 张亚军，李树森，孔繁芹. 谈零基预算[J]. 冶金经济与管理，1999(2)：47.
[3] 马骏，叶娟丽. 零基预算：理论与实践[J]. 中国人民大学学报，2004(2)：122-129.
[4] 倪秋菊. 零基预算的发展及在我国的适用性[J]. 经济学研究，2005，3(4)：56-61.
[5] 刘俊杰，郭智康，黄嘉华. 论定员定额管理和绩效预算相结合的预算机制. 兰州学刊[J]，2004(5)：197-200.

去年减少的情况。因此，对公共图书馆而言，做大基数仍然是做大预算的有效方法。

我们在编制图书馆年度预算（部门预算，"一上"）的时候，应该结合两种预算方法，如果零基预算计算出的数额低于上年基数时，应该认真找一找是否在编制时有计算错误，或者有漏项的发生。另外，编制预算实际上是图书馆通过经济核算办法规划下一年度图书馆的工作，预算支出是事业任务在资金上的反映，而图书馆财务人员对图书馆下一年度的整个事业任务的思路、计划、数量、质量的了解与掌握程度肯定远不如馆长，所以，馆长必须亲自参与预算的编制。

各地财政部门在编制预算时采用的方法并不一定相同，不仅是财政管理制度，而且具体财政官员对公共图书馆事业任务的理解、上年度的财政收支状况、本年度可能会发生的特殊情况等都会影响到预算结果。

对于公共图书馆来说，政府以何种方法编制财政预算，重要的不仅仅是方法，更重要的是思路。基础法注重的是历史，其前提是承认以往的预算是准确的，采用的是有多少钱办多少事的思路，预算时往往不注重绩效。而零基法则把预算的前提建立在事业任务的数量、质量和绩效之上，其背后支撑的理论是政府购买服务，采用办多少事需要多少钱的思路。因此，公共图书馆工作、管理、预算编制和经费争取的思路与方法必须随之改变。

二、公共图书馆预算的编制与争取

公共图书馆的预算是指政府为履行向人民群众提供公共图书馆服务的职责而编制并经立法机构批准的公共图书馆年度经费收支计划，是当地政府财政预算的组成部分。

不容置疑，公共图书馆是政府保障人民群众基本阅读、信息获取和文化活动等基本权利的制度安排。"十六大"以后，建立覆盖全社会的比较完备的公共文化服务体系成为构建和谐社会的重要组成部分，"十七大"报告又提出以完善公共财政体系来建设和完善公共文化服务体系，公共图书馆的建设和发展因此进入了公共财政的视野。宏观上，全国公共图书馆的财政拨款和经费支出近年来呈快速增长态势，其支出在2005—2009年的五年间，平均增幅达到17.262%。但从结构分析，由于这几年间是公共图书馆硬件建设的发展期，因而增加的支出中建设专项占的比重很大，正常运行经费的增幅相对较小。同时，公共图书馆的年度经费总支出在国家财政总支出中的比重则从2005年的0.0921%逐年下降，2009年只占0.0795%。[①] 2010年全国公共图书馆总支出64.36亿元，总支出纵向相比虽然比2009年增加3.7亿元，增幅6.1%，但同全国财政总支出89 874.16亿元相比，只占0.0716%，又下降了近0.008个百分点。可以算出，如果2010年仍能如同2005年达到财政总支出的0.0921%，公共图书馆总支出应该达到82.77亿元，比实际净增18.41亿元。

　　大多数公共图书馆经费不足还表现在另外一方面。2010年公共图书馆的总支出为64.36亿元，但总的拨款数仅为58.37亿元，两者相差6亿元，这说明公共图书馆2010年的总支出中，有6亿元来自创收、赞助、合作等，而非财政拨款。虽然从2011年2月起，全国公共图书馆根据《文化部、财政部关于推进全国美术馆、公共图书馆、文化馆（站）免费开放工作的意见》（文财务发[2011]5号）的文件精神实行免费开放，基本服务全部免费，中央财政也因此拿出18亿元用于补贴三馆的免费开放，但由于这些补贴全部用于中西部地区，而因免费开放减少收入最多的却是东部地区。

---

　　① 陆晓曦，等. 2005—2009中国公共图书馆宏观发展状况——统计数据分析[G]//公共图书馆研究院. 中国公共图书馆发展蓝皮书. 深圳：海天出版社，2010：5.

所以，免费开放后，东部地区的公共图书馆需要更好地做好预算编制、经费追加和争取经费等工作。

公共图书馆经费不足固然有各地财力因素的影响，但就公共图书馆本身而言，价值彰显不够致使社会地位低下，以至于得不到社会和领导的重视；预算编制粗糙、组织资金乏力和资金管理不善等内部因素也是造成经费不足的重要原因。

（一）预算的组成

在目前部门预算下，公共图书馆的支出预算由四个方面组成。

1. 人员经费

公共图书馆服务需要许多资源共同发生作用，缺一不可，但其中又确实以专业人才为最宝贵的资源。公共图书馆专业人员的数量受制于图书馆的人员编制。专业人才队伍素质的高低，受到多种因素的影响，但人员经费的多少，也是吸引人才、留住人才、稳定队伍的重要因素。

由于采用了计算机管理，事业单位的人员信息目前已经实现人事与财政两个部门的共享，公共图书馆因此已经不需要自行编制正常的人员经费预算，而是由财政部门根据数据库的人员信息表自动套取人员定额产生公共图书馆的人员经费预算。

人员经费是公共图书馆专业人员劳动报酬的经费保障，尽管不需要人工编制，但在使用中，人员经费预算有着双重控制作用：不仅需要有相应的经费，还需要有相应的指标，如工资总额或工资基金等。目前，绝大多数地区的公共图书馆均实行绩效工资制，但对其中的绩效工资部分，各地图书馆的做法一般均按照人事和财政部门的要求分配，但总体上还没有跳出平均主义和"大锅饭"，也有少数地区鼓励包括公共图书馆在内的事业单位实行内部分配制度改革，对工资总额管理有着特殊的政策，如允许实行工资总额包干，允许按公共图书馆业务绩效与工资总额挂钩，鼓励图书馆内部按考核拉开档次分配。因此，公共图书馆需要根据自己的内部管理机制的实际情况，编制单位内部的人员经费预算（详见本章第二节）。

2. 经常性项目经费

经常性项目经费就是我们平时习惯所称的运行经费（但这里已经不包括人员经费），包括了办公费、水电费、专项业务费、设备保养费、委托业务费等。

虽然平常听到反映最多的是购书经费不足，但实际上经常性项目经费的多寡才是公共图书馆馆长最为关心的问题。因为经常性项目经费直接关系到图书馆能否正常开放和开放程度问题。曾在调研时发现过这样一个案例：某图书馆因为缺乏供暖经费，采用了租掉一半面积的馆舍来保证另一半面积的供暖支出的办法，维持开放。此法虽然确实做得呆板，但说明经常性项目经费不足对公共图书馆正常开放的影响之大。

3. 发展性项目经费

发展性项目就是我们平常说的专项经费、专款，主要包括了更新改造、设备大修、设备添置等一次性的项目经费，有时也包括一次性的业务支出，如出版经费、古籍数字化、古籍征集等经费。这部分预算中，除了因维护正常开放需要保证有完好的馆舍、设备外，还有因形势发展而对馆舍提出的功能性改造、新技术的运用等需要的经费。另外，这部分经费中可能会含有一些人员支出经费，如有些图书馆因人员编制不足，政府允许使用若干公益性岗位（或合同制职工）的经费也放在这个类目中。

发展性项目经费具有数额大、一次性拨款的特点，实行专款专用。今年有项目，明年不一定会再有；今年没有项目，明年不一定没有。所以，笔者常把这两种项目经费简单理解为：经常性项目经费主要保障了图书馆维持"简单再生产"，而发展性项目经费主要是让图书馆"扩大再生产"。

发展性项目经费不足虽然不影响眼下的正常开放，但却关系到公共图书馆长远的发展，甚至影响到战略目标的实现。如果发展性项目经费中还有涉及安全设施设备更新改造的专项经费没有落实，就无法消除安全隐患，从而引发安全事故。

作为公共图书馆的管理者，在发展性项目经费的使用上，需要经常考虑的问题是如何通过努力把一次性的项目演变成为常规的服务项目，使这个项目的专项经费成为明年的经常性项目经费而进入公共图书馆正常的经费预算盘子。

4. 购书经费

购书经费其实也是发展性项目经费，但由于公共图书馆的特殊性，财政部门一般要求单独编制购书经费预算，把购书经费从发展性项目经费中单列，财政预算科目为"图书资料购置费"。

文献资源是公共图书馆提供服务的要素之一，甚至可以说是基本前提。各地"图书资料购置费"科目包含的内容不完全相同，大部分地区的购书经费包括了图书购置、报刊征订和数据库购置费用，还可以包括分编加工的耗材费用等。也有地方的购书经费中不含数据库订购费，而将数据库订购费作为专项经费单列，个别地方甚至将报刊征订费也单独开列。购书经费的多少对于公共图书馆服务的影响程度，在图书馆业界以外可能并不很理解，而且原来对文献资源建设所需的预算又没有定额可套，因而在预算编制中，公共图书馆与财政部门都有较大的随意性，最后下达的购书经费预算往往是根据财政状况，或者领导对图书馆的重视程度而定，是一种沟通、协商的结果，甚至是博弈的结果。文化部、财政部在《创建国家公共文化体系示范区标准》中已经明确了人均藏书和年度新增图书指标，尽管并非所有地区都参与创建，但却具有了一种比较权威的参考依据，而且指标比较科学。《公共图书馆服务规范》中提出了一个年度人均购书经费指标的下限，由于这个下限低到实在不足以保障公共图书馆正常开放的需要，而地方政府在参考这种标准、指标时，一般只求达到下限符合规定，所以，原来购书经费很少甚至没有购书经费的公共图书馆可以利用这个规范来争取预算经费，而一般的公共图书馆无法利用其作为争取增加购书经费的依据。

针对以上各项经费的特点，我们在编制预算时，需要针对各项预算不同的特性，特别是不适合套用定额预算的科目，需要特别进行争取，并把争取的重点放在经常性项目经费上。

(二)预算的编制

年度预算事关公共图书馆一年的事业任务是否具有相应的经费支撑，因而编制年度预算是公共图书馆管理的一项基础性的重要工作。但是，对于公共图书馆而言，编制预算的意义，不仅仅在于编制一个财务年度经费支出上的预计，而且也是规划即将开始的工作。"决策者所面临的问题，不是他所在的组织明天应该做什么，而是我们今天必须为不确定的未来做些什么准备工作"①，德鲁克所说的对非企业的公共图书馆同样适用。

具体编制预算肯定是公共图书馆财务人员的工作，因而实际情况是，大部分的馆长并不参与单位年度预算的编制。不参与不仅是因为缺乏编制预算的技能，而且是对编制预算缺少应有的认识和重视。其实，仅仅依靠财务人员无法编制出高质量的预算，财务人员并不清楚所在的图书馆下一年度的重点工作在哪里，有哪些重要活动需要开展，按照战略规划分解的年度工作目标是什么，这些目标会产生多大的工作量，等等。可以

---

① 彼得·德鲁克. 管理：使命、责任、实务（使命篇）[M]. 北京：机械工业出版社，2009：131.

想象，这些问题，可能除了馆长以外，没有什么人能够全部明确地知道答案。因此，编制预算不仅仅是公共图书馆财务人员的工作，而且也是整个公共图书馆的一项重要工作，馆长必须亲自参与。

1. 预测服务的量与质

公共图书馆的理念之一是为社会提供最好的图书馆服务，这与我们平时说的"没有最好只有更好"不同，最好的公共图书馆服务有着特定的含义，美国对公共图书馆"最好的服务"的解释为："适当且有效组织的资源，公平的服务政策，公平的信息的存录入口，正确、不存偏见且有礼貌地回复所有请求。"[①]可以看出，所谓最好的服务是指提供符合公共图书馆理念的服务，而且中间的每个环节是相互影响、缺一不可的。资源适用、政策公平、使用方便、服务周全而有礼貌、能够解决用户提出的所有请求，这应该成为我国公共图书馆追求的目标。

从另一方面来说，服务需要成本。在效率一定的前提下，服务提供的数量和质量与成本形成正相关，因而需要的经费支出也会随之增减。而在编制预算时，我们的问题需要反过来问：未来的一年中，我们的服务能够到达什么水平？有多少用户会来享用我们的服务？只有解决了这个前提，我们才能科学合理地编制预算。

这样一个预测，并不是拍拍脑袋就可以得出结论的，而必须综合考虑现有的资源和条件，通过对历年数据的统计，有时还可能需要做些调查，分析趋势，才会给我们一些启示。

---

① 中国图书馆学会. 中国图书馆馆员职业道德准则（试行）[M]. 北京：北京图书馆出版社，2003：38-39.

2. 评估硬件设备状况

影响读者利用公共图书馆的因素很多，其中馆舍、设施、环境、设备等也是重要原因。公共图书馆寒暑假期间的读者特别多，原因并非只是学生放假，有些读者仅仅是为了节省家中空调电费。但正是这个动机，可能使这些人从潜在的读者成为持证读者。另外，公共图书馆作为公共场所，不仅需要保证馆员、馆舍、设备、文献等的安全，也要保证到馆读者的人身安全，而引发安全事故的大部分原因是电器等硬件设备。因此，在编制预算前，对馆舍、设备等硬件进行评估和检测，确定是否需要保养、维修或者更新，从而准确编制发展性项目经费预算。

3. 预计额外工作任务

我国公共图书馆正处于发展的黄金时期，发展过程中需要宣传推介、彰显价值，所以需要对一些社会关注的热点问题作出一些反应、开展一些活动，如下一年度中是否有特别的节日，政府是否有重大的活动可以配合，上级主管部门的重点工作中有多少涉及公共图书馆的内容，等等。这些额外的工作都是当地党委和政府的主要工作，有利于公共图书馆展示、宣传和推广自身的价值，提高社会地位，争取更多的支持，进入良性循环。但额外任务都会使公共图书馆产生额外的工作量，完成这些任务都会涉及人、财、物。因此，掌握这种信息，预计这些工作任务的数量与质量，并准确编制相关预算，就可以使公共图书馆事先将可能产生的额外工作任务纳入工作计划，并在人、财、物上预作准备，从容应对别人认为是额外的工作任务，从而提高公共图书馆的社会地位，为争取预算、争取追加赢得筹码，获取更多的支持。

4. 了解技术发展趋势

公共图书馆一直充分利用新技术开展文献信息资源的组织、

加工、揭示和开展服务，在知识经济时代更需要如此。新技术的运用既可以让馆员摆脱手工劳动，提高公共图书馆的效率，又可以让读者节省时间成本和交通成本。对于某项新技术的运用是否适用于公共图书馆，是否可以提高工作效率，是否可以在远期节省成本，财政部门不仅并不清楚，而且不可能先于图书馆进行了解并主动提请图书馆采用。而编制运用新技术的预算，可以让财政部门了解新技术的发展情况，采用新技术的投入和产出的关系，以便在适当的时候申请专项经费时不至于感到突兀。因此，关注新技术的发展情况和趋势，了解新技术的适用范围和性价比，分析新技术运用对图书馆发展的影响，是公共图书馆馆长和相关人员的长期工作，并且在编制预算时应考虑是否把这些内容放进年度预算中去。

5. 根据战略计划工作

现在年度预算编制，一般有"二上二下"的编制过程。根据预算的编制程序，图书馆一般需要在当年的七八月份上报下一年度的预算（"一上"），而财政局一般会在当年的十月份下达明年预算指标的征求意见稿（"一下"），然后图书馆必须在不晚于十一月份第二次上报明年预算（"二上"），财政局会在明年年初下达正式的预算（"二下"）。由于"一下"的预算总额肯定小于"一上"，即财政只会砍而不会增，所以，在七八月份的预算（"一上"）前，图书馆就必须确定明年的工作计划以及特别需要列入专项的重大项目和重要工作，否则，就会造成预算的重大漏项。而在七月份确定明年的工作计划，确实是一件相对困难的事，这时，图书馆的战略规划又一次发挥出重要的作用，它会使明年工作计划不产生重大的漏项，从而编制出完整的项目预算。

6. 掌握预算编制规范

预算的编制，本身有其规范，另外，财政部门还会根据形势发展、强化预算管理等需求，出台一些新的编制规范。正如前面所说，人员经费已经由人员信息表自动产生，但产生的人员经费与其他事业单位套用了同样的定额，而大部分公共图书馆没有闭馆日，国假日也需要开放，所以，加班工资需要另外申报预算；办公经费定额也是固定的，但如果增加购书经费就会产生分编加工成本，需要同步增加采编经费等。在编制所有的项目预算时，需要有足够的理由，这些理由需要采用填列"××市财政支出项目绩效目标申报表"（见表3.1），同时编制"财政支出项目绩效目标可行性分析报告"（见表3.2）来反映。

表3.1　××市财政支出项目绩效目标申报表

\multicolumn{2}{c	}{××市财政支出项目绩效目标申报表（2011年）}			
申报单位名称：××图书馆				
项目名称	\multicolumn{4}{l|}{设备正常保养费}			
项目类型	\multicolumn{4}{l|}{基建与大修类□　信息科技类□　业务专项类□　其他□}			
项目负责人	×××	联系人：×××	\multicolumn{2}{l|}{联系电话：××××××××}	
计划开始时间：2011年1月		\multicolumn{3}{l	}{计划完成时间：2011年12月}		
项目概况	\multicolumn{4}{l|}{××图书馆于20××年×月××日开馆，馆内所有设备均采用谁提供、谁安装、谁保养的原则（价格达到政府采购的纳入政府采购）。8年多来的实践证明，此举延长了设备使用寿命，保障了设备使用完好。}			
		项目投资总额	以前年度资金	本年度计划	下年度安排
项目资金来源（万元）	合计				
	省财政资金				
	市财政资金			94.58	
	银行贷款				
	单位自筹				
	其他				

续表

××市财政支出项目绩效目标申报表
（2011年）

绩效目标	总目标	反映绩效目标实现程度的绩效指标
投入目标	为了保证我馆的设备设施完好，确保设备正常的运行，保证图书馆开放，为读者提供良好的阅读环境，并最大限度地提高设备的使用年限，采用了谁提供、谁安装、谁保养的原则，由专业设备供应商（或安装单位）为本馆的设备提供专业维护及保养。	为图书馆的安全、正常开放提供基本条件和后勤保障。
经济性目标		保证设备处于良好的运行状态，延长设备使用寿命。
社会综合目标		保障图书馆的安全、正常开放。

填报单位负责人（签名）：　　　　填报人：　　　　填报日期：

表3.2　财政支出项目绩效目标可行性分析报告

××市财政支出项目绩效目标可行性分析报告
××图书馆
设备保养费用

（一）项目概况

项目单位基本情况：我馆是公共图书馆，是政府保障市民基本阅读、信息获取、文化活动等基本权利的有效载体，在建立覆盖全社会的比较完备的公共文化服务体系，为人民群众提供普遍均等的公共文化服务中发挥着主阵地作用。

（二）项目可行性分析

××××年，在市政府的大力支持下我馆的新馆正式开馆，良好的设施设备保障了我馆向市民提供安全、正常、专业的服务。依托优质的环境、完好的设施设备，本馆去年接待到馆读者212万人次，借出图书110万册次，归还图书108万册次，举办活动近600场次，取得了可喜的成绩。新馆运行8年多来，绝大部分设备都已超龄服役，但仍保持运行良好，这得力于平时的正常维护和保养，也在设备更新上节省了大量的公共资金。今年，本馆仍将采用设备保养外包的办法，以确保设备保持正常运行，从而保障本馆的安全、正常开放。

续表

（三）项目预期投入资金分析 1. 2011年我馆对馆内的设备设施继续实行维护保养 (1)计算机及网络系统维护保养费，50万元； (2)中央空调维护保养费，12万元； (3)消防自动报警及喷淋系统维护保养费，4万元； (4)消防气体灭火系统保养费，3.2万元； (5)电梯保养费，1.8万元； (6)弱电系统保养费，3.5万元(2009年因增加安全监控而增加了线路)； (7)监控专用设备保养费，3万元； (8)感应门保养费，0.5万元； (9)绿化维护费，5万元； (10)室内环境盆栽摆花，1.08万元； (11)报告厅、多功能厅会议系统保养维修费，10万元； (12)寄包柜维护费，0.5万元。 2. 上年同类资金的使用情况分析 与上年同类资金实际支出持平。 （四）项目申报的绩效目标 延长设备使用寿命，保证设备运行状态良好，从而保障图书馆能够安全、正常开放，为市民提供平等、免费、专业的图书馆服务。 （五）项目的管理分析 我馆已与正规的设备维护保养机构签订保养维护合同，保证设备的维护保养能做到专业化。 （六）需要提交的相关材料 附：各维护保养单位合同

（三）预算的追加

财政预算在执行上有非常高的严肃性，表现在两个方面：一是批准的预算需要完成，二是预算科目之间不得挪用。所谓要完成批准的预算，不仅是预算经费要花出去，而且要完成与预算相关的事业任务。所谓预算科目之间不得挪用，是指因预算编制不准确而使有的预算项目经费超支、有的预算项目经费节支，但两者之者不能随意调剂。由于预算执行是一个动态的过程，总会出现一些需要调整的因素，如政策调整、额外增加的工作任务、预算编制失误造成的漏项、不可抗力因素等，这些因素使得在年度预算执行中需要有一次调整，调整的形式主要是追加预算。

追加预算的编制和上报时间是在年中，但正式批准和下达是在年末，因此，这既使追加预算的编制有些困难，又成为公共图书馆争取财政资金的极好机会。在年度预算编制时，财政一般均从严审核预算项目，以保证整个地区的年度财政预算收支平衡。而在编制预算时，财政部门一般留有机动财力，同时，由于经济的发展，年度财政的实际收入一般都会大于预算收入，而这部分财政资金总需要安排出去。另外，由于上报追加经费的报告与下达追加经费的时间有数月之久，这使公共图书馆有开展公关的时间，向财政汇报情况、解释困难、展示成绩，以获取预算追加。

1. 人员经费的追加

人员经费的追加主要包括追加公益性岗位的编制、加班工资、年度新进人员的经费等。这部分预算的追加，除新进人员经费的追加相对容易一些外，其余都困难不小。

对于加班工资，大部分图书馆可能并没有这部分预算。从人事部门和财政部门对机关事业单位的工资管理来说，并没有加班工资类目，按照它们的说法，机关事业单位即使加班也不发加班工资。因此，加班工资在第一次列入预算时最为困难的原因是需要扭转人事、财政部门官员的观念。尽管在年中申请追加加班工资的成功率不是太大，但年中申请追加，可以有时间做人事部门和财政部门的工作，即使追加不成功，对编制明年的加班工资预算也会有好处。

由于人员经费一般都严格按定编定员执行，所以，增加编制等于增加人员经费。所以，申请增加编制，不管是事业编制还是公益性岗位的编制，都等于增加了人员经费。公益性岗位是近几年出现的新事物，其实就是机关、事业单位使用的合同制职工和临季工，但在合同管理上与两者有所不同，而且人事、财政两部门对公共图书馆的公益性岗位数量也有编制控制，也需要经过批准才能使用，并由财政拨付这些公益性岗位的人员经费。

2. 运行经费的追加

在一个预算年度中，总会有一些新的事业任务派生出来，这不是计划不周全，而确实总会存在计划外的事情发生，需要财政资金的支撑。另外，一般年度预算编制在"二上"和"二下"中，财政部门总需要砍掉（或压缩）一些项目使地方财政预算收支平衡，而运行经费预算中又有一些项目相对比较容易被砍，那么，预算追加就是重新获取这些预算的机会。

在申报运行经费追加中，特别要注意几点。

(1) 对年度预算下达书（预算"二下"）中的各个科目进行重点审查，看是否有预算不足的情况。做法是"一上"与"二下"的数据比较，"二下"数据与去年实际支出比较、与今年上半年的实际支出比较，并分析原因，找出依据，如预计今年气候会比往年更热，那么冷气的用电费用需要增加。

(2) 找出当年因政策和上级的原因而增加的事业任务，申请追加预算，这相当于对新的事业任务编制一个新预算。

(3) 对于"一上"和"二上"中被财政部门砍掉的预算，因为砍掉预算等于砍掉事业任务，但可能存在必须完成的事业任务的预算也因财政部门不了解实际情况而被砍，所以年中追加时应当重点做好这方面工作。

(4) 特别注重做好专项业务费的追加工作。专项业务费是公共图书馆除借阅任务以外正常业务活动支出的总称，如讲座、展览、读者培训、读书活动、信息编印等。因为这部分经费预算没有定额可套，一般按事业任务计算经费支出，从财政资金使用来说，这部分经费最容易直接产生效益，所以成为最能申请到追加预算的项目。由于财政较难掌握专项业务费具体开支的实际情况，一般在年度预算编制时，总会进行压缩，有时会砍个半价。因此，寻找充分的理由取得财政的支持，对公共图书馆的业务活动开展十分重要。做好追加这项经费的另一个重要原因在于是为公共图书馆今后年度专项业务费的多少打好基础。

3. 发展性项目经费的追加

发展性项目经费所涉及的项目一般都关系到图书馆持续发展的问题，如馆舍的维修、设置的更新、新技术的运用，但也有与运行经费相关的一次性经费（如大型会议或大型活动经费），或者对某一项新的事业任务试验性安排的预算经费。

有的地方财政部门会把年度预算中安排不下但又觉得非常重要的项目列入年度备选项目，即只要财政资金允许，会优先追加这些项目的预算。因此，公共图书馆在年度预算编制时，不要在预算中自己把水分挤得很干，将一些可能的项目编进预算，即使没有进入年度预算，通过做好争取工作，也可能会使这些项目进入备选项目。

与普通的预算经费相比，发展性项目经费的数额一般较大，所以财政安排此类经费时比较谨慎，在年度预算安排时，压缩得最多的也是这个类目。公共图书馆在追加经费争取的顺序上，一般也是将发展性项目经费放在最后，因为即使没有这些预算（如新技术运用的经费），至少不会影响眼前的正常开放。

虽然如此，这类大型项目缺少预算经费可能会影响图书馆开放的安全和可持续发展，而如果地方财政当年超收，财力充足，争取追加预算一般又有相对充分的时间，因而通过力争，仍会有较大机会。

(四)经费的争取

千万不要轻信公共图书馆经费不足的原因是当地经济欠发达。公共图书馆所需要花费的支出与当地的财政总支出相比肯定是九牛一毛,不然无法解释即使身处同一地区的公共图书馆,其年度经费状况也存在较大差异,许多事实证明财政对公共图书馆的拨款与当地经济实力并不成正相关。实际上,经费的多少与我们自身的工作有着很大的关系。

在争取经费上,公共图书馆首先需要树立政府购买的观念。按照目前政府购买的理论,公共图书馆提供的服务越多、质量越高,公共财政就应该按照服务的数量和质量拨付资金,支付更多的经费。在这样的前提下,公共图书馆的管理者才会有信心彰显价值,充分利用"自由裁量权",运用正确的方法和技巧开展经费争取工作。

1. 加班工资的争取

我们一直被一些非专业或不负责任的报道误导:国外的公共图书馆每天开放时间甚至达到 24 小时。于是我们尽量延长开放时间,全年没有闭馆日,以为这是最好地履行了公共图书馆的理念。后来我们发现,国外的许多公共图书馆不仅在节假日闭馆,而且每周会闭馆一天或半天。但当读者已经形成公共图书馆没有闭馆日的观念时,我们就只能咬牙坚持每天开放。

这种做法带来的最大问题是,馆员在节假日上班,需要按《劳动法》发放加班工资。然而,相应的政府部门却并不这么认为。作为公共图书馆的管理者,有的馆长采用了要么加班(没有加班工资)、要么走人的高压办法,这即使不能简单地被认为是没有作为的表现,也会因此影响员工的积极性,降低工作质量。对于节假日需要正常开馆,馆长要么有足够的工作人员安排馆员调休(但这个办法基本不可行，因为法定节假日的调休需要一调三，而国内大多数公共图书馆编制紧张），要么争取加班工资。因而，争取加班工资就成为保障节假日开放的重要前提。

争取加班工资，一是可以与财政部门作沟通，如果成功，则可以将加班工资编进年度预算；二是可以与人事部门作沟通，将加班工资核进工资总额，则财政部门就会据此增加图书馆的加班工资预算。不管通过何种途径，一般最后将其放入发展性项目经费。争取的过程确实比较难，许多图书馆没有争取成功，原因在于：（1）争取工作没有持之以恒，碰了一两次钉子，就作罢了。（2）在争取时准备不充分，没有把加班的原因、加班的数量等讲清楚。（3）在必要时，馆长没有勇气和决心。某馆馆长到人事局（当时人事和劳动社保在机构上还是分开的）争取加班工资，事先按照图书馆开放时间、各岗位设置明细、现有人员岗位安排、加班应得的工资倍数计算出全年加班工时的数量，除以40小时即为加班天数，乘以馆内平均工资，得出全年加班工资的金额，然后申请增加工资总额。人事局的相关负责人非常认真地核对了计算数据，虽然无误，但仍以政策原因拒绝。数次沟通无果后，馆长某一天再去人事局争取，并当面打通了劳动社保局相关负责人的电话，询问作为事业单位的公共图书馆员工发生加班是否需要计发加班工资、如何计发加班工资，劳动社保局答复按《劳动法》执行。然后，馆长对人事局的官员说："你也听到我向劳动社保局咨询的结果，所以，今天如果不能得到批准，我回馆后就只能宣布和公告图书馆将缩短开放时间，所有节假日闭馆，这必然引起读者投诉，只要一天到馆读者量的百分之一向市长投诉，就是几十封投诉信，一旦领导责问，我只能如实汇报，所以我必须做好接受处分的准备，虽然我不希望你们因此被问责，但这种可能性又确实很大，如果发生这样的结果，我现在就表示歉意。"于是，申请获得批准。

当然，这种办法只能偶尔为之，既要有勇气，又要有准备，而且还要有技巧，否则会弄巧成拙。

2. 公益性岗位编制的争取

大多数公共图书馆事业编制都是很多年以前确定的，本来就不足，而新增的工作任务日益增多。进入21世纪以来，随着对公共图书馆使命理解的加深、新技术的运用、阅读推广活动的大量开展、全国文化信息资源共享工程的推进、古籍保护计划的实施等，公众对公共图书馆的期望值越来越高，公共图书馆的工作任务数量和质量已经不可同日而语，更何况还有一些图书馆在馆舍扩建后，也没有相应增加编制，更使得图书馆的专业人员数量吃紧。

一些公共图书馆把技术运用作为减少人力、减轻工作的手段，殊不知新技术的运用往往是需要增加而不是减少专业人员，如数字技术的运用，尽管增加了读者获取信息的便利，扩大了读者群，但并不会使公共图书馆的到馆读者减少，因而结果是使得图书馆必须在保持原有专业岗位的前提下，增加一批有IT学科背景的专业人员岗位。

要当地政府因此增加大量的事业编制是不现实的。从各地情况来看，除了建设新馆后当地政府会给图书馆适当增加事业编制外，很少有因为增加事业任务而增加事业编制的情况发生，确实，增加编制不仅是钱的问题，更多的是人的问题。所以，解决这个问题的办法各地基本趋同，即使用编外合同制职工或临时工（现在基本统一为"公益性岗位"）。这致使有的图书馆在人员结构上已经形成倒挂：事业编制的人数少于编外员工数。虽然如此，公益性岗位也需要人事、财政部门的核准和审批（即核定公益性岗位编制），财政部门根据审定的公益性岗位编制安排人员经费。公益性岗位的增设至少对公共图书馆解决工作人员不足发挥了积极的作用。

由于公益性岗位经费与事业编制人员经费在管理上稍有不同，一般都以公益性岗位编制数乘以人均定额来一次性计入年度预算，一旦发生超支需由图书馆自己解决。也正因为如此，一旦发生节支，也就由图书馆自由支配。所以，公益性岗位编制的多少，对图书馆平衡经费关系甚大，如果发生超支，图书馆很少有其他资金可用来弥补。

争取公益性岗位与争取人员经费实质相同。图书馆要做的工作主要有：按照工作任务的数量和质量，核定各部门的岗位职数，按开放时间和工作任务计算出工时数，以此得出需要的工作人员总数，与现在编制数（包括事业编制和公益性岗位编制）进行比较，差额部分就是需要争取的公益性岗位的数量。不要以为这些计算可以随心所欲，人事部门、财政部门在数据计算上比我们更专业，因此，我们的计算还是实事求是为好，让人事部门、财政部门既看到我们作出的成绩，又认可我们的诚信，这对经费争取工作会有帮助。

由于公益性岗位编制的核定几乎每年都有，而且毕竟公益性岗位与事业编制的人员在管理上要求不同，相对于各地编制委员会核定公共图书馆事业编制的严格程度而言，公益性岗位编制的核定相对较为简单和宽松。

3. 购书经费的争取

公共图书馆的文献资源建设是公共图书馆开展服务的基础条件之一。李国新教授在考察日本公共图书馆后撰文认为，日本的公共图书馆事业发达，与法律对公共图书馆的文献资源建设的保障有直接的关系，如规定公共图书馆图书的最低藏量不少于5万册，开架册数的最低标准不低于人均2.5册，年新增图书不少于开架册数的 1/8~1/7[①], 并认为政府对公共图书馆的投入必须超过"临界水平", 否则形不成公共图书馆的服务能力和对读者的持续吸引力, 都是无效投入, 形成了浪费[②]。

大多数领导并不了解购书经费与公共图书馆的发展和对读者的吸引力有如此大的关联, 甚至不了解公共图书馆在经济和社会发展中的重要作用, 这并不奇怪, 而只是提醒我们需要做好宣传、解释和争取工作, 也需要我们拿出工作成绩。在这个前提下, 我们向政府争取增加购书经费的报告中, 需要有以下几个要素。

(1) 需要寻找政策依据。在《公共图书馆法》缺位的情况下, 还是可以找到一些依据, 如文化部的公共图书馆评估定级标准, 特别是在文化部、财政部颁布的《创建国家公共文化服务体系示范区(项目)标准》中, 对东、中、西部都有明确的人均藏书标准和年新增藏量标准, 都可以通过计算折成购书经费。

(2) 需要寻找国外数据。这可以在相关文献中寻找依据, 提请领导注意国外对公共图书馆的重视和公共图书馆的作用, 正视国内图书馆在购书经费上与国外的差距。由于国内财政实行"分灶吃饭", 还没有完全走出建设型财政圈子而真正成为公共财政体系, 绝大多数公共图书馆的年度经费预算不可能会宽松, 这是体制的综合结果。2010 年, 国内人均公共图书馆经费不到 5 元(按 13 亿人口计算, 下同), 人均购书经费为 0.84 元[③], 是 2008 年美国人均购书经费的 3%, 英国人均购书经费的 3.4%, 相当于日本 20

---

① 李国新. 东京公共图书馆的布局与服务[J]. 山东图书馆学刊, 2009(4): 39-44.
② 李国新. 立足新变化 突破新问题 推动县级图书馆持续发展——第三届百县馆长论坛主旨报告[J]. 图书与情报, 2010(4): 1-3.
③ 中国图书馆学会. 中国图书馆年鉴 2011 卷[M]. 北京: 国家图书馆出版社, 2011.

世纪 60 年代人均购书经费的水平①。

（3）需要纵向数据支撑。如近几年本馆购书经费的拨款情况、使用情况，读者利用图书馆情况，形成对比，效益上升则成为增加购书经费与读者利用相对应的理由，效益下降则成为文献资源不能满足读者需求而需要增加购书经费的理由。

（4）需要横向数据对比。如与本地区经济社会水平相近的公共图书馆购书经费的数据，以反映本馆购书经费的不足。主管部门对这类数据很敏感，而且关系到面子问题。笔者在申请购书经费时，发现主管部门在其他指标上都以深圳、杭州、东莞等城市为参照，因此请深圳、杭州、东莞等城市的图书馆提供了购书经费数据。后来听说在讨论增加本馆购书经费时，就有相关负责人说我们至少不能低于某某市吧，结果申请得到了批准。

4. 专项业务费的争取

专项业务费主要与图书馆普通借阅以外的业务相关，如讲座、展览、读者培训、读书活动、信息编印、学术研讨等。原来把这些业务当成图书馆的辅助业务，而现在都已经成为核心业务。

由于专项业务费难以编制准确的预算，所以就成为财政在安排年度预算时的调节池，宽裕时多给、紧张时少给。而对公共图书馆来说，这些业务数量每年都在增加，费用也逐步上升。因此，专项业务费的争取，对图书馆的活动开展意义重大。

争取专项业务费，要套定额非常困难，从严格意义上来说，即使在编制年度预算时，专项业务费也只是估算。例如，全年安排讲座多少场、平均每场多少支出；展览多少场，平均每场多少成本；培训多少名读者，平均每名读者的培训费用是多少，等等。

---

① 李国新. 公共文化服务体系建设中的公共图书馆[J]. 图书馆研究与工作, 2010(3)：5-11.

我们知道，讲座的讲师不同，支出就不同，本地讲师与外地讲师的支出也不同。所以，就专项业务费而言，争取工作的优劣决定预算的多少。如在讲座上，尽管大部分讲师都不是名家，但从一年讲座计划中拿出两三位著名讲师，在争取经费时告诉财政官员某某今年也会被邀请来做讲座，这就可能会把平均讲课费标准定得高一点。

在专项业务费争取的具体工作中，并不以专项业务费的形式出现，而是针对具体的业务工作内容来开展争取工作，如争取讲座经费、大型读书活动经费、信息编印经费等。馆长的心里应该很明白，什么业务活动有经费、什么业务活动缺经费、接下来要采取什么行动。

在专项业务费的争取上，最能反映政府购买理念。昆山市图书馆编印《决策前沿》的信息资料，并将其送给当地的党委、政府和各机构的领导。有一次昆山市市委书记在一份《决策前沿》上作出批示，肯定了信息的价值，并要求财政给予支持。于是，昆山市图书馆年度预算中仅信息编印经费就达到18万元。

（五）争取经费的技巧

在与许多馆长交流时，发现争取经费上有工作简单化的、有缺乏勇气的、有缺少策略的、有不懂得感情投资的、有不知要寻找和抓住机会的。争取领导和有关部门的支持、获取图书馆服务和发展的资金，除了要成绩、要理由，还需要技巧。

1. 充分利用"自由裁量权"

自由裁量权是一种法律词语，在这里是指人大或政府给予财政部门根据某些实际情况在一定额度内作出决定拨款或不拨款的自主权，是当地人大或政府对财政部门的一种授权。我们知道，地方财政预算和决算需要通过人大审查通过才能执行，地方财政资金平时的拨付，都需要市长的审批。但前面说过，地方财政在预算年度的收和支是一个动态的过程，与年初人大通过的预算肯定有不一致的地方。在安排年度预算时，也会留有余地。到年底时，因为财政超收、机动财力等要把多余的财力安排出去。由于财政年终决算的时间非常紧张，而被我们视为大额款项的资金，与地方财政的收支相比仅是九牛一毛，因此，在年底财政决算结账时，财政部门必须行使自由裁量权来支配结余资金，而这时就应该是我们争取资金的机会。这时最要注意的是，所申请的资金额度不能超过自由裁量权，所以，事先了解这个授权很有必要。

2. 平时加强沟通和联络

除非至交，否则朋友间最忌"有事有人、无事无人"。所以，公共图书馆的相关领导必须经常与相关部门的领导和工作人员联系，多汇报、多交流、多沟通，这样，在争取经费时才不会使人感到突兀，甚至厌烦。例如要更新设备，最好是设法邀请财政部门的相关人员一起到拥有这种设备的外地图书馆去学习参观，让他们亲眼看看、亲身体验，如果确实好，那么你在申请此专项经费时，就不容易被轻易拒绝。

3. 把图书馆的成绩送出去

利用媒体、馆刊、简报、网站等，主动把图书馆取得的成绩宣传出去，并在宣传时要注意带上相关部门，让相关部门自然觉得图书馆所取得的成绩就是它们的成绩。2010年，苏州市财政局在媒体宣传财政成绩时，把苏州图书馆分馆建设列为财政支持后的一大成绩。这时，我们千万不可以为别人抢了我们的成绩。在苏州图书馆建设分馆的数年中，财政部门确实支持很大：增加了购书经费、配置了图书调配车辆、拨专款更新计算机管理系统等，支持分馆建设是千真万确的事，成绩中有财政的功劳也是千真万确的事。现在把公共图书馆所取得的成绩，通过财政角度来阐述，比公共图书馆自己宣传要可信得多。而且，财政部门最讲求资金效率，当它们认为我们的成绩值得纳入它们的总结并宣传时，一定是认为我们在使用财政资金上非常有效率，值得肯定，值得进一步支持。可以想象，如果当图书馆的工作成绩变成了某个部门的工作成绩时，图书馆再找它们争取支持时，想必不会被拒绝。事实也一再地证明了这个道理。

4. 保持较高的"出镜率"

公共图书馆的馆长应该积极寻找在公共场合、媒体等露脸的机会，行使扮演公共图书馆挂名首脑、传播者、发言人等角色的职责，宣传图书馆的理念和取得的成绩，成为一名公共图书馆精神的"布道者"和优秀的社会活动家。这不仅可以形成良好的社会形象，也对争取财政经费等起到良好的辅助作用。

5. 充分借助话语权

图书馆行业中存在着许多有话语权的人，如人大代表、政协委员等。许多政策和措施都由来于"两会"上的议案、提案，而且，通过议案、提案，可以让党委和政府对公共图书馆事业有所重视。笔者在2008年委托全国政协委员在全国"两会"期间递交了《履行政府责任，构建覆盖全社会的公共图书馆服务体系》提案，文化部非常认真地给予了答复。广东省立中山图书馆的流动图书馆项目，起因就是李昭淳馆长利用省政协委员的身份，联合几名省政协委员在广东省"两会"期间递交提案，而这个项目的启动，使得广东省立中山图书馆每年有500万元（后来增长到600万元）的经费，在各个县级图书馆建立省图书馆的流动图书馆，带动了广东省县级图书馆的发展。

6. 请外地同行帮忙

在工作汇报上，也存在"外地的和尚好念经"的情况。有时，领导对下属汇报的成绩会心存疑虑，对下属反映的问题和困难会认为夸大其词，而如果这些出自不存在利益相关者之口，却认为比较可信。有一年，陕西省的一位副省长要到苏州图书馆考察，陕西省图书馆谢林馆长得知后，敏锐地觉察到这是一个机会，立即打电话给笔者，希望笔者设法让这位副省长知道陕西省图书馆购书经费严重不足。笔者在接待这位副省长时，有意提起对陕西省图书馆非常熟悉，引得这位副省长征询笔者对陕西省图书馆的看法和意见，本人顺水推舟说陕西省图书馆设施和服务都不错，但资源不足，购书经费还比不上我们一个地市级图书馆。这位副省长回去后没几天，就批准为陕西省图书馆增加购书经费。

第二节 公共图书馆内部预算管理

对于预算而言，并非只有财政才有。如同企业预算对企业管理十分重要一样，公共图书馆的内部预算也非常重要。简单地说，公共图书馆编制和控制内部预算，主要是为了保证公共图书馆财政年度预算的执行，平衡预算和决算，既防止寅吃卯粮，又保证服务的数量和质量不打折扣。

一、内部预算的编制

"预则立"，编制内部预算，既是为了准确地编制明年的年度预算，更是为为筹划和制订明年的工作计划，内部预算编制因此既成为公共图书馆管理的一项重要工作，也成为公共图书馆的重要管理工具。

（一）内部预算的编制依据

内部预算编制的依据，主要来自两个方面：(1) 事业任务，包括战略规划的分年度计划。(2) 下达的财政年度预算。

并非所有服务、项目和活动都需要编制内部预算，而且有的项目确实难以编制准确的预算。例如，不需要编制借阅服务的内部预算，因为这类服务是公共图书馆最基本的服务，所发生的成本大部分为固定成本①。只要读者进入图书馆，其中绝大部分会发生借阅行为，需要整个图书馆的资源支撑，且使用普通的核算办法难以进行各项成本归集。但项目、活动等，应该编制内部预算，如维修项目、读书活动、学术会议、读者培训等一定需要有预算，否则既难以争取经费，也无法控制支出。另外，有的预算可以用"类"或"系列"来编制预算，如将讲座中的每个系列作为一类来编制内部预算（如保健讲座为一类、名著导读为一类、非遗保护讲座为一类等），同样类别的讲座，预算比较接近，便于编制，便于取舍，也便于设法筹措资金（在收入管理中再讲）。

（二）内部预算编制

一般需要在编制图书馆年度经费预算前完成内部预算的编制。前面说过，年度预算的人员经费、办公经费等都是根据人员信息表自动生成，所以，此时编制的内部预算主要包括业务预算和项目预算。内部预算编制的前提是工作计划的确定，所以，公共图书馆在编制内部预算前先要初步确定明年的工作计划，而且这个工作计划需要符合战略规划的要求，因而也可以说，内部预算编制的过程也是计划明年工作的过程。

为了保证明年工作计划的科学合理，需要做好以下工作。

（1）由各个部门分别制订本部门的明年工作计划，并尽可能排出需要使用的资金额度，如会展部排出讲座和展览工作的计划及预算，辅导部排出业务培训的计划和预算，少儿部排出各项少儿读书活动的计划和预算，借阅部排出盲人读者活动计划和预算，等等。

---

① 凡与成本相关的概念请见第四章。

(2)全馆对照战略规划,列出在明年整个年度中需要完成的战略规划中的阶段性任务,并编制预算。

(3)编制工作计划汇总表(见表3.3),表格以部门为经、工作任务为纬,列出明年工作计划和预算金额,文字计划和预算作为附件备查。

(4)召开专门会议,讨论研究工作计划汇总表,寻找漏项,进行补漏。

(5)编制出整个年度的业务和项目预算。

在整个过程中,不仅需要召开一些专门的会议,而且馆长要亲自逐项核对,并对某些预算的单价等进行询价,以避免预算的随意和盲目。

表3.3 内部年度工作计划汇总表　　　　　（单位：元）

	辅导部	少儿部	会展部	借阅部	分馆	情报部	……	合计
职工业务培训	18 000							
阅读刊物编印	100 000							
业务技能比赛	20 000							
悦读宝贝计划		100 000						
童话剧比赛		30 000						
故事姐姐活动		15 000						
雏鹰活动		5 000						
讲座100场			400 000					
展览36场			108 000					
四季音乐会			8 000					
阅读节开幕式			32 000					
老年读书活动				20 000				
盲人读书活动				5 000				
读者调查				30 000				
讲座进社区					120 000			

续表

	辅导部	少儿部	会展部	借阅部	分馆	情报部	……	合计
扶老上网培训					24 000			
信息推送						86 000		
数据库培训						8 000		
……							……	
合　计								

(三)内部预算调整

一般来说，公共图书馆的内部预算与上报的年度预算应该一致。但由于年度预算的"二下"与"一上"不一致，因此在年度预算"二下"后，需要根据财政下达的预算下达书确定的预算，调整内部预算。调整后的内部预算，与财政预算下达书所列不一定完全一致。

调整内部预算，不是简单地调整预算资金的数额，而是在预算科目内，调整年度工作任务，并进一步细化工作任务、预算以及用款进度计划。

财政预算下达书对发展性项目预算都明确到具体项目，比如，某图书馆在年度财政编制中申报中央空调大修项目，4台机组更换压缩机，每台55 000元，合计22万元，但财政在预算下达书中，只安排空调大修项目预算11万元，即只同意先维修4台机组中的2台。与项目预算不同的是，财政预算下达书对业务预算一般只下达一个总额，并不确定项目，如专项业务费的内部预算共120万元，但财政预算下达书上只有60万元，那么，或者需要压缩60万元的业务，或者自行组织60万元资金。不管如何，都需要对列入专项业务的活动进行取舍，或者调整规模，或者组织资金，使完成工作任务所需资金与下达的预算相匹配。

通过内部预算调整，使公共图书馆年度内各项工作任务都有一个预算控制额度，同时，通过内部预算调整，已经可以基本知晓年度预算的资金缺口情况。

二、内部预算的控制

预算使用的控制，实质就是对预算的执行，其执行力大，控制就好。由于内部预算的执行实际上就是对年度经费预算的执行，因此，内部预算控制的结果，就是对年度经费预算的控制结果，对图书馆的管理而言，意义重大。预算的控制包括事前、事中、事后的控制。

（一）事前控制

所谓事前控制，是指在编制内部预算时，要根据完成事业任务的实际需要，实事求是地编制预算，使内部预算与今后执行中的实际支出基本一致。

内部预算的编制质量，会影响公共图书馆年度经费预算的准确性，夸大其事、漫天要价会造成财政部门对公共图书馆年度预算"一上"的不信任，而漏项严重、预算不足也会造成同样的结果。内部预算的事前控制主要做好以下几件事。

1. 确定事业任务的数量和质量

既不能好高骛远，把目标定得很高，更不能应付上级和读者。一般任务可以参照往年的实绩，计算一个趋势，如前三年的讲座场次分别为50、60、65，今年的计划是70场，估计能够完成75场，那么，明年的讲座任务一般可以确定在75~80场之间。特殊任务，特别是新增事业任务，因缺乏历史数据参照，可以调查一下其他地区开展这项业务的图书馆，同时，需要对图书馆的资源进行评估。

2. 评估图书馆的资源

公共图书馆的资源是有限的，如讲座，需要报告厅、主题、讲师、资金、听众等，这些资源不是无限的，每天一场讲座固然也可以，但效益大概不会高，好东西也不能做滥。对所有事业任务计算一个资源的需求清单，其中有许多会需要相同的资源，必须控制在资源允许的范围之内。例如培训，需要培训教室、投影仪等设备，也需要培训师资、培训教材、工作人员、生源，甚至还要考虑停车问题。图书馆除提供免费的读者培训外，也可能会有收费培训。所有培训都需要资源，必须事前加以评估和控制。

3. 询价

事业任务的经费支出是由许多商品、服务的数量和单价集合而成，编制预算不能闭门造车，必须了解各项相关商品和服务的单价，使预算有据可依。

4. 全盘考虑、保证重点

将有限的时间、空间、设备、人员、资金等首先保证重点工作和项目，剔除一些不必要的或性价比不高的项目和任务。预算确实有余，再安排其他项目和任务，这样既能使事业任务饱满，又能在资源使用上略有余地，以备在执行年度预算中，上级安排额外的事业任务。

(二)事中控制

所谓事中控制，是指控制预算执行的过程。在这个过程中，主要从两个角度控制：(1)根据预算支出金额控制事业任务的完成情况。(2)根据事业任务完成的进度推算预算的执行情况。

如果预算准确，预算支出的多少就会反映事业任务完成的多少，如支出已经达到70%，则事业任务应该完成70%左右；反过来，如果事业任务完成进度为70%，则预算执行的进度也应当基本达到70%。当然，两者可能并不绝对匹配，特别是一些周期较长的项目，在一开始有一个资源准备的过程，在这个过程中，预算支出已经发生，但还没有达到一个临界点时，事业任务就不会有进展。这与政府在公共图书馆的资金投入上必须超过临界水平才会产生效益的道理完全相同。

在没有特殊情况下发生两者的脱节，需要及时分析原因，并对剩余工作任务重新预算，与原预算的剩余资金进行对比。例如，在完全原定的工作任务的前提下，预算严重不足，则需要追加经费或筹集资金；若预算有余，则可以增加工作深度或广度，或者准备调整预算用途。这些，都成为预算追加的前提条件。

事中控制是一个动态的过程，需要跟踪，而不是对一个项目作一次控制，特别在周期长的预算项目上更是如此，一旦不加控制或控制失误，可能就会发生任务还未完成而预算已经用完的情况，如果一两个项目如此还有调整余地，多了的话，则要么预算超支，要么任务完不成。预算超支后，并非所有项目都可以调整预算或者申请追加。

（三）事后控制

事后控制，是指在工作任务完成的前提下进行决算，以总结在预算执行上的经验和教训，并对结果及时作出反映和决策的过程。

经过调整的内部预算，与年度经费预算加上自行组织资金在总额上应该基本相等，但明细化程度要高得多。由于年度预算下达书中的经费（除专项经费）是按大类下达的，所以在同一个大类中的各个工作任务的内部预算存在调整的可能性，但发展性项目预算中的各个项目往往是独立的，不经批准不允许调整。因此，在控制内部预算上，首先要了解各个内部预算的性质，对专项经费需要较为严格的控制。

对某一项事业任务来说，如果工作任务和预算都刚好达到内部预算上的数量和质量当然最好，但这往往是一种巧合，很少发生。在预算准确、执行良好的前提下，较好的情况是任务完成、经费略有结余。除发展性项目预算外，即使少数内部预算因为实际情况发生变化，只要在可控的范围内，略有超支也是较好的结果。

事后控制的最坏结果，往往就是调整预算和申请预算追加：对人员预算，只要在批准的工资总额范围内，可以自行调整；对经常性项目预算，一般可以自行以丰补歉；对发展性项目预算中项目之间的调整以及预算超支，应该尽快汇总，向财政部门申请预算追加。前面说过，预算追加的上报时间一般在七八月份，而此时有些项目预算还在执行过程中，因此，内部预算控制的三个过程是一个有机的整体，其意义在这时也更加地凸显出来。

第三节 公共图书馆收入管理

本书是在免费开放的前提下讨论收入管理。从财务角度按照收付实现制，公共图书馆的收入是指一个财务年度中通过银行账户的所有进项（借方）扣除本财务年度发生的应付款（暂收款）的余额。

一、公共图书馆免费开放与基本服务的界定

公共图书馆是民主社会的制度安排，从建立公共图书馆制度的本意或者公共图书馆固有的使命[①]和理念出发，免费服务是公共图书馆服务的本质特征之一。免费是零门槛的前提，可以保障所有人用得起公共图书馆。2011年，文化部、财政部联合下发了《文化部、财政部关于推进全国美术馆、公共图书馆、文化馆（站）

---

① 公共图书馆使命见本套教材的《公共图书馆基本原理》一书。

免费开放工作的意见》文件，推动三馆免费开放，并在文件中明确了基本服务的范围：一般阅览室、少年儿童阅览室、多媒体阅览室(电子阅览室)、报告厅(培训室、综合活动室)、自修室等公共空间设施场地免费开放；文献资源借阅、检索与咨询、公益性讲座和展览、基层辅导、流动服务等基本文化服务项目健全并免费提供；为保障基本职能实现的一些辅助性服务(如办证、验证及存包等)全部免费。

在公共财政资金有限、经济发展不平衡的前提下，我国公共图书馆服务目前还只能做到基本服务免费。对于政策规定免费以外的服务项目，是收费还是免费，主要从以下三个方面考虑。

(一)从国情出发

各个国家对公共图书馆免费服务的界定可能都不完全一样。笔者在考察北欧的公共图书馆时，发现除了享用咖啡、快餐等食品需要付费外，其他服务几乎全部免费。所谓"几乎"，是因为每张读者证对复印、打印等每月有一个规定的免费额度，读者如果超额使用则需要另外付费。笔者还在图书馆中免费获得当地的地图。

尽管我国的经济总量已经达到世界第二，但人均水平排名并不太高，而且地域发展不平衡。我国的公共财政资金从历史上一向承担了比较多的支出内容，要做的事很多，因此，公共图书馆还只能保障基本服务的免费。

另外，只能基本服务免费既与经济发展水平相关，也与读者素质相关。正如深圳图书馆新馆开馆时，吴晞馆长用了一句"不要把钱包带到图书馆来"的话来比喻深圳图书馆提供免费服务，但随即就遇到读者拿了小卖部的商品不想付钱的麻烦，而且还反过头来质问：不是全免费吗？

(二)从公平原则出发

公共图书馆的服务所耗费的成本是公共财政资金，是全体纳税人的钱，因而，如果某一项服务具有非排他性，或者全体居民都可以享用（享用与否由居民自行选择），则一般以免费提供为宜；如果某一项服务只有一小部分人可以享用，或者是大部分居民不需要享用，则应该采用收费服务，并把服务收入再投入到基本服务中去。在这里，即使收费，一般也以收回成本为度。例如，美国的公共图书馆对本社区居民提供免费服务，而非本社区的读者在享用本社区公共图书馆的外借、复印等服务时需要付费，其实质是体现一种公平原则：本社区公共图书馆的经费来自于本社区居民的房产税，社区外的读者没有在本社区纳税，享用免费服务就侵占了本社区居民的利益。

(三)从效率原则出发

公共图书馆的服务成本是公共资金，应以必须为度，如保障人民群众的知识学习权利是必须的，保障人的阅读权利是必须的，保障社会信息公平是必须的，保障居民足够的文化交流空间是必须的等。在公共图书馆服务能力与居民利用公共图书馆服务需求之间还存在供求矛盾的当前，避免公共资源的滥用是保障居民利用公共图书馆服务的重要前提，而免费不当就会造成公共资源的滥用，形成新的供求矛盾和社会不公平。例如，原来大部分公共图书馆对读者到馆上网收费，因而读者完成自己的上网任务后，一般及早离开电脑，效率很高，很少出现读者排队等候上网的情况；实行免费后，有的读者占着电脑就是不下，造成一些检索资料、查数据库、发 E-mail 或 Blog 的读者排队等候，最后图书馆不得不规定每位读者每天只能使用一个或者两个小时。这样做，又带来了新的问题：有的读者在规定时间中不能完成自己的任务（如利用数据库），希望能够使用更长的时间，但现在即使愿意付费也不行。

二、公共图书馆的非基本服务

公共图书馆的基本服务，仅仅是在目前国情下作出的界定，并非一成不变，相信会随着经济和社会的发展，逐步扩大免费的范围。就眼下而言，根据公共图书馆的使命，公共图书馆还有许多服务是公共图书馆应该甚至必须提供而又超出了基本服务的范畴。为了明确划分两种服务，我们将基本服务以外根据公共图书馆使命还应该提供的服务称为非基本服务。

（一）非基本服务的提供

公共图书馆提供的非基本服务并非可有可无，而是公共图书馆完成使命、满足用户需求的一种必需。根据公共图书馆具备的专业能力、掌握的信息资源以及用户的需求等，公共图书馆可以在提供基本服务的同时，开展非基本服务，并且把两种服务都做得很好，满足不同层面用户对图书馆服务的需求，完成使命、彰显价值。

公共图书馆提供的非基本服务内容，必须框定在公共图书馆应该发挥的社会功能范畴中，个性化信息服务应该是首先考虑的内容。在开展个性化信息服务上，公共图书馆有着独到的优势。

1. 需求优势

企业对公共图书馆的信息资源和专业服务具有潜在的需求。在计划经济年代，每个企业都有上级主管部门，对于企业来说，这些主管部门既是捆绑手脚的"婆婆"，又是信息来源的渠道。对于现在大量的民营企业，在解除"婆婆"的捆绑后，同时失去了上级主管部门这个信息源泉。对于大部分既无信息来源、又无检索和分析专业能力的民营企业，在公共图书馆掌握的大量的信息资源中，特别是非公开信息中，有它们所需的信息资源。因此，公共图书馆手中的信息资源有着潜在的社会需求。

2. 专业优势

信息的检索、获取、整合和开发加工等正是公共图书馆的专业优势。对社会机构和企业而言，即使有信息来源，专门聘请信息检索和分析人员的支出，可能远比委托公共图书馆获取信息的成本要高，因而，有信息需求的机构和企业，应该愿意付费从公共图书馆获得它们所需要的信息。

3. 公共图书馆具有良好的口碑和品牌

公共图书馆是公益性机构，为社会提供免费的基本服务，在社会上的良好的服务品牌，使其容易取得企业的信任和委托。

4. 公共图书馆具有庞大的用户资源

庞大的用户是公共图书馆的另一种资源，虽然并非所有的企业和机构都需要从公共图书馆获取信息，但由于基数庞大，即使是用户中的百分之一愿意，对公共图书馆也是一个较大的服务群。在个人读者的信息服务上，虽然目前我国公共图书馆的持证读者只有 2020 万[1]，但随着免费开放政策的持续实施，公共图书馆服务体系覆盖范围的稳步扩大，公共图书馆的持证读者数量会不断攀升，个性化信息的获取需求会随之增加。

5. 公共图书馆的信息服务有价格优势

公共图书馆提供的非基本服务，都以收回成本为原则，与社会上的信息机构服务相比，价格中没有利润，因而定价可能会比较低，从而在价格上会形成竞争优势。

（二）非基本服务收费的原则

公共图书馆为社会提供非基本服务，目的并非为了收费，而

---

[1] 中国图书馆学会. 中国图书馆年鉴 2010 卷[M]. 北京：国家图书馆出版社，2011.

是履行公共图书馆的使命、发挥功能和行使职责。对非基本服务收费，仅仅是为了体现公平和效率原则，或收回服务成本，或实现有效管理，或兼而有之。因此，公共图书馆并非可以滥用收费这两个字，而需要对非基本服务收费掌握相应的原则。

1. 严格界定两种服务

公共图书馆的基本服务应该严格按照文化部、财政部的文件精神提供，不打折扣。在基本服务之外的服务，可以收费，并且通过申报，获取收费许可。但其中如有在文件中没有提及，而服务内容实质上是基本服务的延伸，也应该纳入免费范围。例如手机图书馆服务，是基本信息服务的延伸，是绝大部分读者可以接受的服务形式，仅仅是信息载体变化而已，虽然在项目开发上可能会有成本，但应该属于基本服务而免费提供。

2. 严格界定业务范围

公共图书馆向社会提供的非基本服务，必须符合公共图书馆的使命，不超出公共图书馆的社会功能，其服务内容应该有这样的特征：为了方便用户利用图书馆，如读者餐厅，文具和图书馆纪念品销售，在保护知识产权前提下的打印、扫描、复印服务，个性化信息获取委托，利用图书馆知识和阅读推广活动以外的培训等。

3. 严格控制收费尺度

一方面非基本服务仍然是公共图书馆履行社会职责的行为，另一方面财政已经安排了公共图书馆的固定支出（如场所、人员、水电等基本开支），所以对非基本服务的收费，应该控制收费标准，以收回成本为度，不能以盈利为目的。

4. 严格控制使用范围

财政对公共图书馆非基本服务的收入，一般采用集中30%～

50%，其余部分在公共图书馆预算不足的前提下返回，由公共图书馆弥补预算不足。由于属于其他收入，财政控制一般不像预算资金那么严格。但公共图书馆对于这部分收入的使用，应该严格加以控制，不能作为额外的奖金、补贴等发放，而须用于事业发展，或弥补经常性项目预算的缺口。

三、公共图书馆的非税收入

在年度预算经费有限的前提下，公共图书馆从提供普遍均等服务的理念出发，组织收入以保障服务和活动的开展，最大限度地满足读者利用图书馆的需求，是图书馆管理的重要内容。

从财政管理角度，公共图书馆的收入主要划分成三大块：预算内收入（主要是财政拨款）、预算外收入和其他收入。

图书馆在免费开放前收取的办证工本费、年度注册费、上网费、场馆临时租用费，甚至出租房屋的租金收入等，均是预算外收入，因而在实行基本服务免费的前提下，公共图书馆的预算外收入已经所剩无几。对于非基本服务而产生的收入，则纳入其他收入管理。在这些收入之外，公共图书馆还可能有未通过财政下拨的课题经费、项目经费、企业资助和合作收入等，这些收入在票据管理上，均作为非税收入。在以下的章节中，凡公共图书馆财政预算拨款以外的收入，均统一称为"非税收入"。

（一）组织收入的主要方法

随着公共图书馆理念的觉醒，大多数公共图书馆在普遍存在预算不足、经费困难的情况下，仍希望能够为社会提供良好的公共图书馆服务。这使得公共图书馆的管理者必须花费大量精力组织资金，包括开展非基本服务，也包括开展合作等以获取社会资源。因此，组织收入的方法也就不仅仅局限于非基本服务的内容。

1. 信息服务

虽然前文说过,公共图书馆开展个性化信息服务有其特殊的优势,但从内外环境来说,公共图书馆开展收费的信息服务并不容易。从外部来说,开展信息服务的机构(如高校图书馆、科技情报所、各种咨询公司,甚至网上搜索引擎等)很多,也就是说公共图书馆开展信息服务的竞争者很多,同时,用户对谁能满足他们的需求并不十分清楚。从内部来说,公共图书馆组织的文献资源主要是为了满足普通读者的需求,能够用于开展信息服务的相对较少;另外,公共图书馆的工作人员对信息服务要求的专业水准可能不够,特别是对相关专业的研究不可能达到用户对自身专业的广度和深度,制约了公共图书馆对用户所需信息的挖掘和筛选能力。所以,目前国内只有几家大型图书馆的信息服务做得较好,如上海图书馆、深圳图书馆,不仅为社会机构提供服务,还开发针对图书馆使用的信息,非常成功。

然而,个性化信息服务确实是公共图书馆非税收入的主要来源之一,而且可以越做越好、越做越大,关键是找准用户和切入点。昆山图书馆针对当地企业特点,与河南省科技情报所合作开展企业信息服务;张家港图书馆为当地企业开展科技查新,已经完成数例。尽管服务所得并不多,但至少开了头、起了步,说明可以有所作为。苏州图书馆在个性化信息服务上也坚持免费,并组建了企业家俱乐部,为成员单位提供个性化服务,参加俱乐部的企业已经超过百家。虽然在信息服务提供上免费,但这些俱乐部成员企业为苏州图书馆的其他活动提供了较多的资金支持。

2. 社会培训

除了为用户开展的信息检索、提高计算机技能、提高阅读技能等利用图书馆知识的免费培训外,公共图书馆一般还会开展一些社会培训,如外语、写作、美术、书法、摄影、棋类、制作等培训，有的图书馆甚至与学校合作开展学历教育。这些培训，图书馆需要支付专门聘请老师的费用，尽管培训需求众多，但不收费会造成管理困难，因而一般需要收费。为区别免费的读者培训，公共图书馆把收费培训统称为社会培训。

社会培训大概是目前公共图书馆非基本服务收入中最大的部分，特别在寒暑假期间，公共图书馆会开展了形式多样的针对学生的培训活动。由于家长对子女去图书馆参加培训既比较放心，收费又不贵，学生则可以不用老待在家里，因而较受欢迎，不少县级图书馆在社会培训上的非税收入达到几十万元，甚至有超过百万的。

需要注意的是，开展社会培训需要向教育行政部门申请培训许可或备案，获得批准后才能进行。

3. 社会合作

许多公共图书馆，特别是县级图书馆经费困难是不争的事实，李国新教授等从2004年起特别关注县级图书馆的生存状况，加以跟踪，并在此基础上主持召开了三次"中图学会百县馆长论坛"，总结出5年多来中西部的县级公共图书馆正从不是"人吃书"（人员经费挤占购书经费）就是"书吃人"（购书经费挤占人员经费）的情况中逐步好转，但又凸显出一个新的问题："人吃楼"——通过出租馆舍来弥补运行经费不足。[1] 前面实际已经提到过一个比较极端的例子：一个县级图书馆出租了超过一半面积的馆舍，仅仅是为了弥补冬季供暖经费的不足

实际上，扮演不同的角色、为公共图书馆的正常运行获取资源是馆长的重要职责。前文说过，馆长不仅要扮演好公共图书馆

---

[1] 李国新. 公共文化服务体系建设中的图书馆[J]. 图书馆研究与工作，2010(3)：5-11.

的挂名首脑、倾听者、领导者、资源分配者等角色，也要当好联络人、发言人、传播者、谈判者，取得公共图书馆运行和发展的稀缺资源。

在取得社会资助上，馆长必须不畏艰难、敢于联络、善于沟通，广泛联系企业和机构。事实上，采用企业冠名、企业资助、联办活动、机构合作等形式，许多机构和企业是可以、也愿意为公共图书馆的发展提供一些帮助的，前提是公共图书馆必须把事情做好，能够合作共赢。

一个城市，不管大小，即使经济欠发达，也总有供电、供水、供气、银行、证券、保险、电信、移动、联通等效益较好的企业。对于经费困难的公共图书馆，这些企业都是可能获取资助的来源，关键是如何联络、如何沟通，以怎样的形式向这些企业的领导宣传公共图书馆的理念和作用，并赢得他们的认同，得到他们的支持。在这个过程中，公共图书馆的馆长们千万要避免单向索取，而要研究以怎样的形式合作，大家都能在合作中得到利益。企业总需要进行形象宣传，并设法向社会彰显企业自身具有的社会责任感，公共图书馆完全可以利用这种心态。例如，公共图书馆缺少购书经费，文献资源匮乏，则可以请某个企业来冠名阅览室，如果报刊阅览室需要300种报纸和期刊，则冠名这个报刊阅览室的起码条件就是包下300种报刊的征订费用。

在文献资源建设上的社会合作，先是佛山市禅城区图书馆，后来到佛山市图书馆，都有一个很经典的案例。他们腾出一个空间，与当地的书店达成协议：由书店负责提供新书，由图书馆派人管理，建立一个新书区，读者在这个新书区中间自由选择，当读者决定借走某本书时，图书馆将此书作一个最简单的著录，然后让读者借走，每个月，图书馆根据借出的新书与书店结账买下，等读者归还后再重新著录加工，凡两个月中没有被借过的书，由书店负责更换新书。这样做的结果是图书馆只用了不多的购书经费，就建成了一个新书外借室，新书外借室中的图书没有占用图书馆的购书经费，而且，凡购下的图书，都是读者需要的图书。同时，书店也非常乐意：书店省下了人员经费支出，而且每天的营业额也不少。由于有这种机制，书店很愿意把适销的图书放到图书馆，图书馆也能组织到读者适用的资源。

同样是文献资源建设的社会合作，湖南省汉寿县图书馆采用的是争取红十字会对少儿图书的捐助。他们了解到红十字会具有积极配合各个部门对学生的素质教育、文化知识提升、促进学生的德育发展等方面的专门职能，因而积极争取红十字会支持他们对少儿服务的计划，最后争取到20万元的少儿图书购置资助。

关于举办讲座，许多图书馆都采用了与机构合作、联合主办（或图书馆承办）的方法，利用图书馆的场地和资源、利用合作方的资金来开展讲座活动，合作对象主要有组织部（党员教育讲座）、宣传部（形势讲座）、科协（科普讲座）、卫生局（保健讲座）、妇联（妇女礼仪和女性健康）和计生委（亲子阅读讲座）等。即使在长三角经济比较发达的地区，图书馆仍然大量采用这种形式来尽可能多地举办讲座。例如昆山、吴江的图书馆与当地的中国移动公司合作开展名家讲坛，其中仅昆山的移动公司一家，就每年资助昆山图书馆讲座经费超过15万元；常熟、张家港的图书馆为宣传部承办讲座，每年都能获得数万到十几万元的收入。

在降低服务成本上，大连开发区图书馆与企业合作，由企业提供读者免费复印的纸张，他们采用的做法是：让企业在复印纸的背面先印上企业的形象宣传，然后提供读者使用，企业等于在图书馆发放宣传页，图书馆省去了复印纸成本，而读者则享受到了免费的复印服务，真是一举三得。

在分馆建设上的合作案例也比比皆是。在深圳，有以南山区众冠分馆为代表的一大批外来务工人员分馆,这些分馆都设在工业区的集体宿舍区,由工业区管委会提供馆舍和资金,由图书馆提供资源和专业服务进行合作;苏州、厦门、哈尔滨等地的分馆,大多数都是社会合作的产物,办得风生水起。苏州沧浪区政府委托苏州图书馆管理八个图书馆(包括一个区图书馆和七个社区图书馆),除提供馆舍、装修、设备和水电费用外,2012年还需要支付苏州图书馆约150万元的委托费用,但沧浪区政府非常明白:如果自己管理,即使花费300万元也不可能使八家图书馆达到现在的服务水准。

4. 行业合作

在社会合作上,还有一点经常被忽视,就是图书馆行业内部的合作。虽然行业内部合作一般并不产生收入,但可以降低成本,而节省开支就等于增加收入。实际上,几年来公共图书馆界一直探索合作的可能性,也有一些成功的案例。例如,以上海图书馆为龙头的十九城市图书馆讲座协作、长三角图书馆展览联盟,为长三角地区公共图书馆的讲座和展览工作的开展发挥了非常积极的作用;广东省立中山图书馆牵头的联合参考咨询、南京图书馆牵头的江苏省联合参考咨询,不仅节省了几十家图书馆在参考咨询上的经费,还提升了这些图书馆的参考咨询服务水平;江苏省的五个公共图书馆曾经联手举办易中天教授讲座的巡讲,有效地降低了讲座成本;苏州市全市公共图书馆协同采购数据库,对需要的数据库一种全市只采购一个,并在采购时就明确必须全市公共图书馆共享,防止了资源的重复建设。

但是在总体上,公共图书馆之间的合作,还是非常浅层次的,限于体制,绝无类同企业的"参股""并购"等情况发生。在公共图书馆服务体系建设的进程中,虽然各地的图书馆联盟时见报道,但一般都还仅仅停留在读者可以通借联盟内的文献资源以及数字文献资源的共享，而且，剖析这些联盟，大多数是大馆扶持小馆、高校馆扶持公共馆，是一种不对等的合作。按照经济规律，凡在合作上不能平等地共担责任和风险、共享利益，一般都难以持久。公共图书馆又有文献收藏和拥有的情结以及讲究文献资源产权归属的传统，馆藏资源的多寡一直成为图书馆纠结的问题，而且在合作过程中，首先会碰到文献的资产权问题，大多数图书馆甚至不愿意把自己所有的文献资源合并进合作体系的书目数据库，使合作体系的读者无法外借，或者无法实现彻底的通借通还，或者需要借助新开发的技术软件来后台运行，或者要在读者归还后借助物流系统将书送回资产所有馆。这如同在图书馆资源共享的通道上建起了"围墙"，使得在资源共享上产生的效益被这些"翻墙"而增加的成本所抵消。吴建中馆长在 2003 年时就论述过这个"围墙"问题[1]，而现实是这个问题至今依然存在，而且，在公共图书馆服务体系建设过程中，可以预料到还会出现，并继续制约公共图书馆行业合作的可持续发展。我们只能提醒本书的读者：如果能够有机会亲历行业合作，一定需要把眼光放远，在研究和制定方案时就把各个成员馆的义务和权利、责任和利益对等起来；不要把文献资源的资产权看得太重，在获取胜于拥有的时代，应该主要在乎是否有利于读者利用、是否有利于提高利用效率。在当前公共图书馆的合作中，在不增加支出的前提下，一切能够增加读者可利用资源、扩大服务项目、提升服务质量的合作方案，都是可取的。

(二)收入管理

公共图书馆通过各种途径组织的收入，对弥补预算经费不足、开拓业务、扩大影响、完成使命都有着重要的作用。但这些收入

---

[1] 吴建中. 21 世纪图书馆新论[M]. 2 版. 上海：上海科学技术出版社，2003：102.

与整个图书馆开展服务所需要的支出相比，却又只占非常小的比例。

表 3.4 是 2010 年全国公共图书馆与县级图书馆总支出与非税收入的相关数据，这些数据表明，平均每个县级图书馆在 2010 年中组织的非税收入不到 6.6 万元，占总支出的 6.56%。表面看，县级图书馆的经费保障程度高于全国公共图书馆的平均数，即高于地市级和省级图书馆 2.7 个百分点。其实，分析这些数据可以说明两个问题：(1) 县级图书馆财政拨款的严重不足，占 87% 的县级馆只获得不到 40% 的拨款。(2) 平均每馆只有不到 6.6 万元的非税收入，可能是出于组织收入的资源匮乏、能力不足、努力不够，或者兼而有之。

表 3.4　2010 年我国县级图书馆资金收支情况表

	机构数（个）	总支出（万元）	每馆平均（万元）	非税收入（万元）	每馆平均（万元）	收支比例（%）
全国公共图书馆	2 884	643 629	223.17	59 944	20.79	9.31
全国县级图书馆	2 512	252 480	100.51	16 551	6.59	6.56
县级馆所占比重(%)	87.1	39.23	—	27.61	—	—

注：表中数据引自《中国图书馆年鉴》2011 卷，相对数为笔者计算结果。

所谓大有大难、小有小难。即使同样是县级图书馆，有的馆舍面积数万、馆员近百，而有的馆舍数百、馆员数人。因此，收入大小的绝对数有时也并不说明问题，对于大馆，一旦资金有缺口就会很大，而小馆即使有资金缺口也只很小；同样数额的资金，对于大馆只是杯水车薪，而对于小馆可能就算得上大笔资金了。因此，不管大小，对于收入，公共图书馆首先需要自行加强管理，并注意以下几点。

1. 坚持原则

在实行免费开放的前提下，公共图书馆的主要开支，并不依靠非税收入。因此，不要把非税收入看得太重，在日常的资金管理中，争取预算经费远比组织非税收入重要得多，而且组织非税收入的真正目的是履行公共图书馆非基本服务的使命，收入只是副产品，当然，这个"副产品"有时对平衡预算也很要紧。

2. 彰显价值

公共图书馆的非基本服务、非税收入，都是为了完成公共图书馆的使命，发挥社会功能，取得非税收入，是为了收回服务成本、弥补资金不足，即为了更好地发挥功能，其实质都是为了彰显公共图书馆存在的价值，意义并非在非税收入本身。在非税收入管理中，只有非常明了非税收入对于公共图书馆的意义，才会取之有道、管好用好非税收入，发挥非税收入的作用。所以说，组织非税收入是表，彰显服务价值才是本。

3. 纳入预算

非税收入尽管不是来自预算内，但从财政资金管理的角度出发，也必须纳入预算管理。公共图书馆可能觉得这是图书馆本身创造的收入，但从资本产生利润的原理出发，非税收入源自公共财政：形成非税收入的馆舍、成本都是来自财政，所以形成的利润——非税收入当然是财政的资本创造的。从另一角度来说，公共图书馆的管理者在组织收入的过程中，还要学会保护自己，市场是一个逐利的场所，不按规矩很容易出问题，强化管理是自己重要的保护伞。

4. 把握尺度

不管是单个项目的收费标准，还是年度整个收入计划，都需要把握尺度、适可而止。从理论上讲，在全免费时代，只要年度预算充足，其实是不需要有组织收入一说的。如果向财政争取经费比自行组织收入更加容易，那么也不必花费大量精力和资源来开展组织收入的工作，把非基本服务继续扩大成基本服务即可。当然，从实际出发，免费与否，并没有这么简单，还要考虑读者素质、成本、安全、管理等诸多方面的因素。

把握尺度的另一层意思是，公共图书馆的非税收入有许多来自合作，而在合作过程中需要有合作共赢意识。只有把握尺度，才能使合作长期化，并产生示范效应，使合作范围不断扩大，合作程度不断深入。而在合作过程中的换位思考可以有利于把握尺度。

第四节 公共图书馆资金管理规范

无论资金来源如何，公共图书馆都必须依据财经纪律、财务制度规范使用资金，按照会计准则和财务规则处理账务，这不仅是制度的需要，也是图书馆强化管理、保证资金安全、合理使用资金、控制预算和平衡收支的需要。

一、严格执行制度

没有规矩不成方圆。所谓管理规范，一是要有规矩，二是要守规矩。公共图书馆的资金管理需要按照法律法规和规章制度实施管理，不能随心所欲，否则不仅资金不安全，馆长和财务人员等也不安全，更不用说完成公共图书馆的年度工作目标。

（一）预算制度

预算两字在各个地方有许多种理解。

首先，预算是一种法律。1994年3月，全国人大通过《预算法》，因而，预算的编制、审查和批准、执行、调整、收支范围都有法律规定，必须依法办事。预算是一种法律可以从两个角度认识：(1)图书馆作为公益性事业单位，其预算编制、管理、收入、支出均是《预算法》规定的内容,法律规定了预算的编制、用款的范围、收支的渠道。(2)对图书馆而言,预算是单位财务管理的根本大法,每个款、项、目、节均受预算控制,图书馆不得自行突破、随便挪用,更不能自行其是,否则就会违反财经纪律,或使图书馆陷入财政危机,从而影响图书馆的业务活动的开展,甚至影响生存和发展。

其次,对公共图书馆而言,预算是指资金。有预算就有钱,无预算就没钱,下达预算就是下达资金,调整预算就是调整资金,因此,预算是完成事业任务的用款计划,或者反过来,被批准的事业任务,就有对应的预算资金。

再次,预算是一种控制。预算是相应事业任务的支出控制,如果某项任务尚未完成,而预算控制数已经完成,则对图书馆来说,就会形成超支;如果相反,则形成节支。因而,如果没有意外情况,预算的完成进度可以反映事业任务的完成进度。对图书馆来说,既要控制整个预算支出的节奏,又要顾及事业任务与预算支出之间的比例关系。

最后,预算是一种方法。预算的编制、控制,财务收支和核算都需要借助于一定的方法,另外,财政资金的预算本身就是财政资金投入产出管理的一种方法,它也构成财政对图书馆、图书馆自身衡量资金投入与事业效益的一种方法。

公共图书馆的资金,不管是预算内资金,还是预算外资金、其他资金和非税收入,其收支行为都是一种预算收支行为,所以必须遵守《预算法》。不经批准突破预算、调整预算,或完不成预算,都可能构成违法。这里特别提醒注意的是,按照《预算法》,预算科目之间的调整也应该经过审批。而事实上,专项经费预算确实不能调整,必须实行专款专用,即不能将甲专项经费预算的结余去弥补乙专项经费预算的超支,也不能调剂到其他预算科目去使用，但同在一个科目中的预算是可以调剂使用的，如公务费中的邮电费与水电费之间允许调剂。

(二)牵制制度

在资金管理上，有一套科学的相互配合、相互监督的制度，我们称为牵制制度。这既是为了保证资金安全、科学核算，也是对管理人员、财务人员负责的一种制度。牵制的主要内容包括：管账的不管钱，管钱的不管账，即主办会计和出纳会计在岗位上必须分设；管钱的不管物，管物的不管钱，即出纳和仓库保管员不能一人兼任；账账相符、账款相符、账实相符，即总账与明细账之间，银行存款账与银行日记账之间，备用金账户与现金日记账之间，银行日记账与银行对账单之间，现金日记账与库存现金之间，固定资产明细账与固定资产实物之间等都必须相符。公共图书馆也必须建立这样一套牵制制度，防止资金管理上的出现漏洞。

(三)出纳制度

这里的出纳是财务上的概念，不仅仅是财务上的出纳会计，而主要指公共图书馆的银行存款或者现金的收付行为。出纳制度包括了现金管理、支票管理、发票(收据)管理等制度。

在现金管理上，有专门的管理制度，如到银行领取大额现金需要两人以上；收到大额现金如无法当天存入银行，必须放入单位保险箱，5 000 元以上现金过夜必须派人值班；严禁坐支现金等。

银行支票，包括现金支票、转账支票、本票、汇票等，虽然不是现金，但实质等同于现金。由于现在的银行支票可以背书，因此，事实上不仅可以当作现金使用，而且额度更大，特别是对于空白支票，一旦遗失，后果十分严重。在支票的管理上，还与牵制制度相关，如支票一般由出纳会计保管，但预留给银行印鉴卡上的两枚印鉴，其中一枚由主办会计保管。两枚印鉴必须是分开保管，这样，一人就无法签发支票。

发票是会计的重要凭证，收到发票支付现金（银行存款），开出发票则收回现金（银行存款）。这里的发票管理主要是指开出发票。在公共图书馆中，主要是等同于发票的财政收据。

目前财政非税收据管理很严密，采用多联制，开出的收据中，包括了银行联，只要开票成功，收入就自动转入财政收入户，这为收支两条线管理控制了资金流，然后财政部门根据公共图书馆开票收入的项目、内容，区分是预算外收入还是其他收入，是纳入年度预算收入还是未纳入年度预算收入，是集中30%还是50%。对公共图书馆而言，花尽力气组织的收入，如何能够做到尽量多留，用于弥补预算缺口或者用于业务活动的开展？这需要我们根据当地实际情况进行深入研究。

（四）报销制度

报销制度，是公共图书馆因开展业务、学术研讨、课题研究、实施管理等而发生开支的支付规定和流程。

出差、会议、物品购置、用电用水、办公用品等费用都只能由法定代表人一支笔审批，其他任何人都无权支配财务人员支付资金。要建立资金支付的审核和审批流程，如表3.5所示。

表3.5　财务支出报销流程示意表

报销内容	年度预算		政府采购		事前同意		任务验收	实物验收	票据审核	制度审核	馆长签字	财务支付
	是	否	是	否	是	否						
空调大修	1			2			3	4	5	6	7	8
采购复印机		1	2		3		4	5	6	7	8	9
参加学术活动	1				2	3	4		5	6	7	8
举办读者活动		1			2	3	4		5	6	7	8
差旅费报销	1				2	3	4		5	6	7	8

注：表中数字为流程序列号。

表 3.5 中所列报销制度有以下几个地方需要注意。

（1）年度预算栏目，如果已经编制和调整了内部预算，这时，这个栏目主要指内部预算（更加详细），未编制内部预算的图书馆，可以按财政年度预算，但这时，这个预算仅仅是一大类项目的金额控制，如会议费是指全年的会议费总支出。

（2）发展性项目预算（如空调大修）不需事前批准就可以按预算和工作计划执行，这是因为项目在年度预算中已经安排了经费，在内部预算和工作计划中已经有了具体执行的时间，只要没有特殊情况，图书馆的相关部门应该按计划和预算执行。

（3）年度预算安排了具体的工作任务，但如会议费等可能并没有具体的人选，所以，这些活动仍需要事前得到批准。

（4）馆长审批前，财务人员需要审核报销项目是否在报销制度的规定范围以内，如差旅费报销，按级别乘坐的仓位不能超标，住宿标准不能超标。

（5）整个流程中，如果应该通过的栏目没有通过，则后面的流程不能再走。

（6）验收和审核几栏中，有时可能需要通过多个部门、多个工作人员的审核和签字，如购置读者用 PC 机，会涉及技术部人员对购入 PC 机质量和技术参数的验收，安装时需要办理领用手续，安装到电子阅览室后需要该室人员的验收，办公室登记固定资产卡片人员还需要验收审核等。

（五）报废制度

公共图书馆的报废制度主要针对固定资产，包括了两大方面，即固定资产的报废和文献剔旧。

固定资产的管理有总账、明细账、固定资产卡片，使用部门应该建有台账，固定资产本身还贴有标签，因而在固定资产报废时，需要涉及的人和事较多，所有环节不能遗漏。固定资产的报废会产生清理费用，但其本身又留有残值，正常情况下残值大于清理费用。因此，固定资产的报废需要严格按照制度和流程进行，各个相关部门或人员相互牵制，在环节上相互衔接，随着固定资产报废的流程逐步销记台账、卡片、明细账、总账，以保证账实相符。同时，支付清理费，收回残值。公共图书馆在固定资产报废中，凡涉及计算机设备的，一定要把其中的信息彻底清除，以保护读者的信息隐私。若当地保密部门有规定不允许自己清理的，则办理报废手续后交保密部门处理。

公共图书馆的文献资源也是固定资产，因而在剔旧时，除需要遵守图书馆剔旧业务规章制度外（一般在《馆藏发展政策》中有剔旧制度），在财务上还应按固定资产报废处理。

二、准确运用会计科目

会计科目在资金核算和财务管理中的重要性，相当于图书馆的分类法。对预算支出套用准确的会计科目，是资金管理的重要前提。运用会计科目，看似简单的问题，却并不容易做到，有些图书馆账目较乱的原因就是因为不准确使用会计科目。

不准确使用会计科目的原因之一是财务人员业务不精，这需要加强学习和训练。原因之二是干预或者故意。所谓干预是指馆长干预财务人员使用准确的会计科目，所谓故意是财务人员主观上有意用错会计科目。原因都非常简单：擅自调整预算支出项目，如把招待费套成会议费，把福利支出套成办公经费等。

用错会计科目，只要不是挪用专项经费，本来不算大问题，但却会给单位自身的预算管理、内部预算控制等方面造成较大的混乱，特别是馆长干预前提下的用错会计科目，开了非常糟糕的头，给今后单位的财务管理埋下了严重的隐患。

按笔者的经验，馆长对上月登记入账的财务凭证需要进行一次审核,并在每张审核过的财务凭证上签字,发现凭证错误(包括用错科目、违反报销制度、审批流程出错等),必须要求会计人员纠正。这既能够使馆长了解、掌握资金使用情况,又促使财务人员增强责任心,同时,这种做法,还是另外一个层面上的监督和牵制制度。

三、收支两条线

收支两条线是指所有收支纳入财政管理,具体来说就是公共图书馆的所有收入上缴财政,所有支出由财政下拨。但在非税收入的实际操作过程中,财政集中资金比例有所不同,如纳入年度预算的非税收入一般集中30%,超计划的非税收入集中50%,另外还有一些例外。公共图书馆需要准确把握,并做好与财政部门的沟通。

在非税收入管理上,财政部门对年度预算以外的上级拨款、课题经费、定向资助(指外单位的赞助有指定的项目)等不采用集中资金的办法,全额留给公共图书馆使用。对有些明显不能集中的合作经费,经协商同意,也可以不集中(如开展合作建设总分馆,由合作方支付给公共图书馆的分馆合作经费)。因此,即使是企业资助,也一定要把收据开成资助某某项目(如"名著导读讲座专项资助"),并附有协议,使普通的企业赞助变成定向资助。另外,可以采用项目转化的形式,如企业信息服务,把本来要收取的信息服务费免了,同时请企业定向资助公共图书馆的活动,并在活动中采用冠名、联合主办等形式,企业既获得了公共图书馆的信息服务,又宣传了企业形象,不会不乐意;公共图书馆可以协商获得比信息服务收费更多的资金,并且能够得到全额的资助款而不用被财政集中50%。需要提醒的是,这些考虑,需要在制订年度工作计划时就有安排,并且,定向资助项目必须是真实的,否则就会漏洞百出，丧失诚信。

在财政坚持要对企业定向资助集中部分资金的前提下，公共图书馆还可以采用直接获取资助企业的物品来规避集中，只要是资助的物品可以直接用于读者活动，如作为读者活动的奖品，但千万不能把企业资助的物品发放给馆内职工。例如苏州图书馆的"七彩夏日"少儿活动，活动期为整个暑假，参加活动的学生超过2万，由一家公司冠名赞助，除资助活动资金5万元外，还赞助活动奖品5万元。

四、专款专用

所谓专款，主要是指专项资金，特别是年度预算中的发展性项目经费。由于发展性项目经费中的项目，有些是在年度预算安排时已经纳入了政府采购，而且有的采购是由政府采购部门直接操办（如汽车购置），这些项目就无发生挪用专项资金的条件。也有一些项目是由公共图书馆根据年度预算向政府采购部门申报（如图书采购、专用设备采购），还有的可能不需要政府采购（如学术著作出版）。所以，公共图书馆必须严格区分和界定预算资金的用途，各个预算科目的经费原则上不能混用，实行专项经费的专款专用。前面所说的准确运用会计科目是专款专用的有效前提，但在专款专用上一旦违规，其性质就不再是用错会计科目，而要严重得多。

五、政府采购

预算资金下达时，都有明确要求实行政府采购的明细项目。即使使用自筹资金（包括赞助、其他收入、结余资金）购置设备、购买服务，也必须按政府采购目录确定是否需要纳入政府采购。

在政府采购上，由于与廉政建设联系在一起，公共图书馆没有必要为了省时省力而有意规避。对记不住政府采购目录的，可以采用一个比较可靠的办法是：只记住政府采购对单件物品的最低单价和成批物品的最低总额，凡超过两个价格中的一个，就向政府采购部门事先申报，不需要进入政府采购程序的，政府采购部门会告知自行采购，这与读者向图书馆咨询是一个道理。这样既可以保证不会造成政府采购项目上的遗漏，也不会引起政府采购部门的厌烦，反而会使其认为图书馆是一个严格执行政府采购制度的单位而留下了良好的记录。由于政府采购部门与财政部门是一种你中有我、我中有你的关系，因而这也同时给财政部门留下了良好的印象。

六、预算调整

如果出现不可抗力或者特殊原因，确实需要调整年度预算的，必须按程序执行，报告财政部门审批，获得批准。由于预算调整的情况经常发生，只要原因确凿，一般会得到财政部门的同意。因此，对于预算调整，公共图书馆既不能自行其是，也不需要自行其是。

预算调整的报告时间一般都在下半年度，与预算追加同步，但对较大的调整最好及早单独申报，如果太晚，财政部门会认为调整后的预算项目不能当年完成，不如取消该项预算，把多出来的预算用于申报的预算追加。

七、工资管理

在目前阶段，各地公共图书馆的工资管理方式不尽相同，但总的原则基本一致：不是有钱就可以发工资，必须同时有工资总额（或工资基金）。在工资管理上，附带有社保基金、医保基金、住房公积金、个人所得税等的缴纳与管理。

最近开始实行的事业单位绩效工资制，尽管名称好听，但没有考虑事业单位工作性质、任务轻重、是否向社会开放及开放时间长短等方面的多样性，采用了一刀切做法，其实是回到了"大锅饭"，降低了公共图书馆的积极性。没有向社会开放的事业单位在法定节假日可以休息，即使有些向社会开放的单位（如博物馆）也有闭馆日，并且每天只开放 8 小时，而绝大多数公共图书馆没有闭馆日，每天开放 12 小时，并且在法定节假日照常开放。但在绩效工资制下却不为公共图书馆增加工资总额，这在制度上逼迫公共图书馆在节假日闭馆，而读者利用公共图书馆最多的时候也是节假日。在公共图书馆处于这种进退两难的情况下，有的公共图书馆通过不懈的努力和争取，已经有所收获，如人事和财政部门同意在绩效部分上增加 30% 的浮动工资总额，但必须与业务挂钩。虽然这部分浮动部分并不纳入年度预算，即只有指标而无资金，但至少解决了超时开放的工资总额（加班工资）等问题，也为公共图书馆真正的绩效考核解决了工资总额指标的增量问题。

八、现金管理

现金管理包括了现金和银行存款的管理，在前文出纳制度管理上，已经涉及了现金管理制度问题，主要有严格禁止坐支、现金收支日清月结、手续完备、大额现金不过夜、每月核对银行对账单、做好银行余额调整表，等等。

【本章小结】

预算是唯一由政府发明的管理工具。对于公共图书馆来说，预算是法律、资金、控制、方法的统一体，预算的多少是公共图书馆组织资源和开展服务的前提条件。因此，预算的编制、追加、争取、管理成为公共图书馆管理者的重要工作,而开展单位内部预算管理,则有利于财政预算的编制、控制和执行,有利于年度工作计划的编制、执行和检查,有利于及早发现预算资金的缺口,调整年度工作计划。学会预算管理上的方法,不仅有利于公共图书馆有一个良好的资金环境,而且有利于公共图书馆工作任务的计划、执行、控制和完成。

面对庞大的社会需求,公共图书馆的预算资金不足是显而易见的,如何争取资金、寻求社会资助、寻找合作伙伴以获得预算以外的资金来源,是公共图书馆社会竞争力的重要表现,也是公共图书馆创新能力的体现。

公共图书馆在资金上必须按照法律、法规、制度来强化管理,这不仅是制度的需要,也是单位资金安全的需要,同时还有保护管理者和财务人员的作用。

【思考题】

1. 公共图书馆免费服务与收费服务应如何界定?
2. 如何争取公共图书馆的预算经费?
3. 在收支两条线的政策前提下,公共图书馆组织收入并开展管理的意义何在?
4. 公共图书馆编制内部预算的意义何在?

【推荐阅读】

1. 中国发展研究基金会. 公共预算读本[M]. 北京:中国发展出版社,2008.
2. 公共图书馆研究院. 中国公共图书馆发展蓝皮书[M]. 深

圳：海天出版社，2010.

3. 于良芝，许晓霞，张广钦. 公共图书馆基本原理[M]. 北京：北京师范大学出版社，2012.

4. 彼得·德鲁克. 非营利组织的管理[M]. 北京：机械工业出版社，2010.

第四章　公共图书馆成本管理

【内容提要】

本章主要以实务的形式，介绍成本核算的基本方法和成本核算范例，目的是帮助学习者了解成本的概念和公共图书馆成本核算的重要意义，掌握成本核算的基本方法，弄清成本与效益之间的关系，以及通过成本核算辅助决策的制定和实施。通过学习，可以将成本核算的方法和技能用于编制预算、争取经费、开展合作、控制成本、正确决策、提高效益。

第一节　成本核算的基本方法

公共图书馆在财务核算上执行预算会计制度，采用收付实现制，不需要计提折旧，不摊销低值易耗品，因而，不管是主管部门还是财政部门，都没有要求公共图书馆进行成本核算。公共图书馆的财务人员，可能大多数都没有进行过成本核算的操作，不熟悉成本核算的方法和技能。

然而，对一项事业、一个单位或一件工作而言，成本是评价效益的重要尺度，不进行成本核算就无法说明服务效益的大小，当然就无法说明管理水平的高低，甚至管理因此失去了方向。另外，成本在决策中也扮演着重要的角色，是决策过程中重点需要考虑的问题。所以，公共图书馆开展成本核算并不是可有可无的工作。

一、成本的概念

对于公共图书馆而言，全年的费用支出应该就等于全年的成本，但成本与费用却是两个不同的概念。从时间顺序上来看，费用发生在前，成本的归集和计算在后；从范围来看，费用是针对整个图书馆的，而成本往往针对某种服务、某个活动或某个项目，即是对象化的费用；从期间来看，费用一般按会计期间划分，如月、年，而成本一般按核算对象划分①，如某个展览的成本，而不管这个展览是否跨月。

成本是指为达到特定目的而发生或应发生的价值牺牲，它可用货币单位加以衡量。② 在传统的会计学中，成本是已经发生的各种耗费的货币表现，是一种历史的东西，是过去式；而在这里，作为管理学的成本概念，强调的是形成成本的原因和必要性，可以是过去的，也可以是将要发生的。本书所论述的公共图书馆的成本核算，更多的应该属于管理会计的范畴。

管理会计是通过一系列的专门方法，利用财务会计资料、统计资料及其他有关资料进行整理、计算、对比和分析，使企业内部各级管理人员能够据此对各个责任单位和整个企业日常的和预期的经济活动及其发出的信息进行规划、控制、评价和考核，并帮助企业管理当局对保证其资源的合理配置和使用作出最优决策的一整套信息系统。③ 管理会计与传统会计最大的不同之处在于紧紧围绕"规划"和"控制"这两个重点，而不仅仅是"反映"和"监督"。因此，传统会计侧重于事后核算，而管理会计侧重于事前计算。

---

① 王庆成，李相国. 财务管理学[M]. 北京：中国财政经济出版社，2006：358.
② 乐艳芬. 成本管理会计[M]. 2版. 上海：复旦大学出版社，2010：2.
③ 吴晶. 管理会计最新实务指南[M]. 北京：中国纺织出版社，2010：2.

在成本的分类中，可以按照核算的目的，或按照相关性、经济用途、时态等不同的分类方法，形成许多种成本。管理中，按经营目标、特定对象、成本与业务量的关系、作用等也可以分成许多种成本。详细介绍这些成本的概念，并非本书的任务。对于公共图书馆成本核算中可能用到的成本概念，本书作如下简单的介绍。

(一)财务成本

财务成本是指根据国家统一的财务和会计法规及制度核算出来的，用于编制财务报表和企业内部成本管理的成本，也称为法定成本或制度成本。① 对于公共图书馆来说，年度预算的编制，相当于进行一次简单的全馆全年工作任务的成本估算，如果年度预算全部执行完毕，则就是全年的财务成本，在公共图书馆的财务报表上，反映为公共图书馆的年度总支出。

(二)固定成本

固定成本是指其发生总额不随业务量的增减变动而变动的成本。但就单位固定成本而言，则是随着业务量的增减变动而成反比例变动。② 例如，公共图书馆的人员费用、物业管理费等，正常情况下并不随着到馆读者的数量而成比例变动，其发生额就是一种固定成本。

(三)变动成本

变动成本是指其发生额会随业务量的变动而正比例增减变动的成本，但就单位变动成本而言，则是固定的。③ 例如，公共图书馆开展广场诵读活动，现场的布置等开支是固定成本，并不与

---

① 乐艳芬. 成本管理会计[M]. 2版. 上海：复旦大学出版社，2010：20.
② 同上书.
③ 同上书.

参加者的人数成比例关系，但如果为每位参与者提供一瓶水，则水的支出是变动成本，每增加一名参与者，就需要多花一瓶水的支出，它与参与活动的读者数量成正比关系。

(四)混合成本

混合成本是指成本额随业务量变动而相应变动，但变动幅度并不与业务量变动保持严格正比例关系的成本。也就是说，混合成本是介于固定成本和变动成本两者之间的成本，或者说，混合成本同时包含有固定成本和变动成本的双重性态。[①]

由于成本核算针对的是某个特定的项目，而某些支出并无这种明确的针对性，但却又随着这个项目的变量而发生不成比例的变动。这时，为了变动成本核算的准确性，需要对这样的成本进行分解，将混合成本分解成固定成本总额部分和单位变动成本部分，以便于利用变动成本法核算项目成本。

例： 某公共图书馆采编部的人员支出是一种混合成本，前年完成22万册图书分编，共支出60.4万元，去年完成24万册图书分编，共计发生人员支出62.4万元。我们来分解此案例的混合成本。

设：分编图书的数量为 X，人员总支出为 Y，固定成本总额为 a，单位变动成本为 b，则混合成本的计算公式为 $Y=a+bX$。

代入：$604\,000=a+b\times220\,000$ ································(1)

$624\,000=a+b\times240\,000$ ································(2)

计算可得：$a=384\,000$，$b=1$，即采编部人员支出的固定成本总额是38.4万元，单位变动成本是1元。

上述介绍的是一种最为简单的混合成本分解。如果给出的条

[①] 吴晶. 管理会计最新实务指南[M]. 北京：中国纺织出版社，2010：23.

件涉及多年(或者一组)数据，则可以采用高低点法①或最小两乘法②来计算。

(五)边际成本

在经济学中，边际成本是指成本对业务量无限小变化的部分，在现实的经济活动中，是指业务量每增加一个单位所需增加的成本。但在会计实务中，常常也将增加一批产量所增加的成本视为边际成本。在经营决策中，边际成本可以用来判断业务量的增减在经济上是否合算。③ 从数学理论上讲，边际成本是总成本对产量的导数，在相关范围内，单位变动成本与边际成本相一致。④

这个成本在公共图书馆中可能运用不会很广，但如果开展非基本服务，应该会有所应用。例如社会培训，必须核算举办一个培训班需要多少学员才能保本；讲师提出增加讲课费，在学员数量一定时，讲课费增加多少才不会使培训出现亏损，这些都是边际成本要解决的问题。

(六)机会成本

机会成本是指由于从多个可供选择的方案中选取一种方案而放弃另一些方案上的损失。机会成本是单位在作出决策时必须考虑的一种成本。⑤ 例如公共图书馆的某一个活动只能有一个赞助商，而现在同时有两个赞助商愿意提供赞助，则公共图书馆在选择甲赞助商时，就必须考虑因此放弃与乙合作的损失，这种损失就是机会成本。具体到案例上，某公共图书馆某一系列讲座只能有一个冠名，现有一家企业愿意出资8万元冠名，而当地报社也

---

① 陈道斌. 管理会计[M]. 北京：中国金融出版社，2010：30.
② 同上书，32页.
③ 乐艳芬. 成本管理会计[M]. 2版. 上海：复旦大学出版社，2010：25.
④ 吴晶. 管理会计最新实务指南[M]. 北京：中国纺织出版社，2010：105.
⑤ 乐艳芬. 成本管理会计[M]. 2版. 上海：复旦大学出版社，2010：26.

愿意冠名，提供的资助条件是讲座预告免费，并为该系列的每个讲座提供一个整版作深度报道。两家的条件有利有弊，不管如何，总会取一家，舍一家。最后图书馆选择与报社合作，因而这次合作的机会成本是8万元。

二、成本核算的重要性

吴建中先生在《21世纪图书馆新论》中指出："我认为，图书馆最突出的问题是缺乏成本意识。"[1]彼德·德鲁克更是一针见血地指出："非营利组织没有所谓的'损益'，它们往往会认为所做的每件事都是公正、合乎道义并服务于美好理想的，因此，即使没有达到预想的结果，也不愿意考虑是否应该把资源用到其他更合理的地方。"[2]确实，作为非营利组织的公共图书馆，在考虑履行公共图书馆使命、实现普遍均等服务的目标上很少会顾及成本问题，其结果往往忽视资源的有效配置，更不讲求资源的使用效益，总认为公共图书馆没有私利，所做的一切都是为了提高民众素质、促进社会进步、实现信息公平，其支出理所当然地应该由公共财政无条件地承担，而从来没有想过这些目标的实现需要多少资金，当地政府是否有相应的财力。这些问题，表面看是资源的配置问题和效益问题，其实是成本问题，因为不重视成本核算，公共图书馆可能也就无法讲清楚效益的高低，以及自己为社会提供了多少价值。

2004年1月，大英图书馆公布了由第三方咨询机构对大英图书馆经济效益水平的调研报告——《衡量我们的价值》，从直接和间接两个方面评估了大英图书馆对英国经济的影响：大英图书馆

---

[1] 吴建中. 21世纪图书馆新论[M]. 2版. 上海：上海科学技术文献出版社，2003：29.

[2] 彼得·德鲁克. 非营利组织的管理[M]. 北京：机械工业出版社，2009：8.

每年的经济效益总量为3.63亿英镑,英国政府对大英图书馆每投入1英镑,就会给英国带来4.4英镑的收益。假设大英图书馆不存在的话,英国每年就会损失2.8亿英镑。①

公共图书馆总体上虽然没有成本核算的要求,但公共图书馆开展服务却总需要一定的付出,这种付出就是服务成本。对一个单位的管理来说,成本核算是必须要做的:减少成本就等于增加利润,而且还提高了竞争力,所以,省钱就是挣钱。

因此,从公共图书馆管理、效益、决策等角度出发,开展成本核算的重要性有以下几点。

(一)有利于完成工作目标

公共图书馆在编制年度预算时,特别是经过编制和调整内部预算,已经计算了一些工作的成本(尽管只能算作简单的成本核算),如安排讲座50场,财政年度预算安排10万元,则每场讲座的平均单位成本是2 000元;再细分,名家讲座10场,平均每场费用5 000元,则10万元的总预算已经去掉了5万元,还有的5万元要保证其余40场讲座的支出,可能还不够支付讲师费用,而其他费用,如宣传、会场布置、讲座刊物等还需要10万元。因此,讲座的实际支出与预算相比,至少会缺口10万元,所以,在这项工作中,需要寻找企业资助或者合作者,目标是弥补10万元的资金缺口。

其实,通过对讲座的成本核算,使这项工作的完成增加了一个过渡目标,即为资金缺口寻找合作者是完成讲座任务这个终极目标的过渡目标,一旦这个过渡目标得以确定,就成为完成终极目标的前置条件。

---

① 吴建中. 战略思考:图书馆管理的十个热门话题[M]. 上海:上海科学技术文献出版社,2005:65.

因此，通过成本核算会将工作目标细化，及时发现目标完成过程中的问题，并针对这些问题在管理上寻找解决方案，有利于工作目标的完成。

(二)有利于控制预算支出

公共图书馆管理者，必须时时控制预算支出，防止寅吃卯粮、完不成年度工作目标的情况发生。如果没有成本的概念和核算，就无所谓支出控制。因此，在上述这个例子中，还有一件事是包括馆长、部门负责人等管理者需要注意的，就是每场讲座的支出控制。如果把讲座的每一子项的支出都核算清楚，则在使用中就会非常明了：什么钱可花，什么钱不可花，什么事情可以花多少钱。而且在每个月、每季度、半年等时点都可以很清楚地知道，接下来还有多少场讲座、多少预算，每场的平均预算是多少。如果预算已经超支，则必须通过什么节省的方法和途径把预算降下来；如果宽裕，则是否可以增加一场有分量的讲座，炒作一把，或者正好需要增加什么纪念活动的展览，把资金调整一部分到展览上去。

一般来说，通过成本核算，在图书馆工作的总体上总是上半年把预算控制得较严，而在具体工作任务上总是前半部分把预算控制得较紧，以防止因其他突发原因造成预算突破和失控，如任务增加、物价上涨等。

(三)有利于争取经费追加

通过成本核算的方式和核算结果，可以从一个角度说明图书馆年度预算的科学性和合理性。事实上，所谓年度预算，也是对年度工作任务在经费支出上有一个预计，所以预算也可以认为是一种简单的成本核算。

经费争取和预算追加总需要用数据来说明问题，因此也需要进行成本核算。通过成本核算可以计算出保障完成图书馆全年工作任务应有的资金需求；通过与年度预算的比较以及图书馆利用情况的数据，反映出图书馆的服务效益情况；再与国内、国外的公共图书馆相比较，就构成了争取经费的有力依据。

(四)有利于确定收费标准

成本核算在公共图书馆组织收入方面的作用可能显得更明显一些。既然是组织收入，首先是不能亏本。对某一项收费服务的收费标准，需要报物价部门进行核准，取得收费许可。在申报收费标准时，不能"拍脑袋"，而必须通过成本核算，计算出盈亏平衡点，才能在盈亏平衡点上确定收费标准。例如，在免费开放政策出台前，有一阵业内讨论公共图书馆的复印收费问题，不少专家都说收费高了。所谓收费的高与低，一是与市场价格相比，二是与成本相比。与市场价格相比的做法符合社会平均利润的理论，但有一个前提，企业是自主经营，即如果按照市场价格会引起企业亏损，企业可以自主决定不提供这个产品或服务。而公共图书馆提供复印服务，是信息服务中的必需，不存在根据盈或亏而决定是否提供的问题，因而，根据成本决定收费有其合理性。在算清成本之后，由审批部门决定批准是按成本价格收费还是按市场价格收费，如果市场价格低于成本，而政府又决定按市场价格收费，则应由政府在年度预算中对公共图书馆进行价格补贴。

确定收费标准的反向操作是通过成本核算确定盈亏，有些项目的盈亏并不像我们以为的那样，而必须通过成本核算才能够知晓的。

(五)有利于彰显服务效益

我们可以发现许多文献中谈到公共图书馆的效益时，往往不是只有绝对数，就是只有相对数，使人看不出个所以然来。例如，有的说外借册次比去年提高了50%，有的则说增加了2万，其实都是忽悠人而已。说提高50%，却没有基数，仍不知究竟是增加了多少，如果去年外借图书是1万册，提高50%是增加了5 000册，但去年如果是10万册，提高50%就是增加5万册；说增加了2万册，如果去年只有2万册，就增长了一倍，幅度很大，但如果去年外借20万册，则只增长10%。

所以，服务效益的计算，离不开成本核算，因为与投入与产出一样，效益与成本是紧紧联系在一起的。公共图书馆的所有服务其实都可以计算效益。杭州图书馆在李超平、李国新两位教授的帮助下，通过课题研究，探索建立效益评估体系，在这个效益评估模型中，通过假设建立前提，进行成本核算，得出了杭州图书馆各项服务的成本和效益数据，彰显了杭州图书馆的服务价值。[①]

单独统计某馆某时有多少到馆读者、花费多少支出并不能考量该馆的效益，凡效益都是在比较的前提下才能体现高低。因此，通过成本核算，纵向可以自身比较，横向可以进行图书馆之间的比较。笔者在横向比较时，比较愿意采取与全国（或某一地区、某一类）的平均水平比较，以避免两馆相比较而造成的尴尬（具体后文还会涉及）。但这种比较，一般都需要用相对数，即平均成本、单位成本，否则，可比性就可能不大。

（六）有利于进行项目决策

成本核算在公共图书馆决策中的作用属于管理会计的范畴，一般在事前进行。公共图书馆的服务提供有一个显著特点是：一旦决定提供某种服务，就必须长期提供，已经养成利用某项服务习惯的读者绝不答应公共图书馆随便取消已经开展的这个服务项目。因此，公共图书馆在决定提供某项服务时，都需要考虑服务

[①] 李超平，李国新，叶斌. 杭州图书馆绩效评估研究与实践[G]//公共图书馆研究院. 中国公共图书馆发展蓝皮书(2010)[M]. 深圳：海天出版社，2010：214-234.

长期提供的问题，一定要在事前进行成本核算，以衡量自身的资源是否能够长期支撑。如果这项服务必须提供，而自身资源又不足以支撑时，就需要事先有所准备：资源缺口多少？是向政府申请、向社会求助，还是与他人合作？这时，成本核算的重要性更是彰显无遗。

典型的例子是公共图书馆延长开放时间。从现在来看，国内许多公共图书馆都实行每天12小时开放，全年没有闭馆日。但事实上，在为公共图书馆核定人员编制时，是按正常的作息时间计算的，因此，公共图书馆如果从原来每周闭馆一天、每天开放8小时，调整到取消闭馆、每天开放12小时，实际上是增加了75%的开放时间。从一方面来说，延长开放时间，不仅方便了读者，而且可以认为相当于节省了75%的建设成本（相当于建造了一个原来馆舍规模75%的图书馆）；但从另一方面来说，增加75%的开放时间，在运行成本（水、电、物业管理等）和人力成本上也会大量增加，其中运行成本增加会超过75%（晚间用电更多）、人力成本增加会低于75%（一线以外的人员不完全与此有关），而在人力资源上，需要考虑的不仅仅是资金问题，还有专业问题。比如原来编制就紧张、人员不足，不增加编制势必需要外聘临时人员（或合同制职工），还有就是专业人员的排班是否可以排得过来、是否会影响其他服务的开展、不增编制只增经费行不行。如果这些问题都思考清楚了，那么对是否延长开放时间、如何延长开放时间等就会形成解决方案。

延长开放时间的深层次问题是效益问题，即开放时间怎样安排效益最高。例如，美国一些公共图书馆的开放时间如下：周一至周四9:00至20:00，周五9:00至18:00，周六9:00至15:00，周日14:00至17:00，法定节假日闭馆。它们认为这样的开放时间最有效率，而且也有利于馆员享受休息的权利而轮流休息，这应该是美国同行经过统计和调查的结论。但从严格意义上来说，还需要从成本核算的角度，对效益、成本进行一些核算才能说明问题，因为有些数据并不像我们表面上认识的那样。

对于决策中的成本核算，至少在目前还不受公共图书馆管理者的重视，即使公共图书馆的上级管理部门有时也不重视。我们回顾一下历史上的几次基层图书馆建设运动都以失败告终的原因，就可以发现在设计这些工程或者项目时，管理者们都没有思考基层图书馆建立以后的长期运行需要多少资源的问题，以及如何获取这些资源以支撑基层图书馆的可持续发展问题，这使得从一开始就埋下了失败的根源。虽然造成基层图书馆建设运动失败的因素还有不少，但从决策中没有建立资源长期支撑的制度来看，决策时成本核算的缺失应该是失败的重要原因。

三、成本核算方法

成本核算的方法多种多样，必须根据单位的性质和核算的目的来应用。例如，工业企业与商品流通企业会采用不同的成本核算方法，即使同样是工业企业，因产品不同、生产过程不同、生产方式的不同也会选择不同的成本核算方法。本书只选用了几种公共图书馆可能用得上的成本核算方法。

（一）完全成本法

完全成本法是将产品生产中所产生的直接材料、直接人工、变动制造费用与固定制造费用全部计入产品成本的一种成本计算方法。[①] 对公共图书馆来说，所谓产品成本就是信息产品或者服务的成本。单位编制对外报告需要采用完全成本法，公共图书馆在完整反映单位效益时，应该使用完全成本法。

---

① 乐艳芬. 成本管理会计[M]. 2版. 上海：复旦大学出版社，2010：216.

(二)变动成本法

变动成本法是相对于完全成本法的一种成本计算方法[1],它将全部成本按经济职能划分为变动成本和固定成本两大部分(如遇到混合成本则需要进行分解),只对其中的变动成本进行核算的方法。

完全成本法和变动成本法反映的是不同的成本关系,计算出的成本结果也不相同,不存在替代关系,因而在成本核算中,两种方法需要同时使用。例如,公共图书馆外聘教师开展社会培训,成本的组成主要有教室费用、办公费用、工作人员工资、讲师课时费、水电费用等,如果按完全成本法核算成本,是将本期培训班发生的所有开支(教室费用、办公费用、工作人员工资、讲师课时费、水电费用等)全部作为成本,在对外报告时(即出具财务报表)应该这样核算成本。如果按变动成本法,教室费用、办公费用、水电费用是固定成本,工作人员工资是混合成本(可以分解成为固定成本和变动成本)。就固定成本而言,只要开设培训班而不管开什么培训班都一定会发生,与用几间教室相关,而与开多少班、招收多少学员无关。因而,在用变动成本法核算成本时,固定成本并不计算在内,对开设培训班来说,变动成本法关注的是讲课费成本和人员工资分解后的变动部分,以及学员数量和收费标准。

(三)本量利分析法

所谓本量利,是指成本、业务量、利润三者的关系。本量利分析法是以成本性态分析为基础,研究企业在一定期间内的成本、业务量和利润三者之间内在联系的一种专门方法。[2]

---

[1] 乐艳芬. 成本管理会计[M]. 2版. 上海:复旦大学出版社,2010:216.
[2] 同上书,186页。

包括公共图书馆的所有机构和组织，当需要进行某项决策时，成本核算就是项目取舍决策的重要手段，开展成本核算并采用科学的方法就成为项目成败的关键。

紧接前面的讲课费成本案例，如果社会培训中的某一个培训班，用完全成本法计算出来是亏损的，但用本量利分析法，只要学员的学费收入除以总学时大于单位讲课费等变动成本，就说明这个培训班是盈利的。具体的例子，我们在第二节中再讲。

第二节 成本核算应用范例

公共图书馆的服务效益，往往需要通过成本来反映。接待读者人次、外借图书册次等是公共图书馆重要的效益指标，但如果离开了成本的前提，这些指标能够说明的问题其实并不多，或者说意义不太大。例如，一个10万平方米的图书馆与一个1万平方米的图书馆，接待读者人次既不能相提并论，也不是简单的10∶1的关系。即使同类型、同面积的图书馆之间，也不能简单地按上面两个指标来判断哪个图书馆的效益更高一些。效益指标既需要绝对数，更需要相对数，而且还要与成本进行配比，才能综合反映效益情况。两个图书馆在馆舍面积、到馆人次、外借册次等都相同的情况下，只要经费支出不同，效益就不相同。

准确地反映公共图书馆的服务效益情况较为复杂，至今国内尚无一套权威的评价指标体系和方法。本书也并非要建立这种指标和方法，而主要从经济核算的角度来阐述方法和关系。

一、公共图书馆成本核算与经费争取

公共图书馆通过成本核算得出的结果，说明了服务与经费之间的关系，从而为公共图书馆争取经费提供了依据。

某馆拥有一辆流动图书车，财政部门除在正常预算中安排机动车年度费用每辆3万元外，还安排每辆10万元的运行经费。图书馆认为不够，但财政部门认为安排的预算已经很充裕。这时，需要对流动图书车的全年服务成本进行核算，拿出依据。

　　流动图书车运行的成本与人员（驾驶员、工作人员）、图书、行驶里程、百公里油耗、保险、过路费、维修费、保养费等相关。其中因为油费计算需要根据停靠点和运行路线计算行驶里程而时间较长。流动图书车有30个停靠点，每个停靠点以两周为一个服务周期，按停靠点和线路计算出每两周的行驶里程为500公里，百公里油耗为26升，使用零号柴油，平均单价7.00元。另外，流动车的购书经费增加在总的购书经费中，但因增加图书采购、分编等而发生的人员费用需要分摊。因此，此成本核算中真正以成本核算方法计算的是采编人员的费用分摊，具体的主要成本计算如表4.1所示。

表4.1　流动图书车运行成本计算表　　　　（单位：元）

项目	说明	单价	支出合计
工作人员	4人，按公益性岗位支出计算，其中A照司机1人，另外增加50%	32 000/人＋16 000	144 000
保险费	1项，包括公众责任险2 000元	9 600	9 600
图书更新	每月更新400册	30	144 000
采编人员费用分摊	全馆全年分编24万册，流动车图书占2%，采编人员费用62.4万元	—	12 480

续表

项 目	说 明	单 价	支出合计
油费	每个周期约 500 公里，全年按 26 个周期、百公里油耗 26 升计算	7.00	23 660
保养费	每 5 000 公里保养一次，全年约 3 次	1 200	3 600
零星维修等	全年按车价的 5％计算	—	20 000
合计			357 340

注：以两个星期为一个周期，全年 26 个有效周期计算。总馆为流动车运行承担的管理、技术支持等费用没有列入。

由于流动图书车的图书可以与总馆、分馆通借通还，因此，即使扣除图书更新费用，每辆流动图书车正常运行的年度经费需要 213 340 元，与财政核定的 13 万元经费相比，预算少了 83 340 元。这样，流动车的经费缺口就非常清楚，申请当年的追加、编制下一年度的预算都有了依据，争取起来也会相对容易得多。

二、公共图书馆成本核算与服务效益

公共图书馆服务效益的反映，方法可能不止一种，关键看其目的和需要用于什么方面。除前面介绍的大英图书馆对服务效益的评估，2010 年年底，《中国公共图书馆发展蓝皮书》(2010)正式出版，其中《杭州图书绩效评估研究与实践》[1]一文，对杭州图书馆的支出、效益等进行了全面的分析、对比和研究，并希望以此形成指标体系。

该研究的第一部分采用了比较法，即将杭州图书馆的一些指标分别与国内的一些省级图书馆、地市级图书馆和副省级图书馆

---

[1] 李超平，李国新，叶斌. 杭州图书馆绩效评估研究与实践[G]//公共图书馆研究院. 公共图书馆发展蓝皮书(2010)[M]. 深圳：海天出版社，2010：214-234.

相关指标的平均水平,以及国外一些同类城市图书馆进行比较。这个比较,从概率上说,只要水平超过平均水平,则比较的结果都是正向的,因此比较的结果形成了杭州图书馆一边倒的情况是非常正常的,实际意义是告诉杭州市政府,财政在杭州图书馆上的投入物有所值。与国外同类城市图书馆比较的结果是有差距的,这个比较既说明政府需要继续加大投入,同时告诉杭州图书馆需要不断改善服务。

第二部分采用了消费者剩余法和条件价值评估法。由于这种评估方法与成本核算有很大的不同,所以,本书略过,相关教材中会有介绍。其研究的结论是2009年杭州图书馆总效益为9 445万元,总支出为5 054万元,成本与效益之比为1∶1.868 8,即每投入1元钱给杭州图书馆,产生的效益为1.868 8元。

应该说,这也是一种反映图书馆效益的方法,特别是对一些原本模糊的效益,通过一定的方法,比较科学地反映出来,告诉社会、告诉政府,投给图书馆的钱没有白花,效益大于投入,从而赢得社会的肯定、政府的支持,特别是当评估由第三方独立作出时,可信度会更大一些。

在对具体的公共图书馆成本管理、向财政部门争取经费、与相关部门开展项目合作等方面,由于上述评估方法存在着条件假设,可能财政等相关部门并不能够完全认可。这时,成本核算成为考核公共图书馆服务效益的重要手段之一,通过成本归集、纵向比较和横向比较,这样的成本核算往往能够说明原来无法说明的图书馆利用公共资源的有效程度和办馆效益。

为了使公共图书馆的效益能够有说服力,公共图书馆可能需要先将自己置于不利的位置,然后通过成本核算,分析出即使处在不利条件的位置和效益相同时,其成本仍然低于相比较的对象。

苏州图书馆向市政府呈报的总分馆建设方案中,在分析苏州总分馆的效益时,把苏州分馆的成本、效益指标首先与苏州乡镇分馆比较(见表4.2)、与其他地区的分馆比较(见表4.3),再与全国县区级图书馆比较(见表4.4)。按理来说,苏州的分馆本身是社区图书馆,馆舍面积、文献藏量、人员数量、资金投入等与全国县区级图书馆相比较都不在同一个级别上,处境不利,也正因为如此,其比较的结果就会自然产生说服力,从而说明社区分馆的效益水平。

表4.2 2009年苏州图书馆分馆与苏州乡镇分馆到馆读者比较

	建成数(个)	开放数(个)	到馆读者(万)	平均每馆读者(万)
苏州乡镇分馆	62	40	30.7	0.77
苏州社区分馆	21	21	192.5	9.17

表4.2的数据比较,是要说明苏州图书馆的社区分馆与各县级市的乡镇分馆在馆舍、资源等方面并没有太大的差别,但因为苏州对社区分馆采用了紧密型管理的方式,特别是直接派遣工作人员,从而使效益大大高于乡镇分馆。

表4.3 各地区分馆效益情况比较

分馆名称	个数	时间跨度(年/月)	到馆读者(人次)	单馆月平均(人次)	年度支出(万元)	单位成本(元/人)
深圳横岗	1	10/1	5 917	5 917	—	—
深圳百旺信	1	10/1-3	18 623	6 208	—	—
深圳众冠	1	09/全年	104 328	8 694	—	—
深圳上沙	1	09/10-12	33 307	11 102	13	0.98
深圳福田	96	09/10-12	868 312	3 015	1 248	3.59
厦门图书馆	5	09/全年	231 937	3 866	—	—
苏州图书馆	21	09/全年	1 925 183	7 639	307	1.59
全国县级馆	2 491	09/全年	188 446 000	630	233 736.7	12.4

表4.3中,福田区、苏州市都是一个系统,以一个系统的平

均数与单个图书馆进行比较，在比较中会处于不利位置。事实上，深圳上沙分馆是福田区总分馆中效益最好的分馆之一，单独列出，则成为表中效益最高的分馆，如一起放在福田总分馆中平均，则效益就无法显现。从这一点出发，单独一个图书馆与全国县级馆的平均数进行比较，意义也有限，除非为了特殊的目的。从真正意义上的分析比较角度，应该是单馆与单馆比、系统与系统比、平均与平均比。但如果为了取得某种支持，单个馆与平均数比一下，有时也是必要的。

表 4.4 2010 年苏州图书馆总分馆系统、总分馆与全国地市级图书馆、县级图书馆服务成本比较

	个数（个）	总支出（万元）	单馆平均支出（万元）	到馆读者（万人次）	单馆平均读者（万人次）	读者接待成本（元/人）
全国地级图书馆	334	163 761.1	490.3	10 671	31.95	15.35
全国县级图书馆	2 512	252 480	100.51	17 971	7.154	14.05
苏州图书馆总馆	1	2 482.5	2 482.5	216.63	216.63	11.46
苏州总分馆系统	27	2 948	109.19	531.45	19.68	5.55
苏州图书馆分馆	26	465.5	17.9	314.82	12.11	1.48

注：全国地级馆、县级馆数据引自《中国图书馆年鉴》2011 卷，苏州数据引自统计数据。

表 4.4 的成本核算和比较，说明苏州图书馆尽管服务效益很高，单位服务成本低于全国地市级图书馆和县级图书馆的平均水平，但可以从结构分析中发现，总分馆比普通独立的图书馆产生更高的服务效益主要缘自分馆，正是分馆的低成本拉低了整个总分馆系统的服务成本。总分馆能够低成本的原因在于：分馆借助总分馆系统的资源共享节省了资源建设成本，借助总馆的管理、技术、后勤等节省了人员成本；反过来总馆借助分馆延伸了服务触角，分馆贴近读者，方便读者，降低了读者利用图书馆的成本，增加了读者利用图书馆的意愿和兴趣，培养了读者利用图书馆的

习惯，扩大了读者群，因此摊薄了图书馆运行的固定成本，从而使总分馆系统整体的服务成本比总馆下降了50%，实现了经济高效。

通过这种多角度、多方面的比较，苏州市财政部门充分肯定了苏州图书馆总分馆的低成本和高效益，并且在苏州图书馆几年总分馆建设的自主创新期间给予了很大的支持和帮助：购书经费从320万元增加到500万元，拨付100万元专款用于更新计算机管理系统，添置了图书调配车辆等。

三、公共图书馆成本核算与项目决策

公共图书馆在项目决策上的成本核算，一般都需要在事前进行，即不是传统意义上的成本核算，而是管理会计上的成本核算。

公共图书馆大型读书活动是否要开展、开展到怎样的规模，可能需要制定几套方案，每套方案都会涉及资金的使用、预算的控制。在几套方案中选择一套，这就是一种决策。而决策是一个复杂的过程，成本核算可以帮助决策更加科学和正确。

（一）成本核算与活动开展

公共图书馆所有的活动开展都需要成本，所以，活动开展的时间、地点、规模、方式、方法等都会影响成本。例如，在公共图书馆工作人员编制紧缺的前提下，在假期中开展活动的成本就会比平时大一些，原因是假期中所有工作人员的工作量饱满，开展活动抽调的人员会形成岗位空缺，需要招聘临时人员顶替，增加了人员开支；但从另一方面来看，假期中开展活动，参与读者会比平时多，活动所获取的效益较高。因此，公共图书馆是否选择假期举办活动，需要管理者进行权衡和比较：是效益大于成本，还是成本大于效益；或者需要采取一些其他措施配合活动的开展，如招募志愿者。而如果能够事先就考虑到招募志愿者进行培训、

建立稳定的志愿者队伍，其本身既是公共图书馆人力资源管理的内容（详见本书第五章），又是图书馆读者活动的一部分，一方面能够培养读者利用图书馆的习惯，另一方面又能支持其他活动的开展，体现了管理者在管理上较有前瞻性。

某公共图书馆需要了解读者的需求状况，以便有针对性地组织资源和开展服务，于是决定开展一次读者需求情况的调查。调查可以委托专业调查公司，也可以自己组织开展，不管采用何种形式，都需要一定的费用。为了知晓自己开展调查需要多少经费，也为了便于与专业调查公司讨价还价，图书馆都需要事先计算一下活动的成本。

本次设计调查使用抽样调查方法。考虑到公共图书馆从星期一到星期天的到馆读者的不同，为了符合抽样调查的随机原则，采用七天为一个调查周期，样本数量为每进馆20人发放一张调查表，每回收一张调查表发放一份价值2元钱的小礼品。

调查活动的人员费用：由于每天开放12小时，所以按每进馆20人发放一张调查表，也需要每天12小时发放调查表，同时还要有人回收调查表并发放礼品，所以，调查的人员工时为2人、7天、每天12小时，共计168小时，折合21个工作日。目前计算加班工资时，按每月20.75天计算，因此，21个工作日粗算1名工作人员的1个月收入，该馆年平均人员支出是8.1万元，即调查期间的人员费用为6 750元。如果调查前期准备（调查表设计、印制、礼品选购等）和后期的统计、分析、报告的时间是这个时间的一倍，则总的调查人员经费为13 500元。

调查表印制经费：按去年到馆读者人次216万计算，平均每周为4万人次，20人发一张调查表，合计需要2 000张，以每张0.2元计算，为400元。

礼品费用：2 000份，单价2元，为4 000元。

因此，自行开展读者调查的总成本应为 17 900 元。如果考虑聘请专业调查公司，考虑到它们出具的调查报告专业程度比我们更高，另外，企业总需要纳税和盈利，应该给它们加上 30%～50% 的计划利润和税金。如果是按加价 50% 可以成交，则专业调查公司的报价在 26 850 元以下时可以接受。

(二)成本核算与非基本服务

公共图书馆的非基本服务是一种有偿服务，虽然不是以盈利为目的，但实质上其管理、财务、考核评价等方面的要求与企业没有什么太大的区别。非基本服务中有一件很重要的事——定价，或者称确定收费标准。

公共图书馆非基本服务的定价既重要又复杂，原因在于它与企业的定价角度不同。企业产品定价是以产品成本＋计划利润＋应交税金来确定，也有的参考行业市场指导价或综合考虑市场供求关系后来确定。公共图书馆非基本服务的定价与企业产品定价不同，公共图书馆的收费服务以服务公平、收回成本、防止滥用为目的，因此，非基本服务的收费定价中不包括计划利润部分。但如果像企业这样在产品定价上减去计划利润就作为公共图书馆非基本服务的定价又未免太过草率和简单，因为这只考虑了一个方面，另一个方面则是非基本服务没有逐利性，没有了逐利性就没有了企业追逐利润的那种激情。而企业逐利的激情，会转化为技术创新、服务创新、管理创新的动力，从而不断降低产品（服务）单位成本。公共图书馆缺乏逐利激情，就会降低创新动力，使服务成本居高不下，也容易受到用户的批评，在用户对公共图书馆服务的免费与收费界定不清时更是如此。

因此，通过成本核算，可以使公共图书馆对收费服务的价格与市场价格有一个对比，对自身的服务成本的高低有一个清醒的认识，清楚地知道自己进一步降低服务成本的关键因素，从而既确定自己服务的定价，又不使服务价格超过市场价格。

如公共图书馆的复印收费，一般均处于亏损状态，原因是一般都使用市场定价确定收费标准，普通公共图书馆的复印业务量不足，使得边际利润不足以支付固定成本。即使如此，还有读者和专家认为复印收费标准定得太高，认为提供复印服务的工作人员费用已经由政府拨付。但实际上，复印服务的人员费用却是必须纳入成本核算的，原因在于这项收费是读者个体占用了读者全体的公共资源，理应收回后再投入到为全体读者的服务中去，除非把复印服务也纳入到基本服务中去由财政买单。笔者在美国考察时，发现美国公共图书馆一般也只提供每月5张的免费复印，超出部分需要读者自己支付。

参与市场竞争的复印服务企业，一般兼营打印、名片、印刷，有的甚至设计和制版，互相带动业务，并且兼有上游和下游业务。整个成本中，分摊给复印的仅仅是整个业务活动成本的一部分。而公共图书馆的复印业务是一项独立的服务，如有独立的工作人员，所有费用全部形成复印成本。这使得公共图书馆的复印成本居高不下。因此，在复印上的成本核算，至少可以告诉财政部门、告诉读者，公共图书馆在提供复印服务上没有赚钱。

（三）成本核算与社会合作

公共图书馆的经费短缺是常态，特别是在业务活动的开支上更是如此。因为业务活动与经费预算永远存在矛盾：相对有限的经费与相对无限的服务。一方面，在免费开放时代，公共财政应该保障公共图书馆服务的经费开支；另一方面，面对这种相对无限的服务，公共财政也只能是一种相对的保障。因此，公共图书馆在预算缺口、向社会寻求支持的项目，主要是业务活动。而在业务活动开展时，社会合作是公共图书馆经常采用的方法。

在社会合作上，一般采用合作对方出资、图书馆办事的方法。

这样，在合作时遇到的第一个问题是合作对方出资多少：出资不足，影响活动开展；出资多了，合作对方不愿意。面对活动成本的不确定，这种"多"与"少"也是不确定的，在图书馆还认为"少"的时候，可能合作对方已经认为"多"了。因此，对合作项目进行成本核算是合作成功的重要前提，也是这种合作能够持续的前提。

目前，公共图书馆在讲座上大量开展社会合作，案例很多，许多图书馆为了与社会合作，将讲座分成许多系列，如保健系列、非遗系列、企业系列、名家系列、少儿系列、科普系列等，以便于卫生部门、非遗保护部门、经济部门、宣传部门、文联、计生委（关工委）、科协等相关机构采用冠名、联办等形式展开合作。

在经济欠发达地区，开展社会合作相对难度大些，但并非没有可能。前面说过，一个地区至少会有供电、供水、供气、电信、移动、联通等企业，这些企业都是很有钱的，关键是如何沟通，如何说服它们在参与公益事业的同时，宣传企业、树立形象。另外，一个地区中的组织部门、宣传部门、计生部门、经贸部门、科技部门、新闻媒体也有大量的资源，而且也要开展类似的活动，公共图书馆都可以主动联络协调，取得支持。

如与媒体合作读者活动，让媒体联合冠名，媒体可能并不出资，但图书馆却因此节省了宣传费用，省钱即挣钱。而且，媒体合作读者活动后，一般还会进行深度报道，产生原来宣传上达不到的效果。

在社会合作上，成本核算可以避免原来用直觉判断而产生的失误，使公共图书馆在开展社会合作上实现合作共赢、持续发展。下面的例子，对避免失误可能有所帮助。

财政安排某图书馆年度专项业务费预算 50 万元，其中信息编印专项经费 10 万元。因此，剩余的读者活动经费为 40 万元，包括了讲座、展览、培训、读者调查、读者活动等开支。按照惯例，读者活动经费中的50%安排给讲座，即20万元经费。读者活动部有在编人员4名、公益性岗位4名，年度人员支出为45.2万元，也按50%分摊进讲座成本。另外，每场讲座会产生宣传预告费用2 000元，电费170元，饮用水50元，设备损耗500元。根据上述数据，我们列出了调整后的内部预算（见表4.5）。

表4.5 讲座内部预算

	场 数	讲师费（元）	宣传费（元）	水电费（元）	设备费（元）	人员费（元）	会场费（元）	合计（元）
名家讲座	24	96 000	48 000	5 280	12 000	54 240	72 000	287 520
企业讲座	12	48 000	24 000	2 640	6 000	27 120	36 000	143 760
保健讲座	18	18 000	36 000	3 960	9 000	40 680	54 000	161 640
科普讲座	12	12 000	24 000	2 640	6 000	27 120	36 000	107 760
地方文化	12	12 000	24 000	2 640	6 000	27 120	36 000	107 760
亲子阅读	12	18 000	24 000	2 640	6 000	27 120	36 000	113 760
其 他	10	20 000	20 000	2 200	5 000	22 600	30 000	99 800
合 计	100	224 000	200 000	22 000	50 000	226 000	300 000	1 022 000

表4.5的内部预算调整，实际上是对每个系列的讲座进行了一个成本核算，如果需要，则对每个系列还可以进一步细化。根据内部预算，讲座总预算为102.2万元，与财政预算20万元相比缺口很大。但作为公共图书馆的管理者心中应该清楚，此内部预算是为了与社会合作谈判时用的，实际支出并不需要这么大：财政已经安排了人员经费；会场费只是一种机会成本，即不在本馆报告厅讲座时才会发生；水电费在财政年度经费中虽已经安排，但超过部分仍需要图书馆支付；设备损耗最后形成的设备维修和更新，需要申请财政专项资金。因此，实际所需的资金是讲师费、宣传费。但是，与什么机构进行合作，这些成本中哪些需要收回，既需要管理者事先权衡，又需要管理者具备谈判技巧。

公共图书馆开展读者活动，特别是讲座，应该首先主动找媒体洽谈合作，合作的条件只要能免宣传费并进行深度报道就足够，但需要争取能够多家联合冠名，即每项活动至少让出一个联合冠名的额度。这样，既能够把宣传费用节省下来，又留出了与其他机构或企业开展合作的空间。

在讲座的社会合作中，较为容易的是接受上级组织、宣传、文明办等部门的委托。在开展学习型政党、学习型社会活动中，组织部门和宣传部门都有开展教育、举办讲座的任务，公共图书馆借助自身的人气优势和在举办讲座上的经验，主动联络沟通，成功的机会非常大。但是，与上级部门合作开展讲座，或者接受上级部门委托开设新的讲座，应注意不能计算宣传费、水电费之类的成本，在讲师费中可以多算一点，作为不可预见费即可，只要把委托工作做好，经费不足部分则能通过其他途径争取，或者以其他项目向这些部门申请经费补助，如以开展少儿读书活动向文明办申请未成年人思想道德建设专项资金的补助，以弥补在讲座委托上的资金不足。关键是公共图书馆要通过成本核算让这些部门知晓图书馆在接受委托时贴了钱。在与其他机构和企业合作开展讲座时，可以按内部预算计算的成本进行洽谈。例如，与科协合作12场科普讲座，则洽谈的合作费用底线应该是36 000元；如果是与企业合作名家系列讲座，则可以把前四项成本161 280元作为基数，把人员开支和会场费作为讨价还价的内容，能拿到全部或部分都行。如果按此条件洽谈成功，由于与媒体合作已经不再需要支付广告费用，所以能够收到其他合作机构支付的宣传费用，就成为图书馆讲座社会合作上的资金结余，可以用于弥补全馆专项业务费预算的不足。

(四)成本核算与方案选优

实际上，前面所述的读者调查成本核算已经涉及了方案选优。公共图书馆在正常运行和管理中，涉及的方案选优问题很多。但在基本服务中，可能更多地顾及读者的利益而放弃经济上的考虑，如前面说过的复印问题。相对来说，在开展非基本服务中，遇到方案选优问题时图书馆更有自主性。

除大型图书馆在个性化信息服务上可以产生较大的收益外，普通公共图书馆在非基本服务中，盈利能力较强、潜力较大的是社会培训。除了对读者免费开展的利用图书馆知识培训、阅读能力培训、对弱势人群知识培训等外，外语培训、写作培训、美术培训、书法培训、棋类培训、艺术培训等，都属于非基本服务范畴，可以收费。在开展非基本服务时，除了考虑收费多少（收费多了，没有人光顾；收费少了，形成亏损）的定价问题外，方案选优是一个重要问题，而且，在方案选优时，普通的思考有时会产生误区，影响判断。成本核算，特别是本量利分析是消除误区、准确决策的利器。下面的例子可以帮助理解本量利分析法，并对方案选优有一个正确的认识。

某图书馆拥有教室12个，除开展读者利用图书馆知识培训、馆员继续教育外，仍有相当多时间的闲置，因此，图书馆责成培训部借助其教室资源开展社会培训。培训部开展了英语、写作、棋类、日语四种培训。三个月后，培训部对各个培训进行成本核算：每种培训各用3间教室。教室的成本按每占用一间3 000元/月计算，上交给图书馆；通过对混合成本分解，计算分摊在培训上的管理人员成本为16 000元/月；教师费用按课时结算，单价100元；英语每月开班3个，每班有40名学员，收费300元/人，每班16课时；写作每月助工班6个，每班有30名学员，收费240元/人，每班16课时；美术每月开班6个，每班20名学员，收费160元/人，每班16课时；日语每月开班3个，每班10名学员，收费300元/人，每班16课时。培训部对每月的收支列表计算如表4.6所示（为了计算方便，我们忽略了税收成本）。

表 4.6　按完全成本法计算盈利　　　　　　（单位：元）

项　目	英语培训	写作培训	美术培训	日语培训	合　计
月收入	36 000	43 200	19 200	9 000	107 400
教室成本	9 000	9 000	9 000	9 000	36 000
教师成本	4 800	9 600	9 600	4 800	28 800
人员成本	2 667	5 333	5 333	2 667	16 000
盈余/亏损	19 533	19 267	−4 733	−7 467	26 600

按照上面的成本核算，美术培训和日语培训均为亏损，因此，培训部提出或者对亏损的两个培训项目提高收费，或者停办。但且慢，我们再按变动成本法进行计算，看一看结果如何。

美术培训的总收入为 19 200 元，变动成本为 9 600 元，边际贡献①为 9 600 元；日语培训总收入为 9 000 元，变动成本为 4 800 元，边际贡献为 4 200 元。由于四种培训的边际贡献均为正数，因而，需要继续深入计算分析，如表 4.7 所示。

表 4.7　按变动成本法计算盈利

项　目	英语培训	写作培训	美术培训	日语培训	合　计
每月班级数(个)	3	6	6	3	18
每班学员数(人)	40	30	20	10	—
每位学员学费(元)	300	240	160	300	—
每月培训收入(元)	36 000	43 200	19 200	9 000	107 400
每班课时(课)	16	16	16	16	—
总课时(课)	48	96	96	48	288
每课时教师成本(元)	100	100	100	100	—
每月教师成本(元)	4 800	9 600	9 600	4 800	28 800

---

①　边际贡献也称边际利润，是指销售收入减去变动成本后的余额，具有弥补固定成本和创造利润的特性。边际贡献是运用盈亏分析原理进行产品生产决策的一个十分重要指标。参见：杨红玉. 管理会计[M]. 上海：立信会计出版社，2007：62.

续表

项　　目	英语培训	写作培训	美术培训	日语培训	合　　计
边际贡献（按变动成本法四个项目全为盈利）(元)	31 200	33 600	9 600	4 200	82 800
每月教室成本(元)	9 000	9 000	9 000	9 000	36 000
每月工作人员总成本(元)	colspan=4	16 000	16 000
每月工作人员分摊成本(元)	2 667	5 333	5 333	2 667	16 000
盈利水平（按完全成本法四个项目中两个为亏损）(元)	19 533	19 267	−4 733	−7 467	26 600
停办美术、日语多分担的成本(元)	2 667	5 333	0	0	—
停办两个项目后的盈利水平(元)	16 866	13 934	0	0	30 800
仅停办日语应多分担的成本(元)	667	1 333	667	0	—
停办日语项目后的盈利水平(元)	18 866	17 934	−5 400	0	31 400

从表4.7的计算分析结果得出，由于停办美术和日语培训两个项目，固定成本需要分摊到继续开办的项目中去，所以停办两个项目的利润数比仅停办日语培训的盈利水平要低。因此，仅按表4.7的计算分析，应该停办日语培训项目，而保留美术培训项目。

这样就完成项目取舍的决策了吗？答案是否定的！我们给出的条件是教室费用由会展培训部门上交图书馆，而刚才的计算仅仅是站在会展培训部的部门利益之上的，并没有从全馆的角度来思考。因此，我们再继续分析下去：教室费用对会展培训部来说是一项固定成本，对图书馆来说是机会成本。会展培训部少办一个项目，闲置了三个教室，图书馆就少收入了9 000元/月，所以，如果加上机会成本，可能计算的结果就是另外一个结果。按表 4.7 继续计算：停办日语的全馆效益是 58 400 元(31 400＋27 000)，停办美术和日语的全部效益是 48 800 元(30 800＋18 000)，四个项目全部举办的全部效益是 62 600 元(26 600＋36 000)。因此，从全馆的利益出发，两个亏损项目至少目前一个也不能停办，暂时也不需要提高收费，除非找到效益更高的培训项目来替代。当然，如果教室是租来的，教室使用费用并没有上交图书馆，停办培训可以少交教室租金，则停办日语培训项目是正确的选择。

四、公共图书馆成本核算的其他问题

(一)读者利用成本

公共图书馆是民主社会的一种制度[①]，设置这种制度的目的是为了提供终身教育的场所和机会，提高全体民众的科学文化素质、价值判断和参与社会管理的能力，并保障社会的信息公平。读者利用不利用公共图书馆、利用频率的高低，很大程度上取决于公共图书馆的设置是否处于他们活动的范围之内，以及他们到达的方便程度，实际上，读者是否利用图书馆很大程度上取决于他们利用图书馆需要花费多少时间成本和交通成本。他们在利用图书馆的成本上如果低到足以使他们可以忽略不计，至少物有所值，那么，他们一定会愿意接受图书馆的服务，公共图书馆也一定会"人丁兴旺"。

因此，公共图书馆在彰显自身价值中，一方面需要从图书馆本身的成本、效益出发，寻找成本最低、效益最高的组织方式和服务模式；另一方面还需要从读者利用图书馆成本的角度，寻找

---

① 李国新. 图书馆制度是支撑社会和谐发展的重要基石[N]. 人民日报，2006-01-13(16).

读者利用成本最低的途径。构建全覆盖的公共图书馆服务体系，不仅是为节约公共图书馆的运行成本，而且也是为了将公共图书馆置于读者方便使用的地方，降低读者利用图书馆的时间、交通等成本。读者能够以很低的成本便享受到公共图书馆服务，就会逐步养成利用图书馆的习惯。正是这种办馆理念的驱使，北京、上海、深圳、东莞、佛山、苏州、嘉兴、厦门、哈尔滨等地的图书馆，不遗余力地推动总分馆和服务体系建设。在这个过程中，有的以方便读者出发，有的以扩大读者群出发，有的以提高服务效益出发，但从深层次来分析，都自觉或者不自觉地从降低图书馆与读者两个方面的成本着手。我们从屈义华[1]、余子牛[2]、李东来[3]、李超平[4]、林丽萍[5]、周英雄[6]、邱冠华[7]等人的研究成果，可以发现在总分馆建设成功的这些地区，都有意识地确立了降低成本、提高效益的办馆理念，而且在实际工作中将其贯穿始终，苏州图书馆更是旗帜鲜明地把"平等、免费、专业、礼貌、高效"作为办馆宗旨，放在网站主页的显眼位置，张贴在许多分馆的墙上。

---

[1] 屈义华. 公共图书馆服务创新——佛山市禅城区联合图书馆的实践与思考[J]. 图书馆论坛，2005, 25(6)：305-307.

[2] 余子牛. 效益是这样产生的[J]. 图书与情报，2008(6)：119-122.

[3] 李东来. 让更多的人享受图书馆：东莞城市图书馆发展的思考与实践[J]. 山东图书馆学刊，2009(1)：40-44.

[4] 李超平. 中国公共图书馆服务体系"嘉兴模式"研究[J]. 中国图书馆学报，2009(11)：10-16.

[5] 林丽萍. 厦门市图书馆托管型分馆建设实践及思考[J]. 图书与情报，2010(6)：109-112.

[6] 周英雄. 深圳市宝安区公共图书馆服务体系建设探索与未来发展[J]. 图书与情报，2011(1)：86-90.

[7] 邱冠华，等. 公共图书馆的设置与体系研究[J]. 中国图书馆学报，2010(2)：9-17.

(二)技术进步成本

在降低成本,特别是人力成本上,许多人的思维方式是依靠技术进步和新设备的使用,其实是进入了一个误区。准确的说法是技术进步和新设备的使用可以提高效率或者降低单位成本,而总的成本支出只会比原来有所上升而不是降低。

首先是新技术的运用需要投入,这增加了建设成本,若干年后还会增加更新成本,这应该不难理解。

其次是新技术的运用需要增加职能部门,需要增加能够操作新设备的专业人员,如计算机技术的应用,原来的图书馆没有计算机专业人员,但现在的图书馆如果没有计算机专业人员就无法开馆。而同时,原来的服务一样都没少,所以,增加设备一般只会增加而不是减少工作人员。

再次是新设备的运行、维护和配套成本。设备运行需要保养、维护,所以需要专门的技术支持人员,或者需要支付外包费用;而且,新设备在公共图书馆的使用,往往需要其他部门的配合,设备如何与图书馆理念和专业相结合,技术人员必须与图书馆专业人员相互配合,即使是自助借还书系统,除了设备本身的技术维护外,还需要图书的分拣和配送、对预约读者的响应、提供远程咨询服务。所有这些,都产生成本,因此总成本只会上升。

最后是新设备的更新、升级成本。技术总在不断地发展,新技术不断替代原有技术,所以设备需要不断升级和更新,这也会产生成本。

因此,使用新技术、新设备,准确的说法是可以提高效率,但一般不能降低成本,也很少可以减少工作人员(除非同时购买服务,才可能减少工作人员)。

技术进步是必由之路,公共图书馆从不排斥新技术,而是紧跟时代脚步,充分运用技术革命的成果为读者服务。因此,上述内容并无意反对新技术和新设备的应用,而是提醒公共图书馆的管理者：在新技术、新设备的应用上，应该主要着眼于提高图书馆的服务效益和读者利用图书馆的便利程度；从成本方面而言，主要着眼于通过效率的提高而使得单位成本有所下降，切不可本末倒置。弄清这些，对有些决策会有帮助：如外借流量很大时，可以考虑使用自助借还书机，能够方便读者、减少读者排队的时间，但不要把主要目的放在可以节省外借部门的工作人员上，一是因为仍有读者需要使用人工外借服务，二是节省下来的外借处工作人员，可能不足以抵消因采用自助借还书机而需要增加的后台工作人员，更不可能使外借的总成本比原来有所降低。当然，因为方便了读者，读者利用图书馆的积极性会提高，因此增加了外借数量、提高了图书馆的服务效益，而且使效益的提高幅度比成本增加幅度更大，从而摊薄了服务的固定成本，使单位成本有所下降。

由于公共图书馆是非营利组织，如果在新技术、新设备的应用上，政府不计成本，那么对公共图书馆管理者来说，可能也觉得无须考虑成本因素。但事实上，政府公共资金的多少是建立在经济发展基础之上的，出现波动很正常，国外发达国家也出现过削减公共图书馆经费的情况。据笔者2012年在美国考察的情况，过去四年中，美国公共图书馆的经费减少了15％，造成专业馆员减少20％。作为公共图书馆的管理者，眼光必须长远，只有持续地降低成本、提高效益，才是实现可持续发展的根本之路。

【本章小结】

成本与效益是一对孪生子，公共图书馆的效益需要通过成本核算才能真正得到反映。对公共图书馆而言，成本核算的目的与企业不尽相同，它更多地需要事前核算，即使用管理会计的成本计算方法。通过成本核算，能对工作目标的完成、预算支出的控制、追加经费的争取、收费标准的确定、服务效益的彰显、合作项目的开展以及项目方案的决策等提供帮助，从而提高公共图书馆的管理水平。

【思考题】

1. 公共图书馆开展成本管理的意义是什么？
2. 成本核算的方法有哪些？
3. 寻找一个你所在图书馆的项目，先写下自己的主观判断，然后用本量利分析法进行计算，能得出什么结论？与主观判断有什么差异？
4. 政府购买前提下，请对你所在图书馆的历年效益指标（不少于三个）作一个对比，然后作出一个简单的分析报告。

【推荐阅读】

1. 吴建中. 21世纪图书馆新论[M]. 2版. 上海：上海科学技术文献出版社，2003.
2. 公共图书馆研究院. 公共图书馆发展蓝皮书（2010）[M]. 深圳：海天出版社，2010.
3. 陈道斌. 管理会计——科学管理与决策的工具[M]. 北京：中国金融出版社，2010.
4. 吴晶. 管理会计最新实务指南[M]. 北京：中国纺织出版社，2010.
5. 乐艳芬. 成本管理会计[M]. 2版. 上海：复旦大学出版社，2010.
6. 张世体. 成本会计[M]. 上海：立信会计出版社，2005.

第五章 公共图书馆人力资源管理

【内容提要】

人力资源是公共图书馆首要的、能动的决定性资源。人力资源管理作为图书馆科学管理的重要组成部分，直接影响着图书馆目标的实现。本章重点讲述了人力资源管理与人事管理的区别，公共图书馆实行职业准入和从业人员聘用、继续教育、聘任、晋升、分配制度改革的意义和方法，公共图书馆团队建设等相关内容。

第一节 从人事管理到人力资源管理

随着社会经济的发展，人的决定性作用日益凸显。人们越来越认识到人力是一种资源，是社会活动中具有特殊重要意义的因素。就公共图书馆而言，拥有一支优秀的馆员队伍比拥有一套《四库全书》重要得多。因而，公共图书馆的管理必须以人为中心，要为馆员创造一个良好的成长环境。如何吸引人才，留住人才，造就一支高素质、高凝聚力的员工队伍，将成为事业成败的关键。

一、管理方式的确定

中国古代的管理，基本上都以人的管理为主，它是任何社会所不可缺少的、内在的固有属性。管理方式是人的管理的具体应用，它是利用人的需要来规范、引导人的行为的一种手段，是在一定的管理环境中管理主体采取具体管理方法时所依据的原则。

美国心理学家埃德加·沙因提出人是复杂的[①]，同时具有经济人、社会人和自我实现人三种属性，管理者对人的属性的认识决定着他们采取何种管理方式。

(一)物质刺激型管理方式

在经济人假设下，管理者认为人是理性的，仅有单纯的经济需要，人的活动是由经济动机驱使，以追求个人利益为目标。相应的，管理者主要采取物质刺激型管理方式，即围绕满足人的经济动机，依据劳动者的行为结果，给予不同数量的物资奖励以满足劳动者的物质需要，用经济刺激手段来加强对员工的管理，并且通过严格的制度管理来指挥与控制员工的非理性因素(情感)对工作的影响。

(二)情感交流型管理方式

在社会人假设下，管理者认为人们在进行工作时会将物质利益放在次要的位置，而将与周围人的友好相处、满足社会与归属的需要放在首要的位置。人的社交需要超过经济需要，社交需要是人类行为的基本激励因素。相应的，管理者主要采取情感交流型管理方式，即关注下属的社交需要和情感，体贴、爱护与尊重员工，建立融洽的人际关系，强调利润分享，注重集体奖励，倡导员工参与管理与决策，共同实现组织目标。

人既是有生命的自然存在物，又是社会存在物，人只有在一定的社会联系中才能从事劳动。而人们在长期的劳动过程中必然形成彼此间情感的依赖，它表现为一种社会心理需要倾向，它包括要求与其他人保持良好的关系，希望有归属感和认同感等。这种社会心理需求要通过个人所处环境的改善而得到满足。因此，

---

① 埃德加·沙因.沙因组织心理学[M].马红宇，等，译.北京：中国人民大学出版社，2009：96.

情感交流型管理方式强调劳动者之间的横向配合关系和劳动者与领导之间的纵向从属关系均和谐融洽，从而改变劳动者的精神状态，激发劳动者的积极性、主动性和创造性。

(三) 内在激励型管理方式

在自我实现人假设下，管理者认为人基本上是自我激励、自我控制的，自我实现是人类的关键激励因素，是建立组织和管理员工的基本原则。这种理论认为人在生理、安全、社交、尊重这些需要满足后，主要追求的是自我实现的需要，这是个体最大程度利用自身所有的能力和资源的需要。因此，管理者主要采取内在激励型管理方式，即创造一个使员工充分发挥才能的工作环境，通过让员工承担挑战性的工作、担负更多的责任来对其进行激励，采用各种方式使员工通过工作产生骄傲、产生自尊，并实现自己的价值，满足自我实现的需要。在这种方式下，管理者会在员工中树立群体的价值观，用价值观引导人们的行为，并以组织目标的实现作为个人自我价值实现的前提，使个人自我实现需要与组织利益目标紧密相联。

在实际管理中并不能将管理方式建立在某一种假设上面。霍桑实验结果早就提出人不仅是经济人，而且是社会人，在正式组织外存在着非正式组织；马斯洛的需要层次论提出人在不同阶段存在着不同的需求。因而，不同的管理方式对不同的人会产生不一样的结果，同一个人面对不同的管理方式，其反应也是不一样的，每一种管理方式对人的行为影响效果更是千差万别。由于人是复杂的、多变的，会随着年龄、知识、地位、生活以及人与人之间关系的变化，在不同的情境下出现不同的需求，因此，没有一套适合于任何时代、任何人的万能的管理方式。管理者需要在实际中针对不同的管理目的和管理对象，确定相应的管理方式，实施可变的、灵活的管理措施，因时制宜，适事、适地、适时采取相应的、综合的管理人的方法。

二、人事管理与人力资源管理的区别

早期对人的管理被称为人事管理，是人力资源管理发展的第一阶段。人力资源是指一个单位拥有的可用于生产活动的潜在的劳动力。人力资源是所有资源中最有生产力、最多才多艺、也最丰富的资源。[①] 管理学中的"人力资源"概念最先由彼德·德鲁克在其1954年出版的《管理的实践》一书中提出。在这部学术著作里，德鲁克提出了管理的三个更广泛的职能：管理企业、管理管理者、管理员工和工作。在讨论管理员工和工作时，德鲁克引入了"人力资源"这一概念，并指出"把员工当成资源"是管理员工和工作的核心要素之一[②]。公共图书馆的人力资源，主要是指馆员，但也包括了馆外可利用的人力资源，如志愿者、外聘专家、合作伙伴等。

人力资源管理是对人力资源进行有效开发和合理配置的一系列制度和方法的总和。[③] 在20世纪50年代初至60年代初，人事管理开始向人力资源管理转变，这种转变适应了后工业化时代经济和社会发展的要求。从人事管理到人力资源管理，不仅仅是名称的变化，而是在管理理念和实践上发生了根本性变革。现代人力资源管理与传统的人事管理有着本质的区别，人力资源管理更具有科学性、长远性、全面性和战略性。

（1）将员工视为组织最重要的资源，使人力资源管理与组织发

[①] 彼得·德鲁克. 管理的实践[M]. 齐若兰, 译. 北京：机械工业出版社，2006：218.

[②] 同上书，219页.

[③] 刘兹恒, 徐建华, 张久珍. 现代图书馆管理[M]. 北京：电子工业出版社，2010：174.

展密切结合在一起。传统的人事管理将人看作是一种成本，是被管理、被控制的对象。人事部门是一个辅助的管理部门，只进行人员配备及管理，如招聘、调配、工资福利管理等重复性的事务工作，因而，它在组织中的地位不高。现代人力资源管理则将人看作是组织中最重要的资源，承认员工是组织发展的第一位资源，是一种凌驾于自然资源、资本和信息等资源之上的主导性资源，是组织最宝贵的财富。人力资源管理成为组织战略管理中不可分割的重要组成部分，直接关系到组织的成败。人力资源管理与组织发展战略密切相关，成为组织管理者的主要职能之一。

(2) 着眼于未来，注重人力资源的预测、规划和开发。传统的人事管理关心的是眼前问题，如为组织补充人员、考勤、考核、发放工资等，强调的是组织成员的现状，只注意使用现有人员的现有才能，很少进行长期的人力资源的预测、规划和开发。人力资源管理则不同，它不但要考虑目前人才的需要和人员的配备，而且更着眼于未来，重视人力资源的规划与开发。它要根据组织的长远发展战略、目标和任务，预测组织对人力资源的需求，并采取各种措施来满足这种需求，如提供各种形式的培训和发展机会。它把在吸引人才、培训人才和激励士气方面的投入当作一种重要的投资，更多地考虑如何开发人才的潜力，增加人力资源的储量，以不断提高组织的效率。

(3) 管理的范围更广泛，内容更丰富。传统人事管理的范围较为狭窄，主要针对正式组织。而现代人力资源管理的范围已从正式组织扩大到非正式组织，包括团队，员工与用户、员工与其他组织合作者之间的利益共同体，上层领导与下层员工为重构组织所需的合作体等。传统人事管理的内容较为简单，主要从事人员录用、考核、奖惩、工资管理等业务，而且这些业务往往是被分割的。人力资源管理的内容则更丰富，除了传统人事管理的各项业务外，增加了许多新的工作内容，如人力资源规划及预测、人力资源的开发及培训、员工的业绩评估及奖励、员工的沟通与参与、疏通员工的交往渠道、寻求激励员工的方法、创造愉快的组织环境及文化气氛等。它要求将组织的所有人员，甚至包括能为组织所用的组织以外的人力资源，如图书馆志愿者，进行统一的规划、预测及安排，制定恰当的选拔、培养、使用、调配、激励等政策措施，以充分开发人力资源，调动员工的积极性和创造性，增强组织活力，提高组织效益。

（4）体制及方式更加灵活，特别重视培养员工对组织的认同感、责任感及自我管理的能力。传统的人事管理一般将组织中的员工看作是被动的工具，他们的存在是为了满足组织工作的需要。与工作相比，员工是次要的，地位是附属性的。因而在管理活动中，比较强调管制、监控等方面的功能，对组织中的员工进行刻板、严格的监督和控制，员工很少有机会参与组织的重大决策及管理事务。相反，人力资源管理将组织中的人作为组织发展的主体，人与工作相比，人具有广泛的能动性，他们拥有不同的知识和技能，能够主动适应不同种类与性质的工作需要，完成组织的工作任务。因此，人力资源管理注重的是塑造组织人才成长的环境，确立员工在组织中的主体地位，发展激励、保障、服务、培训等引导性、开发性的管理功能。人力资源管理采用的是灵活的管理体制和更加人性化的管理方式，它希望组织的不同部门要用系统的方法有效运作，同时朝着组织总目标的方向一致努力，使人力资源为实现组织的目标作出更大的贡献。它相信员工、关心员工、爱护员工，重视培养员工对组织的认同感、责任感和使命感，使员工与管理层建立良好的关系，形成命运共同体。它强调创造各种条件，尤其是新的组织文化的氛围，让员工参与组织的决策与管理，采用各种自我指导和自我管理的措施，充分发挥员工的积极性、主动性和创造性。

三、公共图书馆人力资源管理的目标与任务

(一)公共图书馆人力资源管理的概念

图书馆人力资源管理,是指运用科学方法,对馆员、馆外志愿者等进行合理的培训、组织和调配,同时对他们的思想、心理和行为进行恰当的诱导、控制和协调,以实现图书馆目标的过程。简而言之,指图书馆人力资源的获取、整合、保持激励、控制调整及开发的过程。具体而言,即公共图书馆通过对人力资源要求的分析,不断地获得人力资源;通过招聘、选拔、安置和提升,把人力资源整合到组织中;通过考评和确定报酬,保持和激励他们对组织的忠诚与积极性,控制他们的工作绩效;通过培训和培养,开发他们的潜能,以支持组织目标的实现。

根据定义,可以从两个方面来理解图书馆人力资源管理。一方面,把人力看成是资本,对人力资源外在要素——量的管理。对人力资源进行量的管理,就是根据人力和物力及其变化,对人力进行恰当的培训、组织和协调,使二者经常保持最佳比例和有机的结合,使人和物都充分发挥出最佳效应。另一方面,把人力看成是资源,对人力资源内在要素——质的管理。主要是指采用现代化的科学方法,对人的思想、心理和行为进行有效的管理,包括对个体和群体的思想、心理和行为的协调、控制和管理。它要求管理者从理念上尊重人,从制度上关心人,为员工及志愿者等创造良好的工作环境和生活条件,注重人的心理与行为特征,注重调动人的主观能动性,使人的潜力得以充分发挥和利用。

其实,公共图书馆还应该把馆员当成客户。一方面,馆员与公共图书馆之间存在着雇佣的契约关系;另一方面,公共图书馆提供的服务来自于馆员的工作效率和素质,服务质量和工作效率

高低的关键在于是否具有一支优秀的馆员队伍，这支优秀的馆员队伍发挥出积极性的前提是他们对这个图书馆满意，他们的需求能够得到满足，他们的个人价值能够实现。因此，公共图书馆应该把馆员当成客户，为他们提供"产品"和服务，让他们满意，从而提高馆员的忠诚度和责任感。

(二)公共图书馆人力资源的重要性

世界上任何国家的图书馆要想维持其生存与发展必须依靠三项资源：(1)硬件资源，包括馆舍、图书、设备。(2)财务资源，即经费。(3)人力资源，包括馆员、志愿者、外聘专家、合作伙伴等及其潜在人力。在这三项资源中，人力资源的作用是第一位的，它是首要的能动性生产要素，其他一切物质资源均被动地由人力使用与推动，任何一项资源的合理运用，最终都取决于人的开发和利用程度。人力资源是公共图书馆生存与发展的生命线。

列宁认为图书馆的灵魂是图书馆员，著名图书馆学家阮冈纳赞曾说过，"不管图书馆坐落在什么地方，开馆时间和设备情况怎样，一个图书馆成败的关键还是在于图书馆的工作者"[1]。在美国图书馆界也有这样的共识：在图书馆服务所发挥的作用中，文献信息资源占20%，图书馆各种设施占5%，而图书馆员占75%。[2]图书馆员是公共图书馆最重要的资源和财富，图书馆要利用文献资源为读者服务，靠的是文献资源的开发者，如果没有专业的图书馆员对文献资源进行整理与开发，即使有充足的文献、最现代化的设施设备，也不可能有优质的服务。

---

[1] 袁咏秋，李家乔. 外国图书馆学名著选读[M]. 北京：北京大学出版社，1988：263.

[2] 吴建中. 21世纪图书馆员的使命[J]. 图书馆杂志，1999(3)：22-24.

图书馆人力资源的状况决定着公共图书馆服务的专业化水平。① 公共图书馆服务的专业化既是每一位馆员在专业技能、职业精神、服务态度等的综合反映，又是全体馆员在这些服务要素上的集中体现。所以只有高素质的专业图书馆员，才可能提供高水平高质量的公共图书馆服务，优秀馆员的多少决定着研究成果的质与量，服务的深度与特色，对图书馆的发展及功能的发挥至关重要。而且，馆员效能的发挥最具弹性和活力，一旦出现管理失误，其负效应也最具破坏力，一个图书馆虽然有丰富的馆藏与充足的经费，但如果用人不当或管理失误，就很难发挥其应有作用。所以，人力资源是宝贵的战略资源，对公共图书馆的生存与发展具有决定作用。

（三）公共图书馆人力资源管理的目标

公共图书馆人力资源管理的基本目标，简要来说有三个方面：（1）保证组织人力资源的需求得到最大限度的满足。（2）最大限度地开发和管理组织内外的人力资源，促进组织的持续发展。（3）维护与激励组织内部的人力资源，使其潜能得到最大限度地发挥。具体而言，即根据图书馆发展的要求，通过有计划地对人力资源进行合理配置，搞好图书馆员工的继续教育和人力资源的开发，以培养高素质全面发展的员工队伍；通过采取种种措施，激发图书馆员工的积极性，让图书馆员工能充分开发潜能、自我激励，发挥最大的主观能动性，做到人尽其才、才尽其用；通过岗位绩效薪酬制度使人与事相宜、事与职匹配，人、事、职能效益达到最大化，优化图书馆的工作，提高服务效益；通过建立团队学习文化，增强图书馆的凝聚力，使图书馆成为不断进步、优质服务

---

① 关于图书馆专业化的论述，参见：于良芝，等. 公共图书馆基本原理[M]. 北京：北京师范大学出版社，2012.

的公益文化机构,最终满足民众的精神文化需求,实现公共图书馆的使命。

(四)公共图书馆人力资源管理的任务

公共图书馆人力资源管理要求管理者针对图书馆的特点做好选人、育人、用人与留人的工作,包括图书馆人力资源规划、招聘及聘用、岗位安置、培训开发、绩效考核、薪酬福利政策、组织文化建设等内容。

其主要任务:(1)通过规划、招聘、组织和调配等方式,吸引及选聘适当的人才,保证图书馆有一定数量的专业人员,满足图书馆事业发展的需要。(2)通过各种方式和途径,有计划地加强现有员工的继续教育,不断提高其科学文化知识和专业技术水平,不断增强其能力。(3)结合员工的具体职业生涯和发展目标,搞好对员工的选拔、使用、考核和奖惩,做到及时发现人才、合理使用人才和充分发挥人才的作用。(4)采取各种措施,包括组织文化建设、构建学习型团队、沟通和激励等方法,开发员工的潜能,激发员工的积极性,提高工作绩效,提高馆员对图书馆的忠诚度。

第二节 公共图书馆的职业资质与继续教育

公共图书馆服务的专业性对图书馆员的职业素养提出了专业化要求,反过来说,馆员的职业素养决定了提供服务的专业化程度。因此,专业化馆员队伍是公共图书馆履行职责、完成使命的重要保证。而建立科学合理的执业入口——招聘具有与图书馆专业岗位相匹配的专业人员,同时建立继续教育制度使馆员队伍的专业素质在新形势、新技术下与时俱进,是图书馆建立专业化馆员队伍的两个主要途径。

一、图书馆从业人员的职业资质

职业资质也称职业资格，是一个人从事某种职业所需要的专业知识和基本技能应该达到的相应水平，以及应该具有的职业能力和职业经验。[①]

职业资质不同于职称，职称是知识能力的综合反映，是对知识能力的垂直比较，可划分不同等级，不同行业间具有可比性。职业资质则是针对具体行业而言，是就个人知识能力同行业要求相比较，不同行业不具可比性。现在国家实行的职业资质证书制度，是劳动就业、用人制度的一项重要内容。职业资质证书表明劳动者具有从事某一职业所必备的学识和技能，是劳动者求职、任职，甚至是企业开业的资质凭证，是用人单位招聘、录用劳动者的主要依据，也是境外就业、对外劳务合作人员办理技能水平公证的有效证件，由此可见职业资质对职场从业人员的重要性。要想获得个人职业生涯的发展，每个职场从业人员都应当具备相应的职业资质，以期进入更高层次的职业境界。

任何一种职业都有特定的知识与技能。对于公共图书馆从业人员而言，其职业能力主要体现在以下方面。

(一) 系统掌握图书情报专业知识或其他学科专业知识

从学科专业知识来看，根据公共图书馆的工作职能，它既要对文献进行收集、组织和整理，又要从事文献的传递和使用工作，还要开展参考咨询和策划讲座、展览等读者活动。所以公共图书馆既要有图书情报专业的人员，又要有其他各学科专业造诣比较深的专业人才。两方面的人才各有所长，只有使这两方面的人才实现有机组合，达到优势互补，才能卓有成效地开展图书馆的各项工作。

---

① 古剑. 职场论语[M]. 济南：山东人民出版社，2010：211.

(二)掌握现代信息技术

随着信息技术的发展和它在图书馆的广泛应用，图书馆员的首要任务就是要了解计算机硬件和其他网络设备的开发平台，了解各种操作系统及应用软件的功能、结构、安装和使用技术，能够熟练掌握和操作各种图书馆服务软件。此外，还要能运用多媒体技术，为读者提供图、文、音一体化的信息服务。尤其是图书馆计算机系统及网络维护人员，更要系统掌握计算机软硬件专业知识。

(三)有一定的英语水平和汉语表达能力

由于大多数信息技术界面的信息交流都采用英文，目前网上信息90％以上是英文信息，可以说英语是国外先进知识、经验传播和记载的语言媒体。图书馆员只有掌握一定的英语知识，拥有一定的英语水平，才能熟练查阅国外文献资料，充分利用网上信息为读者服务。此外，图书馆工作中要处理大量中文信息，还要与各种各样的用户打交道，语文能力显得非常重要。图书馆员只有具备准确流畅的汉语表达能力和过硬的文字功夫，才能较好地与用户沟通，才能准确、清晰、简明地撰写各种报告、综述、文摘、书评、工作总结以及较高水平的研究论文。

为了对图书馆专业人员的上述的职业能力进行综合评估，图书馆职业资格认证制度应运而生。图书馆员职业资格认证制度，也称为图书馆员职业资格证书制度，其中包括图书馆职业准入制度。该制度是按照国家或图书馆行业组织制定的职业技能标准和任职资格条件，通过政府主管部门认定的考核机构，对图书馆从业者的技能水平和任职资格条件进行考核和鉴定，对考核合格者授予相应的证书。获此证书者，就获得了从事图书馆职业的资格。[①] 在国外，图书馆聘用从业人员普遍实行了职业准入制度；

---

① 吴慰慈. 图书馆职业资格认证制度[J]. 图书馆建设，2004(2)：7-8.

而在国内，由于种种因素，图书馆聘用从业人员还没有实施职业准入制度。

二、公共图书馆从业人员的聘用

(一)国内公共图书馆馆员的聘用

我国公共图书馆的从业人员分为事业编制人员和事业编制外人员两种。事业编制人员主要通过公开招聘或平级调动进入公共图书馆。编外人员(人事和财政部门也对使用数量有一个控制指标)主要通过内部招聘、公开招聘、劳务公司派遣三种方式进入公共图书馆。图书馆在招聘工作人员时，一般在机构编制部门核定的编制数额和人员结构比例、政府人事行政部门下达的增加人员计划内进行。下面主要介绍公开招聘编内人员(正式员工)的三种方式。

1. 参照公务员招聘

个别公共图书馆，如深圳图书馆，参照国家公务员录取方式招聘馆员。我国公务员采取公开考试、严格考察、平等竞争、择优录取的办法录用工作人员。公务员考试的岗位要求相当细致、严格，一般通过笔试和面试考察考生的各方面能力，考试内容根据公务员应当具备的基本能力和不同职位类别分别设置。招录单位根据考试成绩确定考核人选，并对其进行报考资格复审、考核和体检。

2. 按事业单位人员录用办法招聘

多数公共图书馆按事业单位人员录用办法招聘馆员。招聘工作一般按照发布公告、报名、资格审查、笔试、面试、体检、公示以及实施聘用等程序进行，由组织人社部门、公共图书馆主管部门及公共图书馆三方共同协作完成。

公共图书馆根据单位发展目标、编制空缺情况以及对应的岗位要求确定招聘需求，制订招聘计划和实施方案，提出招聘岗位所需条件要求。人社部门通过官方网站发布招聘简章，公布招聘岗位及应聘条件。应聘人员经报名通过资格审查后参加笔试，笔试分公共科目和专业科目，大多数公共图书馆只考公共科目，少数公共图书馆，如浙江图书馆，既考公共科目又考专业科目。笔试入围者参加综合测试，综合测试包括专业加试和面试，有的公共图书馆不考专业加试。笔试主要由人社部门负责，综合测试一般由公共图书馆及主管部门统一集中组织实施，最后，拟聘用人员在接受体检、考察和公示后，合格者按照人事管理程序办理录用手续。

3. 自行招聘

少数公共图书馆，如广西图书馆、广州图书馆和杭州图书馆，已在人社部门和上级主管部门的监管下自己组织公开招聘工作。自行招聘与按事业单位人员录用办法招聘相比，招聘的程序相同，但在笔试和面试环节有了自主权，测试的内容则更具有针对性。笔试内容除了综合知识外，进一步突出了岗位所需的专业技术知识，主要测试应聘人员的专业基础知识是否与应聘岗位相匹配。面试一般采取提问答辩结合专业操作的办法，主要考察应聘人员的综合素质，包括语言表达能力和实际运用能力等。在招聘岗位条件设置上，实行自行招聘的公共图书馆对应聘人员设置了准入门槛，根据不同的岗位对应聘人员的学历、专业和经历有相应的不同要求。例如，杭州图书馆2011年面向社会公开招聘6名工作人员，公布的岗位和条件如表5.1所示。①

---

① 杭州图书馆公开招聘工作人员公告[EB/OL]．[2012-03-01]．http://www.hzsrsj.gov.cn/Html/201109/08/6721.html．

表 5.1　2011 年杭州图书馆招聘岗位和条件

岗位	人数	基本条件	学历及专业条件	其他条件
环境艺术设计与管理	2	1. 遵纪守法，品貌端正； 2. 具有适应岗位要求的身体条件； 3. 年龄 35 周岁以下（1976 年 7 月 1 日以后出生）； 4. 杭州市区户籍	大学本科及以上学历，艺术设计、绘画专业	有一年以上工作经历
活动组织与推广	1		大学本科及以上学历，传播学专业	有一年以上工作经历
金融管理咨询	1		大学本科及以上学历，金融学专业	有一年以上工作经历
档案管理	1		大学本科及以上学历	持有档案管理资格证书，有从事档案工作两年以上工作经历，英语大学四级以上（含）
文献管理	1		大学本科及以上学历	有两年以上从事文献资料管理工作经历

(二)国外公共图书馆馆员的聘用

国外公共图书馆对馆员的聘用基本上采用了职业准入制度。英、美等西方国家较早就开始关注图书馆员的职业资格问题，英国是最早实行图书馆职业资格认证制度的国家，后来亚洲的日本、韩国及我国的台湾地区等都引入了图书馆职业资格认证制度。尽管各国的实施方法和要求有所不同，但其目的却是基本一致的，即强化图书馆职业的专业化地位，提高图书馆从业人员的专业化水平。世界各国的图书馆职业资格认证制度大致可分为考试制、学历制和等级制等几种类型。

1. 考试制

通过专门的考试委员会或者指定机构组织的各种考试达到合格成绩，从而获得资格认证。

英国规定申请图书馆职业资格的人员，必须通过英国图书馆协会所组织的考试，才能获得"协会准会员"和"协会正式会员"资格。考试分为三种，即初步考试、中间考试和最终考试，初步考试及格者方能参加中间考试。大学本科生可以免去初步考试而直接进入中间考试，及格后到英国图书馆协会认可的图书馆工作两年后，被授予"协会准会员"资格。准会员从事图书馆工作五年后，才有资格参加最终考试。最终考试合格者，才能获得图书馆员的最高资格"协会正式会员"。①

日本规定，只有接受了系统的专业教育并经过考试合格的人才能取得图书馆员专业职务资格。2001年修订的《图书馆法》加大了司书（图书管理员）资格考试的难度，提高了公共图书馆行业的准入门槛。现在的司书资格考试实际上是由综合考试（国家二级公务员考试）和专业测试两部分组成的。资格考试实行淘汰制，只有通过综合考试才有资格进入专业考试，因此，取得司书资格的馆员是既有专业又具备其他广博知识的人才。司书资格考试极为严格，最后的录取率为3‰～4‰。②

2. 学历制

以学历取代图书馆行业的资格证书，即只有获得图书情报专业学位才能成为相应级别的图书馆员。

美国是分州实施图书馆职业资格认证的国家，公共图书馆员的职业资格认证是根据各州的情况，制定州立的认证标准和程序，主要依据该图书馆服务的地区的人口，来划分该图书馆员的级别。美国将图书馆从业人员划分为专职人员和非专职人员两大类，并对各类人员又进行了细分。例如，专职人员可区分为专业馆员、图书馆技术助理员、事务员；非专职人员分为兼职工作人员及志愿

---

① 王世伟. 论中国图书馆职业资格证书制度的建立[J]. 图书情报工作，2003(1)：7-10.

② 吴骏. 日本司书资格考试的新动向[J]. 图书馆杂志，2002(5)：71-74.

工作人员，主要从事辅助性的工作。其中专业馆员必须持有美国图书馆协会认可的图书馆学院硕士以上证书才能担任。而非专职人员的资格要求相对要低，没有对学历和专业知识的特别要求。①

3. 等级制

根据学历学位、专业课程学习和从业经验等情况，将图书馆馆员区分为若干个等级，不同等级有不同的资格要求。

韩国政府 1963 年出台了《图书馆法》，即后来的《图书馆及读书振兴法》，它是图书馆馆员资格认证制度及文献信息学教育的依据。这些制度不仅规定了从事图书馆行业的准入条件，还规定了图书馆从业人员的继续教育及培训方面的内容。如韩国图书馆馆员分为三级，分别为：一级正图书馆馆员、二级正图书馆馆员和准图书馆馆员。只有具备准馆员资格的人员才能在图书馆工作，其具体标准如表 5.2 所示。②

表 5.2 韩国图书馆馆员资格要求标准

等　　级	资格要求标准
一级正图书馆馆员	1. 具有文献信息学或图书馆学博士学位； 2. 具有二级正图书馆馆员资格，图书馆学或其他专业博士学位或情报处理技术的资格； 3. 具有二级正图书馆馆员资格，从事图书馆业务 6 年以上的硕士； 4. 具有二级正图书馆馆员资格，从事图书馆业务 9 年以上，并在指定的教育机构修完相关的教育课程。

---

① 初景利，李麟. 美国图书馆员职业资格认证体系[J]. 国家图书馆学刊，2005(3)：29-35.

② 李吉子. 韩国图书馆员职业资格认证制度[J]. 国家图书馆学刊，2005(3)：41-44.

续表

等 级	资格要求标准
二级正图书馆馆员	1. 大学图书馆学专业或文献情报学专业毕业生； 2. 文献信息学、图书馆学或图书馆馆员教育硕士学位获得者； 3. 获得准图书馆馆员资格的硕士； 4. 大学本科毕业，具有准图书馆馆员资格，从事图书馆业务1年以上，在指定教育机构修完相关课程人员； 5. 具有准图书馆馆员资格，从事图书馆业务3年以上，在指定教育机构修完相关课程人员。
准图书馆馆员	1. 专科大学文献信息学或图书馆学毕业生； 2. 具有专科大学(含过去职业高等专科学校)或同等学历，在指定教育机构修完相关课程人员； 3. 非图书馆专业的大学本科毕业生。

(三)建立我国公共图书馆择优录用馆员的聘用机制

根据国家人事部于2005年11月颁布的《事业单位公开招聘人员暂行规定》要求，事业单位新进人员都要实行公开招聘。"公开招聘要坚持德才兼备的用人标准，贯彻公开、平等、竞争、择优的原则"；"招聘工作要做到信息公开、过程公开、结果公开，接受社会及有关部门的监督。"公开招聘制度是图书馆的"入口"制度，直接关系图书馆人员素质，我国公共图书馆应严格执行国家的政策，同时借鉴国外图书馆职业准入制度的成功经验，建立适合中国国情的从业人员聘用机制，坚持凡进必考、择优录用专业素质和综合素质条件最好的应聘人员；对于现有的从业人员，则要进行岗位资质培训，实行持证上岗。

1. 将从业人员分为专业馆员和非专业馆员

借鉴国外的经验，结合我国的具体情况，可将从业人员分为专业馆员和非专业馆员。非专业馆员承担一般事务性工作和流通阅览工作，可聘用编外合同制人员，学历要求专科或专科以上，专业可不作要求，在经过专业基础培训后上岗。专业馆员可分为技术性和专业性两大类，技术性馆员主要承担：计算机软件开发与应用，硬件的安装、维护、维修与日常管理，数据库的开发与应用及维护，网络的管理等工作；专业性馆员主要承担：文献资源的采访和分类编目加工，参考咨询，古籍研究，活动组织与阅读推广，信息资源的采集、整合、制作等工作。专业馆员应作专业和学历的要求，要求具有计算机专业或图书情报专业或其他学科的本科以上的学历。还应根据不同的岗位，确定不同的应聘资格条件。

2. 专业馆员采用学历制与考试制相结合的招聘办法

针对我国现有应聘人员多、公共图书馆所提供的岗位少的现状，专业馆员可考虑采用学历制与考试制相结合的招聘办法，即获得图书情报专业学位者直接可以取得入门资格。例如，苏州图书馆从2005年下半年开始，招聘馆员只限岗位对应专业的硕士以上学历者，笔试由人事部门采用通用试卷，面试由图书馆组织只提问相关专业问题。由于大部分岗位对应的专业是图书馆学和情报学，因此，虽然笔试采用了通用试卷，但并没有其他专业的人员竞争，保证了录用人员的专业水准。

3. 实行从业人员持证上岗

为了全面提高公共图书馆从业人员的专业素质，进一步加强对基层图书馆工作人员的准入管理，应对从业人员实行岗位资质培训持证上岗制度，即岗位人员必须全员参加培训，取得上岗证后才能从事图书馆职业。通过持证上岗制度，让经过考核或考试合格，具有一定图书馆知识的人员进入图书馆从业人员队伍，从图书馆人员队伍的入口保证图书馆从业人员所必须具有的素质，可以为图书馆人员整体素质的提高奠定一定的基础。

从目前情况来看，建立图书馆从业人员持证上岗制度，首先要扩大从业人员持证上岗制度的适用范围，应当对所有从事或准备从事图书馆工作的人员都要求其必须持有图书馆从业资格证书，不论是地市级馆、县区馆乃至于街镇、社区（行政村）、分馆的在编或编外的相关人员都必须持有政府部门发放的图书馆从业资格证书，才能从事图书馆职业。其次要建立培训制度，应当根据持证制度规定的条件，确定培训内容、培训教材和培训方法，然后按照规定的条件和标准，对培训人员进行考试，认可其图书馆从业的资格。

目前，苏州市已经实施从业人员持证上岗。苏州市人力资源和社会保障局、苏州市文化广电新闻出版局在2007年联合制定了《苏州市基层文化从业人员资格认证管理制度》（试行）（苏人办[2007]144号），并于2011年又颁布了《关于进一步落实〈苏州市基层文化从业人员资格认证制度〉的意见》，规定从2011年10月起至2012年3月，实施全市基层公共图书馆从业人员持证上岗培训工作。实施对象是苏州市各市（县）、区、街道/乡镇、社区/村图书馆（或分馆或四位一体综合信息服务站）的从业人员，社会上准备从事公共图书馆工作的其他人员，不包括图书馆本专业毕业，或已具有图书馆系列职称，或已通过苏州市图书馆专业职称培训并取得合格证的人员。培训课程包括：《公共图书馆基本原理》《文献资源建设》《文献分编基础知识》《信息检索与利用》《公共图书馆读者服务工作》《公共图书馆活动策划及宣传推广》和《公共图书馆信息技术应用》。考试由苏州市人社局、苏州市文广新局从题库中抽取题目，形成一张综合试卷，对学员统一进行考试。凡从事基层图书馆工作满15年的，通过培训并参加考试（不计成绩）即可获得《苏州市基层文化从业人员资格证书（图书）》，其他学员必须通过培训和考试合格后，才能获得资格证书。取得资格证书者可申报相应专业技术职务。

三、公共图书馆继续教育

公共图书馆的继续教育是指对在职专业技术人员和管理人员，为适应其岗位工作的需要而进行知识增新、补充的教育。不断变化着的图书馆发展环境要求图书馆员不断地完善自身的知识结构，提高自身的创造能力和专业技术水平。开发图书馆现有人力资源的主要途径就是继续教育，开展继续教育是公共图书馆队伍建设的重要内容，其任务是使接受教育的图书馆员的专业知识和业务能力不断得以更新、补充、拓展和提高。公共图书馆可根据从业人员的不同状况，采取脱产学习、在职进修、远程培训等多种形式，实现包括新知识、新技术、资格证书、专业证书等在内的全员继续教育。

（一）开展继续教育的途径

1. 加强培训教育

加强培训教育即通过教学的方法对馆员进行培养和训练。培训教育的组织形式多种多样，既有补缺性质的培训班，又有提高性质的研究班；既有针对工作环节（流程、岗位）的专题培训班，又有更新内容的短训班；既有围绕某一新技术、新标准的学习班，又有系统学习业务的进修班等。对于公共图书馆，培训教育是一项长期工作，需要做到有长远规划、短期计划，既有系统性又有针对性，可采取在职与脱岗相结合、走出去与请进来相结合、课堂授课与操作实践相结合等不同方式进行，比如在开展参考咨询、信息推送、阅读推广、用户调查等相关课程时，更加重视实践操作。另外，在网络环境下，开展网上远程培训教育也是一种常用方式，这种以网络为基础的教育培训方式，不受时间和空间的限制，不影响正常工作，易被广大在职馆员所接受。

2. 实行岗位轮换

岗位轮换指的是馆员通过调换多个工作岗位以获得培训。实行岗位轮换可以培养馆员全方位的工作能力，激发馆员的潜质，改善馆员的知识结构，强化馆员的适应能力，增强馆员的整体观念，是提高馆员经验和能力的基本手段。一般来说，它最适合于新员工熟悉工作，让新员工获得较宽的知识面和实践经验，对图书馆的各个工作环节都有所了解。其优点在于：一方面，有利于找到受训者的长处和弱点，以便安排合适的工作岗位；另一方面，对于潜力较大的馆员，通过在同一职级上轮流任职，可以培养其管理技能、积累管理经验，为以后晋升打下基础。此外，这种方法还适用于培养通才，在人员紧张的情况下，可以由合适的馆员胜任多项工作。但这种方法也有局限性，对那些业务精深或某一方面的专家并不适用。图书馆实行岗位轮换要掌握两条原则：（1）总体稳定、局部轮换的原则，轮换的人数不宜太多。（2）确定合理的轮岗周期，通常以1~2年为宜。

3. 馆际交流学习

馆际交流学习即通过馆际间的学术研讨、工作交流及人员互换学习等形式开展继续教育。各级图书馆学会是图书馆从业人员的行业组织，它能为在职图书馆员提供接受继续教育的平台和空间。各级图书馆学会不仅自己要组织学术交流活动，让它的会员参加专家讲座、专题研讨会、工作交流会等各种学习会议，而且要联合起来广泛合作，开展异地学术研讨、馆员课程培训、人员互换学习交流等方面的工作，让各地图书馆员全面掌握本专业的最新理论成果和业务进展情况，拓展视野，互相学习，相互协作，取长补短，提高学术水平和业务研究能力。

4. 自主性终身学习

这种学习方式强调学习的自觉性和主动性，可以是一个人，也可以是一个小组。它具有学习内容和学习方式的灵活性、学习时间和学习地点的灵活性，并且更具有针对性，针对非本专业的馆员可以进行基础型学习，针对刚从本专业毕业的馆员可以进行实践型学习，针对老馆员可以进行补己所短的补充型学习。

5. 团队学习

具体内容详见本章第五节。

（二）开展继续教育的内容

图书馆员的知识结构关系着图书馆服务的质量，关系着业务工作能否优质高效、规范科学。现代图书馆员的知识结构应是一种多元化的动态知识系统，继续教育是更新图书馆员知识结构的重要手段，职业道德、应知应会、服务礼仪及组织文化是其主要学习内容。

1. 职业道德教育

职业道德是指从事某一具体职业的人，在其工作岗位之上，从思想到行为应当遵循的道德规范和准则的总和，它既是对本行业人员在职业活动中的行为要求，又是行业对社会所负的道德责任与义务。良好的职业道德，是做好一切工作的基础，也是对图书馆员素质的最基本要求。公共图书馆员的职业道德是由公共图书馆的使命、性质和任务所决定的，是与图书馆的社会地位、功能、权利和义务相一致的道德准则和行为规范。其主要内容包括职业信念规范、职业态度规范、职业技能规范和职业品德规范。全心全意为读者服务是图书馆职业道德的灵魂。2002年，中国图书馆学会发布了《中国图书馆员职业道德准则》，它涵盖了职业道德所包含的职业理想、职业态度、职业责任、职业技能、职业纪律、职业良心、职业荣誉、职业作风八个要素的所有内容。2008年，中国图书馆学会发布了《图书馆服务宣言》，尽管只有七条内容，但却是中国公共图书馆职业道德的基础。

2. 应知应会教育

应知应会教育指的是专业技术知识和解决问题方法的学习。专业技术知识包括基础知识、采编知识、读者服务知识、信息技术知识等内容。这种学习强调有针对性地培养馆员的岗位操作技能、实践能力及解决问题的能力，如对图书馆编目岗位人员要进行"机读目录格式"和"文献编目规则"的培训，使其正确掌握文献编目的程序与规则；对图书馆信息部门岗位人员要进行参考咨询和文献检索培训，使其准确回答问题，善于开发文献。随着各学科的纵深发展，图书馆理论也在不断丰富和创新，如分类法、文献编目规则等都在不断补充、更新。管理者要根据图书馆员所在的不同岗位，及时对其进行专业技术知识的继续教育。对于图书馆中的管理人员和业务人员来说，除了学习专业技术知识外，学习解决实际问题的方法也是非常重要的。在实现普遍均等服务的公共图书馆，读者对图书馆有各种各样的需求，对图书馆服务的要求也越来越高，图书馆的管理人员如果不懂管理方法、缺乏必要的管理技能，会影响工作的开展；业务人员如果不具备解决实际问题的能力，在实际工作中会发生很多冲突和矛盾，会引起读者的不满和投诉。因此，对管理人员和业务人员加强应对实际问题的培训，可以教会他们如何解决工作中遇到的问题，提高他们解决实际问题的能力。

3. 服务礼仪学习

礼仪是指人们在交往过程中自始至终地以一定的程序和方式来表现的，对于自己行为的限制以及个体对于他人的尊重的完整系列行为。服务礼仪泛指服务人员在自己工作岗位上所应当严格遵守的行为规范。服务礼仪水平的高低，直接影响到图书馆的整体形象。图书馆馆员要能够很好地与他人交往，建立良好的人际关系，塑造自己及组织的良好形象，就需要遵循服务礼仪规范。服务礼仪的培训内容包括仪表、礼貌、礼节、仪式等规范的学习，馆员要通过培训，提高与用户沟通的能力，学会人际交往的方法与技巧。比如，如何更有效地表达自己的想法，如何做一个好听众，如何提出不同的见解，以及如何减少摩擦等。通过良好的沟通与交流可以及时了解用户的各种需求，及时弥补或消除彼此的隔阂，有助于问题的探究与解决，缩小与用户之间的距离，并逐步建立起彼此的互信机制，提高图书馆工作人员在用户心中的诚信。

(三) 继续教育制度的建立

从国外的经验看，提高图书馆从业人员的业务水平、保证新进人员具有基本的图书馆专业知识，最好的方法是开展图书馆专业的继续教育，并建立以图书馆学继续教育为保障的图书馆职业资格认证制度。由于我国图书馆行业一直没有实施职业资格认证，图书馆工作人员的继续教育工作尚缺乏强有力的制度保障。

现阶段，开展继续教育最主要的动力来自于职称评审。《全国专业技术人员继续教育暂行规定》和《关于加强专业技术人员继续教育工作的意见》（国人部发[2007]96号）明确规定，参加和接受继续教育是专业技术人员的权利和义务，专业技术人员各年度继续教育学习任务的完成情况，作为事业单位专业技术职务聘任、晋级和个人专业技术资格申报的必备条件之一。我国许多省市图书馆则具体规定，非图书资料专业的技术人员，需要转聘、晋升图书资料专业技术职称，必须参加图书基础知识培训，并通过考试，取得合格证书。已获得图书资料专业职称的人员如果要继续晋升，则每年必须参加继续教育，获得相应的学时，才能申报。这种关于继续教育的硬性规定，仅对需要晋升图书资料专业技术职称的人员有效，缺乏全面性与持续性。

为了确保继续教育工作得到彻底监督和有效落实，使公共图书馆所有工作人员参加继续教育得以正常化和规范化，必须建立和实施继续教育制度。公共图书馆要制定继续教育登记、统计、评估和奖励的具体规定；要把工作人员参加继续教育的情况纳入年度考核，与专业技术职务聘任和岗位轮换等结合起来；要在继续教育的内容及实施方法上作进一步研究，以确保继续教育在师资、教材、课程安排、在职人员的学习时间安排、学习辅导等方面有章可循。

许多图书馆结合自身实际制定了关于继续教育的制度，对积极参加继续教育并成绩优良的工作人员，在奖励、上岗、晋升、评优等方面予以倾斜和鼓励。例如，深圳图书馆对继续教育在馆内实行了一定的政策支持，它的规章制度规定："各类人员的必修课合格是聘用的必要条件；选修课合格是晋升岗位职级（包括低职高聘）的必要条件；继续教育总结考评优秀者，图书馆在岗位聘用、岗位调动、晋职、晋级和职称评定等方面优先考虑。"[①]苏州图书馆则采用学分制的办法建立继续教育学习制度，使在职馆员专业能力的提升得到保障。

案例5.1　苏州图书馆馆员继续教育学分考核制度

一、宗旨

为贯彻党的"十六大"精神，把苏州图书馆建设成为真正的学习型组织，进而为社会提供普遍均等的图书馆服务，推动全民阅读，在学习型城市的建设中发挥公共图书馆应有的作用，根据苏州图书馆十年发展规划的目标任务，保证各项工作的顺利开展，不断提升馆员的素质和技能，提高服务质量，经研究，特制定《苏州图书馆馆员继续教育学分考核制度》（以下简称学分制），请各部门和全体干部职工认真执行。

[①] 刘小琴. 图书馆规章制度选编[G]. 北京：北京图书馆出版社，2001：352.

二、学分制的考核对象

苏州图书馆全体在职人员。

三、取得学分范围

由市以上人事部门认可的各类教育培训,各类学历(学位)教育进修,上级(包括中国图书馆学会、江苏省图书馆学会)组织的培训、考察,本馆组织的各类学习、培训和考察,发表专著,在全国、省、市正式刊物上发表的文章,在《苏图通讯》上发表的文章,向馆内递交的读者调研报告、读书笔记、读书心得。

四、考核要求

馆级领导和具有高级职称者每年需达到100学分,中层干部每年需达到80学分,具有中级职称者每年需达到60学分,其他同志每年需达到40学分。

五、学分的具体量化

(1)参加各类培训,按实际培训天数计算学分,每天计6个学分。培训缺勤时间超过三分之一或培训考试不合格者且补考仍不合格的,不计学分。

(2)参加学历(学位)进修,按单课成绩合格计学分,每课计10个学分。

(3)参加全馆组织的学习、交流,半天计3个学分。

(4)参加业务考察、专题调研,在递交考察报告或调研报告经领导签署意见后,按实际考察时间(路程时间除外),以每天6个学分计算。

(5)参加在职学历(学位)进修,在当年授课且考试合格的,每门课程计10个学分。

(6)参加专业、资格考试,取得全国、全省考试合格证书的,计20学分;取得全市考核合格证书的,计10学分。

(7)在馆内担任培训教师的,按讲授课时,每课时10个学分。

(8)在正式报刊(包括《苏图通讯》)上发表文章,普通文章按市级 5 分、省级 15 分、国家级 30 分计;学术论文按市级 10 分、省级 30 分、国家级 60 分计。

(9)中图学会年会论文获一等奖视同国家级,二等奖视同省级,三等奖视同市级。

(10)其他学术性会议的得奖论文、入刊论文、交流论文,由馆内另行确定其等级,一事一议。

(11)发表专著的,按每本专著 200 学分计算。

(12)凡合作论文和专著,其学分的分配由第一作者(或主编)确定。

(13)开展调查研究并形成及时有效的调研报告,按每篇 10 学分计算。

(14)向馆内递交的读书笔记、读书心得,字数在 1 000 字以上,按每篇 5 学分计算。

(15)凡文章抄袭者,按学风不合格计,倒扣 10 学分。

六、考核程序

(1)参加培训的,在培训结束后 30 天内,持相关证明到辅导部审核登记。

(2)参加学历(学位)教育,专业、资格考试,发表各类文章,发表专著,凭证书、出版物等材料到辅导部审核登记。

(3)读书笔记、调研报告等,由辅导部统一登记。

(4)自行申报不及时,以致错失登记的,作自动放弃。当年学分当年有效。

七、考核管理

(1)由辅导部建立馆员学分登记台账,并按时汇总上报。

(2)学分完成情况作为干部职工任用、职称聘任(续聘)、创优评比等的条件之一。

八、考核奖惩

(1)当年学分的前几名,由馆内进行奖励,包括提供培训机会、考察机会、参加学术会议机会等物质或精神的奖励。

(2)中图学会年会论文一等奖获得者,由馆内奖励参加当年的年会。其他学术会议由馆内确定其会议的规格、等级,凡确定为全国性的重要学术会议,其论文最高奖项的获得者,可参加该学术会议。

(3)学分管理与干部职工的个人年终考核分值挂钩,占个人分值的10%,即10分。

(4)个人全年学分不足规定学分,未完成学分1%～10%的,扣年终考核分值1分;未完成学分11%～20%的,扣年终考核分值2分,依此类推。

(5)有文章抄袭行为或弄虚作假的,当年考核下降一个档次。

(6)连续两年未完成规定学分者,职务或职称下降一个档次。

九、保障措施

(1)成立"苏州图书馆创建学习型单位领导小组",辅导部为职能部门,负责制订全馆职工学习计划和继续教育计划。

(2)馆内安排全年职工学习会不少于6次,业务培训不少于12学时。及时发布各种学术研讨信息。每年组织相关人员进行业务考察。

(3)各部门要高度重视职工学习和继续教育,积极指导职工学习,合理安排工作和学习时间,支持、鼓励馆员学习和培训。

(4)全体干部职工要把创建学习型单位和继续教育作为单位和个人协调发展的大事认真对待,作为苏州图书馆生存和持续发展的重要工作做好、做实。

本制度由"苏州图书馆创建学习型单位领导小组"负责解释。自发布之日起施行。

2007年3月1日

资料来源:中图学会志愿者行动《基层图书馆馆长培训参考资料(第3版)》。

第三节 从业人员的聘任与晋升

传统的人事管理把人当作事，对馆员实行的是身份管理，而现代的人力资源管理则把人作为最具活力的特殊资源来开发，对馆员实行的是岗位管理。实现这一转变，靠的是将晋升机制与竞争机制引入公共图书馆，对图书馆的用人制度进行改革，实行岗位设置管理，在公正、公平、公开的原则下推行竞聘上岗，着眼于以人为中心，注重馆员的职业发展，为馆员提供和创造各种晋升的条件和空间，满足他们发挥才能的需求，充分、合理、有效地利用图书馆内部的人力资源，实现图书馆人力资源需求和馆员个人职业生涯需求之间的平衡，促进馆员与图书馆共同进步。

一、从业人员的职业发展

职业发展又称职业生涯，是指一个人从确定职业目标开始，通过职业学习，从事各种职业，直至职业劳动最后结束的所有职业工作历程。[①] 在现代社会，个人的职业选择权不断加大，职业的变化趋势越来越强，人力资源不仅在不同的社会部门之间流动，即使在同一个组织中，个人职业的变化也不仅局限于从下向上的级别晋升，还表现在部门之间的调整、从上到下的流动等。因此，如何开发和管理职业生涯，走出一条宽阔的职业道路，成为图书馆人力资源管理中不可忽视的一项内容。

（一）职业生涯规划

职业生涯规划，是指组织或者个人把个人发展与组织发展相

---

① 徐建华，付娇. 图书馆员的职业生涯开发与管理[J]. 中国图书馆学报，2003(1)：19-23.

结合，对决定个人职业生涯的个人因素、组织因素和社会因素等进行分析，制定有关个人一生中在事业发展上的战略设想与计划安排。[①] 简而言之，职业生涯规划就是个人对其一生职业发展道路的预期和计划。比如，是往专业技术方向发展还是向行政管理方向发展？方向不同，职业发展历程就不相同。每个人要想使自己的一生过得有意义和有价值，都应该编制自己的职业生涯规划。

职业生涯规划与图书馆岗位设置管理紧密相连，良好的职业生涯规划可以使工作人员充分认识自我、感悟自我，从而择岗、定岗，并不断用组织的共同理想来修正自己的行为，使工作更加出色以求达到职业的顶峰。职业生涯规划需要通过个人和组织两个方面共同协作才能完成，只有当组织的发展目标与员工的职业发展目标相吻合时，图书馆与馆员才会取得双赢。

1. 员工个人规划

员工在进行职业生涯规划时，首先要确立职业目标。职业目标包括长期和短期两种。通常情况下，这些目标与员工的期望职位、知识水平、工作设定、技能获得等方面密切相关。在设定目标之前，员工必须对自我与环境作出评估，使员工对自己的性格、兴趣、资质、技能和内外环境有一个充分的了解和现实的把握，从而理性地选择职业方向。评估的内容包括：思考当前自己正处于职业生涯的哪一个位置、工作擅长、兴趣所在、理想的工作位置、个人的职业发展规划与当前所处的环境以及可能获得的资源是否匹配、各种环境因素对自己职业生涯发展的影响、为达到目标还有什么障碍等。在设定目标之后，员工必须选择实现这一职业目标的路径，如制订教育及培训计划、请求承担更大的责任、建立人际关系网络等，并对每一步骤的时间、顺序和行动方案作

---

① 张星河. 求职与就业指导[M]. 北京：北京大学出版社，2008：59.

出合理的安排。

2. 组织协助员工规划

图书馆应当通过职业生涯规划指导工作，帮助员工制定切实可行的发展目标，在员工与组织目标之间寻求有效匹配与结合，既促使个人发展，又促进组织发展，并为员工提供必要的教育、培训、轮岗等发展的机会，促进其职业目标的实现。图书馆协助员工进行职业生涯规划需要做以下工作。

(1) 图书馆进行人才盘存。人才盘存实际上是一种人力资源的规划活动。由于内部条件和外部条件在不断变化，图书馆发展的每一阶段都需要拥有与工作相适应的员工，这种适应包括员工的数量、素质要求等方面。人才盘存就是对组织内现有人力资源进行清点。通过盘存，图书馆可以全面了解人才短缺与富余情况，然后根据需要，制定人力资源发展规划。

(2) 图书馆对员工进行测评。在员工进行自我评估之后，图书馆也要利用相关的信息对员工能力和潜力作客观公正的评价。

(3) 与员工沟通。图书馆和员工之间应建立顺畅的沟通渠道。作为员工的一方，应增进对组织的了解，了解组织的人力资源规划、组织中存在的人员短缺情况、职业升迁机会、培训机会等情况，了解图书馆需要什么样的人才，了解自身与图书馆潜在的晋升机会、横向流动等规划是否匹配。作为图书馆的一方，应将晋升作为一种激励手段与员工进行沟通，让他们充分认识到组织对人才的重视及为他们提供的发展道路。在传递职业信息时，应注意公平性，要将职业选择上的各种机会公之于众，保证员工在各条通道上公平竞争、顺利发展。

(二) 职务和职称的晋升

公共图书馆馆员的职业发展模式基本上是一种垂直运动，工作人员职业生涯道路都是由下向上层层晋升的，主要有两种：

（1）管理职务晋升，即从普通业务人员到基层管理层，进而到中、高级管理人员的发展途径。（2）专业技术职称晋升，即从助理馆员到馆员、副研究馆员、研究馆员的发展途径。

图书馆工作人员按照工作岗位的不同，可分为管理人员、专业技术人员和工勤人员。其中管理人员和专业技术人员是图书馆的主体。管理人员的职务差别主要体现在管理层次上，专业技术人员的差别主要体现在业务部门的不同上。大型图书馆的管理层次可能多一些，主要有小组负责人、部门主任、中心主任、副馆长、馆长等，中小型图书馆只需普通员工、中层干部、馆级领导三个层级就足够。一般来说，管理职务的晋升是层层向上的。

管理职务的晋升，包括馆领导的选拔任用、图书馆各部门（室）负责人及小组负责人的选拔任用。馆领导的选拔和任用，一般是按照上级组织部门的有关规定，根据有关选拔和任用领导干部的条件要求，经过一定的考核、选拔程序来产生，由上级主管部门任命和聘用。图书馆管理是否能够实现管理目标，以及管理过程是否顺畅，主要取决于管理者的素质和能力。与任何其他组织的管理者一样，图书馆的馆长应该德才兼备、年富力强；不仅要具备本专业的知识，而且要有其他方面的较为广博的知识。邱冠华认为，当好图书馆馆长重要的是有专业业务知识，不当外行馆长；更重要的是有管理才能，能够理论联系实际，实现管理创新；最重要的是有现代图书馆服务理念，有事业心和责任感，这样，才能无私无畏，正确决策。图书馆的中层管理干部是组织的核心力量，应该由热爱图书馆事业、有敬业和奉献精神、有责任心、有能力、品学兼优而且懂业务的骨干人员来担任，应该在对专业人员的德、能、勤、绩进行全面考评的基础上来选拔任用，也可以采取竞争上岗的方式，经过报名、演讲、面试、民主测评、组织考察等程序择优录用。小组负责人是图书馆的基层管理人员，一般从业务较优秀、有一定管理能力的工作人员中选拔，是成为中、高级管理人员的锻炼及起步阶段。

当图书馆工作人员在原有的工作岗位上经验和技能有了一定提高，有能力承担更大范围的责任，同时图书馆内部又有了职位空缺之后，会有可能被晋升为基层管理人员。随着管理技能和工作能力的进一步提高，又有可能向上被晋升为中级、高级管理人员。但由于管理层人数的限制，不可能所有的工作人员都有晋升的空间，并且，对一些专注于自己的业务技术领域、希望在专业范围内获得进一步发展的人来说，管理职务的晋升并没有很大的吸引力。在公共图书馆，工作人员的各种待遇都与专业技术职称挂钩，只要有了职称，就会有相应的工资和奖金，由于职称的晋升更关系到个人的切身利益，也更能体现工作人员的业务能力和水平，因此，从业务职称方面向上提升成为图书馆员更加关注的发展模式。

我国从 20 世纪 80 年代开始设立图书资料业务职称系列，包括五个级别，即管理员、助理馆员、馆员、副研究馆员、研究馆员，明确规定晋升职称的主要依据是图书资料专业人员的学术水平、业务能力和工作成就。图书馆工作人员（包括编外合同制职工）可以按照国家有关图书资料专业各级资格条件来申报评审初、中、高级专业技术职称。申报评审各级专业技术职称的工作人员，必须具备国家规定的相应的学历条件和履职年限，必须具有相应的业绩和学术水平，要有一定数量的公开发表的专业论文和论著，这些都是申报评审各级专业技术职称必须具备的条件。

(三) 编外人员的职业发展

在目前公共图书馆普遍缺人的情况下，图书馆用了许多编外合同制职工，这些非正式员工主要承担图书馆的简单劳动，如典藏、外借和阅览的部分工作。这样的人员配置不仅节约了资金，同时也避免了高学历正式员工从事简单工作的人才浪费。

人是组织得以存在和发展的第一位的、决定性的资源，人力资源管理就是围绕人这一要素，为员工创造各种能充分施展才智的条件，提供各种机会，使每个人都能在一种和谐的环境中尽其所能。因此，图书馆也要重视编外人员的职业发展，要为编外人员建立职业晋升通道以及分配和奖励制度，不能因为身份原因让他们过早进入职业高原。职业高原这一概念是20世纪70年代由美国心理学家Ference最早提出的，他认为，职业高原就是指在个体职业生涯中的某个阶段，员工获得进一步晋升的可能性很小。在当前的职业生涯管理研究中，职业高原主要是指个体在职业生涯的峰点，是向上运动中工作责任与挑战的相对终止，是个体职业发展上的一个停滞期。[①] 一旦编外人员进入了职业高原，他会对工作感到枯燥、乏味，对自己未来的发展感到迷茫，对图书馆缺乏信心，导致工作效率降低，或者安于现状，或者离开图书馆。

为了防止编外人员出现过大的流动性，图书馆应该为非正式员工提供个人职业发展的空间与机会，使其工作与能力相匹配，让具备一定条件的优秀的非正式员工，在体制不变的情况下，能够在专业技术职称与管理职务上得到晋升，在实行不同的分配政策的前提下得到恰当的职业回报，激励非正式员工确立职业发展目标，努力工作，提高专业技能水平，争取获得与正式员工同样的工作满意度和职业成就感，从而赢得社会尊重。

二、岗位设置与竞聘上岗

"在特定的组织中，在一定的时间和空间内，由一名职工承担

---

① 莫寰，张延平，王满四. 人力资源管理：原理、技巧与应用[M]. 北京：清华大学出版社，2007：223.

若干项任务，并具有一定的职务、责任和权限时就构成一个岗位。"[1]对图书馆来说，在一定的时间内，当一名馆员承担若干项工作，并具有一定的职务、责任和权限，就构成一个图书馆岗位。岗位是图书馆工作流程的最小单位，是根据图书馆的目标、任务而设置的具体单元。岗位设置就是管理者在岗位分析研究的基础上，根据实际工作需要，进行岗位的合理安排与配置，以保证图书馆的正常高效运转。岗位设置管理是图书馆对人力资源进行合理配置、有效管理的基本制度，是图书馆公开招聘、竞聘上岗、岗位考核、岗位培训、收入分配的基础和依据，目的在于明确岗位职责，确定岗位之间的差异，制定执行者资质标准，达到人岗匹配，使人力资源得到充分利用。

事业单位实行岗位设置管理，是推进事业单位分类改革的需要，对于调动事业单位各类人员的积极性和创造性，具有十分重要的意义。事业单位岗位设置管理的政策文件包括：《事业单位岗位设置管理试行办法》（国人部发[2006]70号）、《事业单位岗位设置管理试行办法实施意见》（国人部发[2006]87号）、行业指导意见以及各省、自治区、直辖市和国务院各部门根据本地区、本部门实际制定的岗位设置管理实施意见。公共图书馆作为提供社会公益服务的事业单位，需要遵循国家的有关政策，研究和制定适合图书馆行业特点和自身要求的岗位设置方案，要按照科学合理、精简效能的原则进行岗位设置，坚持按需设岗、竞聘上岗、按岗聘用、合同管理。

图书馆实施岗位设置管理的具体流程是：岗位分析→岗位设置（编制岗位说明书）→竞聘上岗（中层干部竞争上岗、职工双向选择）。

---

[1] 尹隆森. 岗位说明书的编写与应用[M]. 北京：北京大学出版社，2003：16.

(一)岗位分析

为了使岗位设置更加规范化和科学化，设置前要进行岗位分析。所谓岗位分析，是指对岗位工作的完成所需的有关技能、责任和条件等信息进行收集、分析与综合的系统过程。它包括：岗位名称分析、定员变动分析、工作规范分析、工作人员的必备条件分析等内容。具体地说，对某个岗位进行分析，应先从以下几个方面进行调查：岗位名称、具体的工作内容、岗位所在部门、从事这个岗位的人员应具备什么资格、采用何种手段完成岗位工作以及为何要采用这个手段、岗位职数。在调查的基础上，管理者可以通过访问员工的工作记录、工作日记、直接和员工谈话、发放问卷等途径来了解员工对岗位的认识、对岗位的需求和建议，从而全面掌握第一手资料，为合理设岗提供科学依据。

(二)岗位设置

岗位设置是实施岗位设置管理的主要工作。内容包括确定内设机构的名称、数量及具体岗位名称、类别、等级、数量，编制岗位说明书。岗位要根据本馆的目标任务和未来发展需要，按照"总量控制、优化结构、精干高效、协调发展"的基本要求科学设置，要按照岗位的知识和技术含量、责任大小、工作繁简程度划分出岗位级差。

设置内部组织机构是岗位设置的关键性基础工作。设置原则有以下几点。

1. 职责明确的原则

设置一个机构，先要明确它的职责范围，同类职责不能划归两个或两个以上部门来管理，以防止互相牵制，争功诿过，浪费人力、物力和财力；要将业务工作和事务工作相近、工作重复，责权相冲突的机构合并管理，切忌"因人设岗"，也就是说，不能因为需要安排某个干部而随意增设机构。

2. 责权相称的原则

机构设置实质上是权力分配的一种形式,这种权力分配是否合理和恰当,对图书馆的科学管理极为重要。因此,必须明确规定各部门的权限,即能干什么、不能干什么,不能允许有责无权或有权不负责任的机构存在,这就必须把重叠的机构撤销,对分工不清、互相扯皮的机构予以调整。

3. 明确从属关系

向谁负责、负什么责,都要明确规定,一般地说,下一级的部门只向一个上级负责。在设置内设机构时,一定要明确从属关系,以避免多头领导,保证指挥畅通。

编制岗位说明书是岗位设置的核心内容。岗位说明书是对本单位各岗位承担的工作职责任务、岗位工作标准和各岗位聘用条件、要求的描述。岗位说明书既是招聘员工的依据,又是对员工的工作表现进行评价的标准,也是进行员工培训、调配、晋升等工作的根据。其中,岗位职责任务是解决做什么的问题,应列出岗位应承担的全部工作项目,要求内容具体,责任落实;岗位工作标准是解决怎么做的问题,应列出每个工作项目要求达到的质量、数量的基本标准和完成的时限;岗位聘用条件是解决谁来做的问题,应以完成本岗位工作所需的资格、资历、学识、技术和能力等为前提,以岗位工作需要为依据,符合本单位人员的实际状况。

岗位说明书样本如表5.3所示。

表 5.3　岗位说明书样本

<u>社会工作部</u>　岗位说明书

单位名称(盖章)：　　　　　　　　　编写日期：　　年　月　日

内设机构名称	社会工作部		
岗位名称	<u>主任</u>	岗位类别	<u>专业技术</u>
岗位等级	<u>七级</u>	岗位数量	<u>1</u>
岗位职责任务： 　1. 负责编制部门工作计划和总结，确保部门工作的有序开展； 　2. 负责本市图书馆学会的各项工作； 　3. 负责分馆及流动服务点的布局、图书调配及业务辅导工作； 　4. 负责讲座、展览及其他读者活动的组织、开展、宣传和总结； 　5. 负责本地区文化共享工程的管理、宣传、指导工作。			
岗位工作标准： 　1. 及时制订工作计划，组织协调本部门工作； 　2. 争取市学会的各项工作在省内保持领先； 　3. 科学规划、合理布局分馆及服务点建设，并促使其服务及管理工作规范化、专业化； 　4. 组织更多的受读者欢迎的讲座、展览、沙龙、服务宣传周及全民读书月等活动； 　5. 根据上级要求发展并规范本地区文化共享工程工作。			
岗位聘用条件： 　1. 具有本专业本科以上学历或副高以上职称； 　2. 系统掌握图书馆学专业知识； 　3. 有较强的组织协调能力和科学管理水平； 　4. 有高度的工作责任心和创新意识。			

(三)竞聘上岗

竞聘上岗是指事业单位根据单位岗位设置实施方案和岗位聘用工作规定，按一定程序择优选拔工作人员的过程。竞聘上岗是市场经济对于干部选用的最本质要求，图书馆推行竞聘上岗有利于激发馆员的内在潜力，有利于人才的锻炼与培养，有利于加强内部的科学管理。公共图书馆开展竞聘上岗一般分两步走，先进行中层干部竞争上岗，后进行部门与职工间的双向选择。

竞聘上岗是一项科学严密的管理工作，进行前必须成立相应的工作领导小组，领导小组下设办公室，负责制定中层干部竞争上岗和职工双向选择工作方案，方案包括组织领导、竞聘岗位、竞聘范围、聘用条件、方法程序、时间安排等内容。为了达到预期效果和目的，开展前要对全馆职工进行动员，说明竞岗的目的、意义和操作步骤，使全体职工提高认识，理解和支持改革。

中层干部竞争上岗工作方案公布后，领导小组组织实施竞聘上岗工作，其程序一般包括报名、演讲、笔试、面试答辩、民主测评、组织考察、公示，最后聘用。中层竞争结束后，职工按双向选择的工作方案进行岗位双向选择。全馆职工根据馆内公布的岗位职数、岗位级别及各岗位量化指标，结合自己的特长和条件选择自己喜爱的部门和岗位。

职工可以根据本人的能力和意愿，直接找部主任面谈，表达上岗意愿并填写"岗位意向表"；部主任根据岗位要求，审核人员素质，初步确定岗位人选，填写"部门岗位人选表"，并向领导班子提出岗位合适人选的意见，职工、部主任双方的表格在规定时间内上交，最后由领导班子集体研究决定岗位录取名单，召开职工大会或张贴布告向大家公布。首次实施岗位聘用时，不可能全体职工经过一轮选择都找到岗位，可以分几轮进行。双向选择完成后仍无岗位可上者，作为待岗人员。待岗人员一般由馆部领导班子根据实际情况安排培训和试岗机会，试用合格者正式上岗，不合格者重新待岗培训或再次试岗，多次试岗均不合格者予以辞聘。

为了保证干部队伍的稳定，公共图书馆对中层干部的聘期通常设定为三年，因为频繁地换人不利于部门的团结稳定，更不利于工作的开展，直接影响事业的发展。但双向选择没有时间限定，部门主任可以随时自由选择工作人员，工作人员也可以随时自由选择部门的工作，选择经领导班子调节同意即可流动岗位，领导班子调节的原则是只能顺向流动，不能逆向流动，即低能力的不能向高级别岗位流动。

案例 5.2　广州图书馆机构调整和全员竞聘上岗

2004 年，广州图书馆为进一步促进事业发展，搭建培养和锻炼管理人才的平台，构筑公开、平等、竞争、择优的选人用人机制，从本单位的实际情况出发，进行了建馆以来第二次机构调整和全员竞聘上岗的人事制度改革。

在本次机构调整和岗位竞聘工作中，部门设置由原来 10 个扩展到 15 个，增设计划财务科、公关策划部、业务研究辅导部、数据工作部、少年儿童借阅部 5 个部门，原有 10 个部门除保卫科不作变动、人事科更名为组织人事科外，其余 8 个部门的职责和内部班组设置都作了不同程度的调整。班组由 28 个缩减到 19 个，增加了主任、副主任、主管等管理岗的职数，提升了管理岗的层次。主任、副主任职数由 2000 年的 18 个增加到现在的 22 个。

竞争上岗执行自愿报名（每人可报三个志愿）、资格审查、笔试（闭卷）、演讲和答辩、民主测评、组织考察（主管以上干部）等程序。主任岗或主管以上岗位由竞聘领导小组讨论和投票决定，部门副主任以上干部由馆长聘任，班组主管和以下的业务岗位由部门主任聘任。全馆共有 11 人、25 人次参加 11 个主任岗位的竞聘，获聘 11 人，其中 4 位主任获聘原职，3 位主任换岗交流，4 位同志由副职提升为正职。主任岗位调整变动的比例为 64%。全馆共有 28 人、60 人次参加 11 个副主任岗位的竞聘，参与竞聘人数与岗位职数的比例达到5.5∶1,在各级岗位竞聘中竞争最为激烈,比如信息咨询部副主任一职有14人参与竞聘,最后副主任岗位获聘11人。11人中,除2位副主任获聘原职外,其余9位同志由主任助理、主管及业务岗位晋升上来,岗位调整变动的比例达82%。主管岗位任职人员19名全部具有大专以上学历,与2000年同比提高10%;中级以上职称人员8人,占42%,同比提高9%。

有效的双向选择实践使全馆人才流动十分活跃。本次职工双向选择有73%的员工进行了岗位的变动,涉及面很广。部门主任按岗位职责的要求认真选人用人,员工基本上按自己意愿选择了岗位,实现了人力资源的重新整合和合理配置,改变了过去"有人不干事"和"有事没人干"的人浮于事的现象,增强了馆员的职业竞争意识和风险意识。对那些工作责任心不强、不求上进的人员来说,双向选择对他们是很大的鞭策,迫使其把消极因素转化为积极因素,努力改变自己,积极工作。双向选择的实施,也使工作人员主动创造自身条件来适应岗位选择的要求,使全馆人员的思想素质、业务素质大为增强。

资料来源:李慧敏. 论公共图书馆人力资源管理与创新[J]. 图书馆论坛,2005(10):136-138。

第四节 公共图书馆的分配制度

科学合理的分配制度与方案对于提高员工对本组织的忠诚度会起到积极的促进作用。但目前在公共图书馆,同一职称者不论干多干少,利益分配几乎是相同的,这在某种意义上已经形成了新的平均分配方式。这种不公平的分配方式导致人们劳动不积极,工作效率低下。因此,要激活图书馆,打破僵化局面,利益分配上必须进行必要的调整，实现图书馆分配制度的合理化。

一、图书馆分配制度要素

经济领域中一般有两种分配方式：计件制和计时制。对能够量化到个人的工作任务，计件制可以最大限度地发挥员工的积极性。但随着社会分工越来越细，许多工作需要配合和协作才能提高效率，这时，计件制就不再适用。公共图书馆大多数岗位都适用计时制，因此，公共图书馆的分配主要受到技术、经验、管理、职务（职称）、岗位、业绩等要素的影响，它们共同构成图书馆按要素分配的主体框架。

（一）技术要素

原来的技术要素主要是指图书馆专业业务技术，现在还包括了如 IT 等相关技术。员工技术决定了图书馆服务效率和服务质量的高低，因而是图书馆分配制度中重要决定因素之一。反过来，分配制度中如果包含了技术要素，也会促使员工加强学习、提高技术，从而在工作中发挥出更大的创造性。随着 IT 技术在图书馆服务中的广泛运用，图书馆专业与 IT 技术日渐融合，使得目前图书馆绝大部分技术力量都集中在年轻人的群体中，但他们的职称却普遍偏低，在现行以职称为主体的分配制度中，他们的贡献和他们的待遇不成正比，这样就有碍于图书馆留住年轻的技术骨干。因此，图书馆不仅要建立吸引技术人才的机制，还要建立合理的分配机制，以有效地激励技术人才、留住技术人才。

（二）管理要素

管理要素在任何组织、团体、单位中都占有重要地位。任何单位如果缺乏必要的管理就如同一盘散沙。可以说管理出效率、管理出效益、管理出业绩，同时管理也出人才。因此对图书馆中各类型的管理人才在利益分配上要予以适当的倾斜与支持，充分体现管理要素在图书馆中的作用。

(三)职称要素

众所周知，职称能在一定程度上体现一个人的学术水平和业务能力。但必须承认，同一职称如果具体到每一个人，他们的学术水平和业务能力并不完全相等，有的甚至相差甚远。虽然目前职称要素在图书馆分配制度中仍占据着主体地位，但随着改革的深入，这种情况会有所改变，而在绩效工资的实施中，已经强化了职称的评聘分离。

(四)职务要素

职务要素是对图书馆领导层的综合评价。领导者不但要具备运筹帷幄的预测能力，精湛的管理能力、业务能力，熟练驾驭各种事务的能力，还应具备良好的政治素质和健康的心理素质。一个图书馆的办馆效益，在很大程度上取决于馆长的理念、领导才能、专业能力和管理能力。目前大多数地区的分配制度中，没有完全、充分地考虑职务要素，但有的地区已经开始对馆级领导实施年度目标考核，若考核合格，馆长的年度绩效工资就可以达到全馆职工年度平均绩效工资的两倍。

(五)岗位要素

任何单位岗位之间的要求都有差异，岗位之间的差异应该决定着收入上的差异。但在目前大多数图书馆，岗位之间并没有形成收入上的差异。我们应当承认，由于岗位不同，工作要求就不同，责任、难易程度、技术含量、工作强度就有差异。这些因素都必须转化为拉开不同岗位之间不同收入差距的要素。强调岗位要素，有利于开展岗位竞争，提高职工队伍整体水平与工作效率，促进工作有效开展。

(六)工龄要素

工龄长短在一定程度上体现工作的熟练程度。考虑工龄要素比较符合我国的国情，在国人的意识里，年长者没有功劳也有苦劳。因此，可把工龄要素作为收入分配中要参考的一个辅助要素。

(七)业绩要素

绩效管理是图书馆的终极目标管理方式。分配制度中体现业绩要素是图书馆实行绩效管理的根本手段，即图书馆工作人员如果达到所要求的业绩，就予以相应的报酬，如果没有实现预期的目标，也予以相应的处罚。强调业绩要素，让业绩与利益分配挂钩，有利于奖勤罚懒，充分调动工作人员的劳动积极性，真正实现按劳分配。

二、图书馆分配制度原则

分配制度关系到公共图书馆的服务和效益，因而制定时首先要考虑公平，其次需要讲求效率。

公平是指人与人的利益关系及利益关系的原则、制度、做法、行为等都合乎社会发展的需要。分配中的公平是指按照等量劳动获得等量报酬，而不是平均主义，相反，公平必然是一定程度的不平均。

效率是指有效的比率，即有效的程度。具体地说，就是成果与消耗的比率、产出与投入的比率。投入少、所耗低、产出高、所得多就称为有效率或高效率，反之就称为无效率或低效率。

图书馆中的馆员之间各人的能力不同，工作中有简单劳动也有复杂劳动，工作质量、工作效率和工作绩效也有优有劣，科学合理的分配制度可以兼顾公平，同时提高效率。分配上的平均主义会打击先进、扼杀创造力，但收入差距过分拉大，造成两极分化也有损于图书馆内部的团结协作，从而降低工作效率。因此，在利益分配关系中，公平与效率是一致的，没有效率就没有公平的资本，有了公平才能促进效率。

三、公共图书馆分配制度的改革

(一)我国公共图书馆分配制度的现状

1. 参照公务员

少数公共图书馆，如深圳图书馆，参照公务员待遇发放职工工资。我国公务员实行国家统一的职务与级别相结合的工资制度。公务员工资包括基本工资、津贴、补贴和奖金。

2. 工资总额核定

多数公共图书馆实行工资总额核定的分配制度，即按人数核定工资总额。公共图书馆的年度工资总额计划，由国家根据职工定编人数、工资制度、津贴制度和奖金限额逐级下达落实到公共图书馆。公共图书馆根据上级下达的年度工资总额计划以及本单位的资金来源、现有职工人数等实际情况，分季度或分月编制工资基金使用计划，报经上级主管部门和有关人事行政部门审查批准后，作为控制单位使用工资基金的依据。单位职工人数增加或转正、提级时，应办理追加工资基金的手续，职工人数减少时应相应调减工资基金。

3. 工资总额包干

工资总额包干是工资总额管理的方法之一，具体是指公共图书馆上级主管部门会同人事和财政部门在对公共图书馆包干期初工资总额核定的基础上，配套下达量化的年度事业任务指标，并将年度可用的工资总额与事业任务指标完成情况挂钩的工资总额管理办法。工资总额包干需要上级主管部门与公共图书馆签订《工资总额包干合同》，并经人事、财政部门合同鉴证，期限一般为三年，期间增人不增资、减人不减资。除第一年需要对指标、工资总额进行计算和核定外，第二、第三年的事业任务指标与工资总额均以上一年度相应的考核、审计数为基数，环比递增。每年年终，上级主管部门（包括人事和财政部门）针对下达的每一项事业任务指标完成情况计算出增长（或降低）的百分比，并汇总和累计起来，按一定系数（如75%）与工资总额挂钩，即为公共图书馆当年增加的工资总额（如汇总累计超额完成指标20%，则增加的工资总额为15%）。如果确实超额完成指标任务，除留下相当于工资总额5%的调节基金（用于以丰补歉）外，公共图书馆可以将超额的工资总额（包括年初核定的工资总额基数中的绩效工资部分）在内部根据岗位、绩效等进行自主分配，但馆级领导的年度收入不在自主分配之列，而由上级部门（包括人事和财政部门）考核并根据馆内员工的平均收入水平来确定。

实行包干制一方面使馆领导努力精简人员，提高工作效率，最大限度地发挥工资的杠杆作用，调动职工的工作积极性；另一方面因包干制将工资总额与单位完成社会公益目标任务及考核情况相挂钩，促使图书馆不断改进工作，提高公益服务的能力和水平。例如，苏州图书馆于2005年在业界率先实行了工资总额包干制，激励了馆员的积极性与创造性，促进了图书馆各项工作的全面提升。

（二）岗位绩效工资制

1. 岗位绩效工资制的含义及特点

岗位绩效工资制是以职工在公共图书馆中所聘岗位为基础，根据工作岗位的技术含量、责任大小、劳动强度和环境优劣确定岗级，核定工资总量，以馆员的劳动成果、绩效贡献为依据支付劳动报酬，实现了劳动制度、人事制度与工资制度的密切结合。

岗位绩效工资包括岗位工资、薪级工资和绩效工资三部分，其中岗位工资、薪级工资为基本工资，执行国家统一的政策和标准，绩效工资根据单位制定的绩效工资考核分配办法执行。

从理论上说，岗位绩效工资突出了岗位要素、业绩要素在工资分配中的主导作用，具有以岗定薪、岗变薪变、考核取酬、优绩优酬的特点。它强化了岗位、绩效的激励功能，通过建立岗效明确、机动灵活的分配机制，使职工工资与岗位紧密挂钩，与个人贡献密切相联，从而有力地发挥了工资分配的激励作用和调控作用，促进公共图书馆提高服务质量和效率。

2. 绩效工资方案设计

公共图书馆可以在上级主管部门核定的绩效工资总量内，按照规范的分配程序和要求，采取灵活多样的分配形式和办法，自主决定本单位绩效工资的分配。

具体做法是：将绩效工资列一参照表，把各岗位分为几大类，每一类绩效工资标准规定区域范围，每一类区域范围的最高值可大于上类区域范围的最小值，根据岗位等级、工作效能及工作表现来确定每个人的具体绩效工资标准值。从而使低职务（职称）表现优秀的人员，可以得到高职务（职称）基本称职或高于高职务（职称）基本称职人员的绩效工资；反之，如果高职务（职称）人员不胜任工作，不能履行岗位职责，就相应地领取低职务（职称）的绩效工资，真正体现多劳多得，少劳少得，不劳不得的分配原则。人事和财务部门依据各部室的实际岗级数额，核定出各部室的绩效工资总额，各部室视各岗级人员完成岗位职责情况下发每个人的绩效工资。

案例 5.3　浙江图书馆绩效分配方案(2008 年试行)

表 5.4　浙江图书馆绩效分配方案

		金额(万元)	4.60	4.30	4.00	3.60	3.30	3.00	2.60	2.30	2.00	1.5
岗级	一级 8人 馆部	档次	1	2	3	4						
		比例	10%	40%	40%	10%						
		人数	1	3	3	1						
	二级 27人 中层	档次			1	2	3	4	5			
		比例			10%	20%	30%	34%	6%			
		人数			3	5	8	9	2			
	三级 193人 员工	档次					1	2	3	4	5	6
		比例					5%	14%	25%	48%	5%	3%
		人数					10	27	48	93	10	5

注：绩效工资在员工整体收入中所占比重大于50%。

特点：(1)设置了"前移"和"后退"的档次。"前移"和"后退"的档次和各岗级之间是重叠的。前移的人员可以进入上一层级的"岗级"，拿到上一层级的绩效工资。一般情况下，移动的幅度不超过两个档次。(2)以考核排序决定实际档次。员工每个月以本人基础级、档为基数，在月考核后，按统一比例取得该级、档当月的部分绩效工资(一般为60%~70%)。年终综合考核后，按员工、中层序列中的名次从高到低分别套入事先设定额度的档次。根据其一年的业绩，每一个员工和中层干部都可能往前或往后移动档次，也有可能留在年初确定的档次上。

资料来源：李俭英，应长兴. 公共图书馆分配制度改革的新探索——以浙江图书馆分配制度改革实践为例[J]. 图书馆论坛，2009(6)：118-120。

(三)搞活内部分配机制

2006年，国家发布了《关于印发事业单位工作人员收入分配制度改革方案的通知》和《事业单位工作人员收入分配制度改革实施办法》等文件，要求事业单位自7月起实施工作人员收入分配制度改革。此次工资体制改革的主要内容是建立岗位绩效工资制度，使工作人员的工资收入与其工作岗位、实际贡献直接挂钩，利益分配中充分体现岗位要素、业绩要素及公平原则下的效率优先。我国公共图书馆在国家政策的指导下，全面推行和实施了以岗位设置管理为基础的岗位绩效工资制，建立了与岗位职责、工作业绩、个人实际贡献紧密联系的分配制度，搞活了内部分配机制。

1. 岗变薪变

实行定岗定位，在什么岗位拿什么工资，员工评定岗级后，工资按照岗位标准套入相应的档次，做到薪随岗定、岗变薪变。岗级以岗位及工作的难易程度、责任的大小、岗位工作所需专业知识的深广程度及工作量的大小为依据而确定。易岗易薪包括由低岗位到高岗位工资的提高和由高岗位到低岗位工资的降低。一般情况下，由低岗到高岗变容易，由高岗到低岗变困难，但若不坚持岗变薪变的原则，就失去了岗位绩效工资制度的意义。

2. 奖金与绩效考核挂钩

实行岗位绩效工资制后，国家对绩效工资进行总量调控，公共图书馆在主管部门核定的绩效工资总量内享有分配自主权。绩效工资，也就是我们通常所说的奖金，由公共图书馆按岗位职责在对员工考核的基础上，根据考核结果及工作实绩和贡献确定。

绩效考核可采取按季度、半年度、年度等时间段进行逐级、逐项考核的办法。馆长室根据部门工作职责、目标、标准对部门进行检查、考核、打分，部门主任根据岗位考核指标对本部门职工考核打分，由此确定各部门、各岗位的考核分值，评定工作效率和效益。馆长室根据部门考核得分计算部门绩效工资，部门根据个人综合考核分值确定个人的绩效工资。

在员工考核指标的制定过程中，应设置和区分共性和特性指标。文明服务规范、劳动纪律、请假制度等共性考核指标由馆长室统一制定政策，全馆人员按照统一的标准执行。特性考核指标则由部门结合各自的工作性质和特点而制定。部门在制定考核指标体系时要充分发扬民主，公开、公正、反复酝酿、逐条分解各岗位目标责任，从定量和定性两方面规定考核指标。定量指标考核要有检查、有落实，定性指标如工作态度、敬业精神、协作意识等都应定出较明确的界限，同时要配有认可的依据。要坚持定期与不定期相结合的考核办法，以便及时发现考核工作的缺陷，随时采取相应的调整措施，使全馆的考核工作既能对工作人员进行有效的综合评价，同时又能切实保护他们的利益，使每个人的绩效工资真正通过绩效考核得到体现。

3. 扩大部门分配自主权

图书馆实行岗位绩效工资后，应将绩效工资分配的自主权交给部门。部门主任根据部门实际绩效工资总额、职工个人考核分值等因素自行分配个人的绩效工资，部门主任的绩效工资由馆长室考核后确定。

绩效工资由部门实行内部分配，扩大了部门的自主权，使中层干部既有职又有权，能把自己部门的人和事都管起来，改变了以往管人的不管事、管事的不管人、管钱的不管人和事的不正常现象。一个职工所付出的和应得到的只有直接主管最清楚，把布置任务和分配报酬的权力都交给主管，才能充分有效地调动职工的积极性，提高工作效率。

4. 设立单项奖励

为了激励馆员，图书馆应从绩效工资总量中提取一定的比例，设立单项奖励基金，用于奖励在考核周期内工作量大、成绩突出人员（个人获得荣誉、市级以上比赛获奖等），对有突出贡献、重大成果、完成单项重大项目的部门、集体或个人另行加发单项奖金。

第五节 公共图书馆团队建设

团队是由组织内的一部分人组成的,他们有共同的目标,并为此共同承担责任。公共图书馆开展团队建设,一方面能依靠组织文化的强大生命力,在团队中培养和塑造核心价值观,提高组织的凝聚力和战斗力,提升团队成员对组织的归属感和忠诚度;另一方面能通过团队学习和项目团队的工作方式提高学习效率和工作效率,有利于促进图书馆人才队伍的建设。

一、团队建设与组织文化

(一)组织文化的含义

组织文化是一个组织在长期的生存与发展的过程中,形成的一种具有一定特色的、为全体员工所认同并且对员工的心理活动及行为选择产生约束力和激励力的价值系统。[①] 一个组织的文化反映和代表了对该组织起影响和主导作用的团队精神、愿景、行为准则和共同价值观。在组织文化中,核心内容是组织的价值观,它为组织员工提供了一种共同意识,以及日常行为的指导方针。组织文化是特定组织的灵魂、精神动力和价值导向,它说服、感染、诱导、约束组织成员,指导着组织成员的思想和行为,对组织的有效运行有着不可忽视的作用。组织通过培养、塑造组织文化,来影响成员的工作态度,引导实现组织目标。

公共图书馆与其他组织一样,一般来说总会存在非正式组织。梅奥通过霍桑实验,得出了非正式组织内部形成的默契,有时比

---

① 宋香云,陈建华,姜东旭. 管理学原理[M]. 北京:中国传媒大学出版社,2008:191.

正式组织给予的奖励更能够约束人、激励人，这种默契，实质上是一种组织文化。因而，公共图书馆在管理上需要注重非正式组织的管理，有意识地组建与图书馆发展目标一致的、结合图书馆工作和馆员学习的非正式组织——团队，引导原本存在的非正式组织认同图书馆核心价值观，使图书馆管理不仅凭借制度约束、纪律监督、奖惩规则等刚性管理，而且可以借助组织文化的建设，确立共同价值观、组织愿景和个人兴趣开展柔性管理，营造出积极向上的文化氛围，给馆员们带来精神上的满足感，从而使图书馆产生凝聚力，把各个部门、各个层次的员工都团结在本馆文化的周围，增强馆员的荣誉感和图书馆的向心力。在一定程度上，柔性管理能发挥出刚性管理所达不到的效果，因此，公共图书馆的管理不仅需要制度管理、物质激励，也需要建立良好的组织文化。

（二）团队的特征

团队是指在工作中紧密协作并相互负责的，拥有共同目的、绩效目标以及工作方法，且以此自我约束的群体。① 换句话说，团队就是指为了达到某一确定目标，由分工与合作及不同层次的权力和责任构成的人群。团队可以是正式的，但主要是非正式的。

团队的特征主要包括：(1)具有共同的目标和愿景。任何团队都是为目标而建立和存在的，没有目标就构建不了团队，目标是团队存在的前提。团队成员清楚地了解并认同团队的共同目标和共同愿景，认同团队的价值观，并乐意为之奉献。(2)相互信任、相互尊重。团队成员的知识技能相互补充，共同协作实现团队目标；成员之间形成互相信任、互相学习的气氛；人人承担责任，同时享受个人发展的权利。(3)良好的知识共享氛围。团队提倡开

---

① 王如龙. IT 项目管理：从理论到实践[M]. 北京：清华大学出版社，2008：209.

放、坦诚的沟通氛围，成员间信息渠道畅通，知识共享。（4）自我管理。团队工作得到领导充分的信任和尊重，团队以自我管理为导向，在决策上更为民主，提倡参与，注重个人能力的发挥。

(三) 团队建设的作用

1. 提高凝聚力

团队是图书馆的组织基础。凝聚力是团队所有成员之间的相互吸引力。团队共同的信念和价值理念会发育成长为一种文化习俗，形成一种强制性的文化氛围，产生一种向心作用，使团队成员对团队具有强烈的依附心理和归属感，在完成团队任务时彼此会非常协调和默契，自觉地把个人目标融入和升华为团队的共同目标，建立共同的价值观。因此，通过团队建设能够提高组织的凝聚力，有利于组织目标的实现。

2. 提高学习效率

团队学习是一种比个人学习效率更高的方式，而且，在隐性知识的学习和传授上作用特别巨大。团队学习是团队内获取、创造和传播知识的过程。知识分为隐性知识和显性知识两种。隐性知识是存在于团队个体的、私人的、有特殊背景的知识，即团队中每个人所拥有的特殊知识，它依赖于个人的不同体验、直觉和洞察力。显性知识是指能在个人间更系统地传达，更加明确和规范的知识。团队学习从个体间共享隐性知识开始，隐性知识在团队内共享后经整理被转化为显性知识，团队成员共同将各种显性知识系统地整理为新的知识或概念，并通过学习将其转化为自身的隐性知识，完成知识在组织内的扩散。这种从隐性知识到显性知识的团队学习循环方式提高了学习效率，促进了知识的创造。

3. 提高工作效率

团队的工作绩效要明显高于个体成员绩效总和。（1）团队独特的组织形式打破并简化了以往的组织架构，摈弃了复杂的层级管理，便于内部沟通和协调。组织领导通过授权给团队成员，使成员们能够对与其直接相关的活动作出决定。(2)团队把不同专业的人结合成一个整体，因此可以完成靠个人力量无法完成的任务。在整个团队共同协作的过程中，其成员会自觉不自觉地形成相互影响、相互促进、相互交流、相互补缺的局面，从而不断地提高个人的思想水平和专业技能，使个人得到更快的进步。(3)团队工作是一种高效的工作方式，一般以项目小组形式出现，而且团队工作往往带有学习性质，因而可以在有效完成项目任务的同时，提高团队参与者的素质和技能，从而进一步提高工作效率。

二、团队建设的范例

(一)馆员团队建设

1. 团队价值观的塑造

公共图书馆可在管理者角色示范、教育培训、非正式活动、建立的各种制度中，传递和培育团队的价值观。

(1)管理者角色中示范。第一章中讲述过管理者的角色扮演。在组织文化的营造中，管理者同样有角色扮演的问题。管理者的价值观，甚至言行、兴趣、作风等，都会影响和改变组织原有的价值观与信念。在实行民主管理和政务公开的图书馆，干部职工就会逐步参与决策，并在决策过程中表达自己的意见，发挥出图书馆主人翁精神，使图书馆管理中的组织文化从监督向信赖和尊重转变。日本图书馆注重对馆员整体意识的培养，馆长不管在什么场合，总是用"我们的图书馆""我们的成绩""我们的读者""我们的工作"等来加强馆员那种"我们"的意识。

(2)教育培训中培育。教育培训应作为培育组织文化的重要手段。对于新员工，图书馆要开展职业道德规范等内容的培训指导，使新员工能够迅速理解并融入组织文化；对于老员工，图书馆也要进行组织文化方面的培训，因为在图书馆工作中，影响工作改进的不仅仅是技能和工作条件等因素，图书馆员工关于职业的理念和态度等也是影响组织效率的主要因素，图书馆应该通过教育培训培育优秀的组织文化，提高馆员的凝聚力，克服工作中不良思想因素的影响。

(3)非正式活动中表达。图书馆管理者可以借助非正式活动来强化或表达组织的价值观。例如，为加强部门、职工间的团结和沟通，增强单位内部的凝聚力，馆长可以不定期邀请部门员工座谈，让员工感觉受到重视；在中秋、冬至、春节等传统节日请外地单身馆员聚餐，营造家的氛围；许多图书馆都组织联欢会、职工旅游、文体活动、消防运动会等，以促进员工互相关心、互相合作、加深感情，并借此消除在工作中可能因误会和摩擦造成的隔阂。

(4)各种制度中传递。

①报酬与奖惩制度。员工可由报酬制度、奖惩标准来识别组织的价值观念。当一位员工被奖励时是因为他的行为符合组织的价值观念。例如，苏州图书馆通过建立学分制的学习制度，促进学习型组织文化建设；通过建立项目奖励、创新案例评比、服务标兵评比等奖励制度，树立正气。馆员从奖惩系统的设计中，就可理解到苏州图书馆提倡学习和创新的价值观。

②晋升、评选或解聘等标准。在制定晋升、评优评先等标准时，图书馆通常会把所珍惜的品德作为要求符合的条件，如提倡团结协作精神，在人才选拔或先进评选的条件中，就会要求候选人具备团结合作的精神。

③道德与行为规范。要把图书馆的理念、价值观贯彻在日常服务工作和员工的行为中，就必须确立和实施图书馆员的道德与

行为规范，使服务行为、语言、个人仪表以及人际关系等都按规范行事。图书馆在制定服务规范时，应以服务为导向，坚持读者利益至上。

2. 学习型团队建设

（1）运用学习型组织理论。美国学者彼得·圣吉提出了创建学习型组织模式：自我超越、改善心智模式、建立共同愿景、团队学习、系统思考——五项修炼。其含义是指通过培养弥漫于整个组织的学习气氛，充分发挥员工的创造性思维能力而建立起来的一种有机的、高度柔性的、扁平的、符合人性的、能持续发展的组织。

学习型组织具有三个特征：①组织成员拥有一个共同的愿景。组织的共同愿景来源于员工个人的愿景而又高于个人的愿景。它是组织中所有员工共同愿望的景象，是他们的共同理想。它能使不同个性的人凝聚在一起，朝着组织共同的目标前进。②组织由多个创造性个体组成。在学习型组织中，团体是最基本的学习单位，组织的所有目标都是直接或间接地通过团体的努力来达到的。③善于不断学习，是学习型组织的本质特征。

学习型组织理论是一种全新的、成熟的管理科学，对于促进图书馆管理方式的转变和管理水平的提升有重要促进作用。在学习型组织中，学习能力、适应能力能够得到不断强化，并且学习型组织通过创造支持学习的文化氛围，有助于知识共享和持续学习。为了培养学习型组织文化，公共图书馆的管理者可以借鉴学习型组织理论这一先进的科学管理理念，创建以共同愿景为基础、以团队学习为特征、以增强图书馆的整体学习力为核心的学习型组织。将员工作为组织的重要财富，为他们个人发展和学习创造条件，创造宽松的学习环境。尊重、引导、激励馆员学习的自觉性和积极性，培养全新的思维方式，使他们创造知识和利用知识的综合素质得到提高。讲求学习的持续性和与图书馆工作的不可分离性，追求作为个体的图书馆人和作为组织的图书馆不断自我超越，共同发展，最终达到以知识促进图书馆的发展。

（2）确定团队学习方式。团队是组织的基本构建单位，团队学习是一种组织内部的学习，也是学习型组织的基本学习方式，更是构建学习型组织的基本过程。团队学习可以培养出高于个人的团体智力，促使组织发挥创造性，同时又能协调员工之间不一致的行动。这种学习成果会随着成员的流动而扩散到其他的团体中去，进而在组织中形成学习的气氛。团队学习的方式主要有以下几种。

①集体学习活动。公共图书馆可充分利用集中学习机会（如闭馆学习时间）开展主题教育、岗位练兵、集中培训以及中心组学习等集体学习活动，统一思想和认识，明确学习目标及学习任务，鼓励团队成员自觉利用业余时间不断深化集体学习活动的学习内容，提高自身的综合素质。

②在线学习活动。在线学习为团队搭建了一个较好的交流及学习平台，是团队学习的较好方式。公共图书馆可以充分利用好局域网资源，开辟网上学习交流论坛。团队成员可以针对一段时间内学习任务和目标在论坛上交流学习心得，彼此汲取经验。条件允许的团队还可以针对热点、难点问题，及时组织在线交流与讨论，丰富学习形式。

③信息交换会议。信息交换会议主要包括论坛、聚会、沙龙等团队学习方式，适用于确定的议题或重大课题的观点、信息交流。议题或课题确定后，团队成员首先进行分散研究和学习，收集资料并初步形成自己的观点与看法，团队领导在适当时间内组织形式多样的集中学习，召集成员进行观点碰撞与交流，进而不断提高个人认知能力，提升团队学习力。

④特别会议制度。这是管理学家查尔斯·M·萨维奇设计的一种团队学习方式,被称为产生"优质对话"的最好办法。① 具体操作方法是:假设有20人参加会议,先把他们分成5组,每组各4人进行研讨,一段时间后每组有2人轮换到其他小组继续参与研讨。好处是不仅能带来其他小组的研讨意见,还能不断综合各组的意见,产生更新的意见,在经过比较充分的轮换后,再进行团队成员的全面对话,最终达成统一的团队共识。

⑤技巧性讨论。讨论是将观点充分撞击,最后形成一个较为统一的认识和观点的过程。现实工作中,有些团队需要应对一些下结论、做决定或定计划等实际事务,技巧性讨论这一团队学习方式就显得非常有效。它的技巧要素主要包括:注意自己的意图,确定在讨论中希望达到的目标;兼顾主张和探询,注意自我反省;措辞准确,表达清晰;找到大家争执的焦点,寻求解决的办法;聆听别人的看法,对新观点持开放的态度,用别人的观点来看问题。

⑥深度会谈。这种方法是由美国量子物理学家鲍姆提出来的。② 深度会谈是每个成员谈出心中的全部设想,进入真正交流思考的境地,以获得独自思考无法达到的见解,使团队智慧超过个人智慧的总和。这种团队学习方式常用于探讨复杂的问题。深度会谈的过程,是每一个人畅所欲言、充分表达自己意见的过程。大家以多样的观点探究复杂而重要的议题,每个人先暂停个人的主观思维,"悬挂"起自己的假设,彼此用心聆听,不断地接受询问与观察,并自由地交换各自的看法,使每个人看到自己没有看到的本质和更深远的东西,形成更高层次的共识。

---

① 丁桂凤. 员工自主学习研究[M]. 北京:中国社会科学出版社,2004:80.
② 肖余春. 团队行为学[M]. 杭州:浙江大学出版社,2006:196.

3. 项目团队建设

项目是一个组织为实现自己既定的目标,在一定的时间、人员和资源约束下,所开展的一种具有一定特性的一次性工作。①公共图书馆的项目团队是为完成某个项目任务、共同承担项目责任而集合起来的一群全职或兼职的馆员临时组织,在管理上往往采用项目负责制,即以项目的策划到实施的全过程为工作核心,以项目预期目标的实际完成情况为考核内容,根据考核结果对项目负责人及项目团队予以评价和奖惩的一种管理模式。②

公共图书馆管理者可在现有组织框架下,引入项目制的管理方式,将工作组织成项目,建立各种项目小组(团队),鼓励馆员主动提出项目,并参加与本职工作不同的项目小组,在不同的专业领域中寻求自我突破与超越,培养不断接受新挑战的意愿,发展兴趣,开发潜能,在工作中学习,在学习中工作。从人力资源管理这个角度看,项目小组是另一种形式的学习型团队。通过项目小组既可以完成项目任务,又可以使一批馆员在完成项目的过程中,增强自我学习的动力,获取项目小组中其他成员的隐性知识。

(1)实行项目负责制的优点。公共图书馆实行项目负责制,最突出的优点就是整合优势资源,工作机制高效灵活。项目负责制不同于传统的垂直性部门负责制管理模式,它注重横向间的联合。项目任务开始时,抽调相关部门的业务人员组成项目小组,并充分授权给项目小组。每个项目由临时任命的负责人实施计划、组织、控制和协调。项目任务完成后其成员又各自回到自己的部门或岗位。项目组的人员组成突破了图书馆部门的范畴,不再隶属

---

① 葛秋菊. 项目管理在回溯建库中的应用[J]. 农业图书情报学刊,2007(4):27-29.

② 周嘉硕. 项目负责制实施要点及分析[J]. 大学出版,2007(3):55-58.

某个具体的部门，而是强调对在项目中承担的任务部分负责。这种扁平式的组织管理模式提供了一个跨职能部门、多项目同时运作的解决方案。对于图书馆需多个部门合作、工作量大、技术复杂、规范性强、时间紧迫的任务而言，可以较好地协调理顺各种关系，整合各方面的优势资源，集结适当的人做适当的事，缩短工作任务的完成时间，不失为一种高效灵活的工作机制。公共图书馆常常将它运用于数字化服务与建设以及重大读者活动等领域。例如，苏州图书馆"古籍数据库开发"项目、广州图书馆"信息咨询服务"项目、湖南图书馆"寻找城市记忆"活动项目等。

（2）组建项目团队的作用。公共图书馆组建项目团队，除了具有前述的增强凝聚力、提高学习和工作效率的作用外，还有利于促进图书馆人才队伍建设。团队具有不断地进取和创新精神。团队成员通过持续地学习为达成目标所需的知识和技能，能使自身的能力在短时间内得到迅速的提升。一个项目不管大小，都依赖一整套科学的知识体系和管理方法来开展工作，因而能够充分锻炼和培养基层管理人员和业务骨干。一个项目的完成必须依靠项目负责人和成员之间的勤奋学习和通力合作，对项目负责人的协调能力、计划能力、控制能力、总结概括能力和业务技术水平都是一次全方位的锻炼和提高。将一个项目交给一位普通的业务人员去管理，也许从此就培养和发现了一位能干称职的业务骨干。多个不同项目确立乃至完成，就能锻炼和培养出一批业务骨干和基层管理人员。同时，项目团队建设也为有不同特长的专业人员提供了一个展示才华的舞台和动力，在合作中，更容易发掘馆员的潜能，培养馆员的交流能力、文字能力及创造能力，促使他们快速成长为懂运作、善策划、勇创新、能开拓的新型图书馆人才。

（3）高效的项目团队的建设。项目团队整体的专业技能、经验、知识和素质程度的高低及协作能力的强弱，直接关系到项目结果的好坏。项目获得成功需要一个高效工作的项目团队，而要使项目组建设成为一个高效协作的团队，必须做到以下几点。

①确立共同认同且明确的目标。高效团队必须具备全体成员渴望实现且富有意义的目标。首先，这一目标应该具有足够的吸引力，能够引发团队成员的激情，让团队成员凝聚在一起，并使大家能为之共同奋斗。其次，团队成员都要十分清楚并且从心里接受、认同这一目标，这种对目标的认同感可以激发团队成员将其所有的能力投入到工作中，为团队目标的实现作出奉献。

②合理的分工与协作。完成团队的目标需要所有成员的相互配合。因此，在目标确立之后，必须明确各个成员之间的相互关系。首先，项目负责人和项目组成员之间不是领导与被领导的关系，因此他们之间必须形成紧密的团结协作的关系。高效团队的项目负责人往往是担任着教练的角色，为团队提供指导与支持。其次，在项目实施过程中，每个人的行动都会影响到其他人的工作，因此每个成员都应该明白自己的角色、权力、任务和职责，明确为实现项目目标而必须做的工作及其相互间的关系。在项目团队建立初期，团队成员花一定的时间明确项目目标和成员间的相互关系，可以在以后项目执行的过程中避免因分工不清而造成的工作效率低下。

③具有高度的凝聚力。团队对成员的吸引力越强，成员遵守规范的可能性就越大。一个有成效的项目团队，必定是一个有高度凝聚力的团队。在这样一个集体中，团队成员经常会不由自主地流露出一种团队的自豪感，会自觉地、积极热情地为项目成功付出必要的时间和精力。影响团队凝聚力的因素主要有：团队成员的共同利益、团队的大小、团队内部相互交往及相互合作。团队规模越小，彼此交往与作用的机会就越多，就越容易产生凝聚力；经常性的沟通可以提高团队的凝聚力；项目目标的压力越大，

越可以增强团队的凝聚力。另外，团队凝聚力的大小也是随着团队成员需求满足的增加而加强，因此，在形成一个项目团队时，项目负责人需要为最大限度地满足个体需要而提供各种保障。

④团队成员相互信任。成功团队的一个重要特征就是信任，一个团队能力的大小受到团队内部成员相互信任程度的影响。在一个高效的团队中，成员之间会相互关心，承认彼此存在的差异，并乐于接受他人的意见。在任何团队工作，都会有不同意见，项目负责人要鼓励团队成员将其自由地表达出来，大胆提出一些可能产生争议或冲突的问题，树立信任，通过建设性的、及时的反馈积极地正视问题，通过公开交流、自由交换意见等方式来推进彼此之间的信任。

⑤能够有效地沟通。一个高效的项目团队通常要进行开放、坦诚而及时的沟通。团队应拥有全方位的、各种各样的、正式或者非正式的信息沟通渠道，要擅长运用会议、座谈这种直接有效的沟通形式，从而保证沟通直接高效、层次少、基本无滞延。团队沟通不仅是信息的沟通，更重要的是情感上的沟通。每个成员不仅要具有很好的交际能力，而且要拥有很高的情绪商数。团队内要形成融洽的氛围，每个成员愿意交流信息、想法及感情，愿意接受彼此的反馈及建议性的批评。成员能成为彼此的力量和源泉，而不仅限于完成分配给自己的任务。

⑥成员得到充分的授权。成员得到充分的授权，是高效团队的一个显著特征。在高效团队中，成员的能力会得到团队领导的肯定，并依据其能力大小授予相应的职责和权力。在这样的团队中，让人容易感觉到一种自主、充实的轻松气氛，成员们可以自主地参与团队的决策和管理。同时，在授权的过程中，成员们得到了多样化技能的培训，这将有助于提高成员的工作满意度，激发成员的积极性和创造力。

案例 5.4　湖南图书馆的"寻找城市记忆"活动项目

2008 年 3 月，湖南图书馆以纪念长沙文夕大火 70 周年为契机，与社会力量联合举办了"寻找城市记忆"读者活动。

一、"寻找城市记忆"项目设计

作为一个以项目而开展的读者活动，"寻找城市记忆"项目设计以设定一个环境、创建一个中心、搭建一个平台、寻求社会合力为活动核心。面向热爱长沙这座城市的所有市民，设定一个寻找历史、触摸城市文脉的环境，通过活动，使那些正在逐渐消失的历史记忆和文化遗产能够重新焕发出它们本应具有的价值，从而唤起大家对城市的热爱，进而自觉地保护和珍惜；搭建一个开放、参与、互动的平台，读者、图书馆、社会三向互动，形成一个读者主持、读者参加、读者和社会共同评议的活动机制；并以网络为召唤、召集的工具，比如 QQ 群，实体图书馆为活动联络场地，论坛为体会分享、成果交流、活动建议之地；寻求社会合力，与社会力量一起共同打造图书馆活动，同时联合媒体，借媒体宣传优势造势，宣传寻找活动也宣传图书馆。

二、"寻找城市记忆"项目运作

（一）项目运行机制

"寻找城市记忆"活动成立了专门项目组。项目负责人牵头，从不同部门抽调 5 名工作人员具体负责活动的策划、组织。馆员既是活动的组织者也是参与者，工作职责就是保证此次活动的顺利开展。

（二）项目任务

寻找城市记忆活动内容涵盖与长沙城有关的近现代建筑、人文、街区、文化等。主要流程为：宣传招募，报名分组；各组自选目标，实地考察；小组交流，轮组演讲；文字成册，图片办展。活动任务分为两个层次：总体任务和主题任务。总体任务是对寻找城市记忆活动纲领性的把握，分为三个部分：城市记忆资料征集、城市记忆寻访活动、"城市记忆"图片展；主题任务主要体现在总体任务的具体实施中。比如，寻找城市记忆中的"人物寻访""街道、古建筑寻访""古树、古井寻访"等。

（三）具体实施操作

(1)制定活动方案。项目组采取民主讨论决策方式，安排每个月的整体活动和单次活动。由组员提出活动设想，通过讨论，形成决定。组员与组员之间是合作关系，而非领导与被领导关系，充分发挥民主机制，激活个体思维。(2)采用分主题负责制。即由1~2人担任单次活动主持人，具体负责分主题活动的确定、方案的撰写、活动的宣传、人员的组织、现场的协调及后期的成果整理等事宜。分主题负责人可以是图书馆工作人员，也可以由社会人员担任。(3)宣传跟进。定期制作大幅活动宣传喷绘，向读者发布活动公告、推介活动简况；印制活动宣传单、活动名片向市民发放；利用网络论坛宣传，并组建4个活动QQ群进行推广、交流。合作媒体星辰在线星辰社区专辟"寻找城市记忆"板块，并通过星辰在线新闻中心发布活动相关新闻、通知。(4)活动碰头会。为了增强活动凝聚力，增强参与者的参与感与主动性，"寻找活动"不定期组织召开活动碰头会，回顾寻访经历，畅谈寻访体会，讨论活动得失。(5)组织与活动相关的文史讲座。邀请专家举办相关讲座，例如"长沙历史街巷寻踪""血火长沙——1938年长沙文夕大火及其历史教训""掌故长沙"等。

三、项目效果

（一）扩大了图书馆与社会文化交流的深度

截至目前，"寻找城市记忆"已开展各类寻访活动30多次。活动参与者来源广泛，培养了一批高忠诚度的核心读者，扩大了图书馆与社会文化交流的深度，突破了图书馆办馆模式，延伸和拓展了图书馆的服务内涵。同时还活跃了湖南图书馆网站论坛，增加了网站的互动及网站的访问量。"寻找城市记忆"活动的网上大本营湖南文化信息网"湘土论坛"自 2008 年 3 月份开坛以来，访问人次达 144 892，发布帖子 2 475 个；湖南图书馆网"读行论坛"2008 年 3 月份至今，访问量达 1 493 426 人次，发帖数达 7 589；星辰在线"寻找城市记忆"版块帖子总浏览量超过 20 000，4 个活动 QQ 群总人数近 300 人。

（二）受到媒体广泛关注，社会知名度提高

"寻找城市记忆"活动受到媒体持续、广泛关注，省市级 3 家平面媒体进行了多次报道，两家网络媒体进行全程报道，两家电视媒体进行了采访报道。腾讯、网易、中新社、湖南新闻网等众多知名网站多次转载活动新闻。通过大众传媒的宣传报道，图书馆行业形象大幅提升。

四、项目评估

（一）活动模式的创新

"寻找城市记忆"活动突破了以往活动由图书馆一手包办的模式，图书馆通过提供给社会一个文化平台，发动和积聚社会的智慧和力量，共同开展活动。活动还跳出了集中举办、短期内结束的窠臼，延续性不断增强，朝着长期化、定期化、系列化的方向发展。

（二）实体与虚拟图书馆 2.0 社区的构建

随着"寻找城市记忆"活动的全面铺开和深入开展，活动作为聚合器的功能不断凸显，吸引和汇聚了来自社会各个阶层，年龄、文化层次各异的人员。通过现实的沟通与网络上的互动，馆员与读者建立了一个基于社会认同与共同维护的实体与虚拟相结合的图书馆 2.0 社区。人们通过现实交往、网络论坛和 QQ 群等交流互动，建立了稳固的人际关系，活跃了图书馆的公共关系网络。

资料来源：赵惠. 试论项目制在公共图书馆读者活动中的运作——兼"寻找城市记忆"活动案例分析[J]. 农业图书情报学刊，2009(1)：121-123。

(二)志愿者团队建设

志愿服务是指任何人自愿贡献个人的时间和精力,在不为物质报酬的前提下,为推动人类发展、社会进步和社会福利事业而提供服务的活动。① 提供志愿服务的人或群体称为志愿者或义工。志愿服务几乎是每个文明社会不可缺少的一部分。任何一个人,只要参与志愿服务,都是将个人融入让世界变得更好的努力之中,通过与他人、与社会的联结使自身更高层次的一些心理需求得到满足,而使自己的生命变得有意义。同时,志愿服务拓展了人们的眼界,不断向人们提出新的挑战,也为自我超越提供了动力。

图书馆志愿者是自愿无偿地为图书馆提供义务服务的社会人员。在国外,招募志愿者参与图书馆服务非常普遍,美国皇后图书馆有志工800人。我国公共图书馆志愿者服务起步较晚,福建省图书馆于1996年始组建志愿者队伍②。2006年起,中图学会开展了志愿者行动,为全国各地的基层图书馆馆长开展培训,不仅传授了公共图书馆的理念、技术和方法,也传播了志愿者精神。此后,许多公共图书馆都引入了志愿者服务,许多图书馆的志愿者服务队伍都具有了一定的规模,产生了较大的效益。例如,上海图书馆自2005年5月成立志愿者团队以来,基本每周保持40~50的志愿者服务人次③,利用志愿者服务的平台,吸引社会各界人士加入志愿者队伍,弘扬奉献他人、无偿服务的志愿者精神,同时也拉近了图书馆与读者的距离,扩大了图书馆服务的人力资源,提升了广大市民的图书馆意识。佛山市图书馆的外文阅览室虽然有不少的藏书,但是由于缺少专业人员的管理,一直利

---

① 武新,刘华锋. 社会保障概论[M]. 北京:中国劳动社会保障出版社,2007:234.
② 梁立青. 对公共图书馆开展志愿者活动的思考[J]. 福建图书馆理论与实践,2003(4):1-3.
③ 许美容. 公共图书馆志愿者队伍管理的改进[J]. 图书馆杂志,2007(6):32-34.

用率都不高，读者稀少，但是自从公开招募具备英语能力的志愿者参与管理和服务以来，外文阅览室重新焕发出活力，不仅读者多了，借阅率提高了，还定期举办英语沙龙活动。目前，外文室已经成为佛山英语爱好者聚集的主要交流场所。[1]

志愿者是公共图书馆外部可利用的人力资源中最为重要的资源，是一笔宝贵的财富，是图书馆节省开支、改善服务的重要保障。他们无私奉献、完善自己、至诚服务的态度，不仅可以加强图书馆与读者之间的互动，还可以激发图书馆服务和创新的活力。为此，图书馆一定要合理、有效地引入志愿者服务团队，用好用活志愿者人力资源，并强化志愿者管理艺术，建立相应的运作、管理与保障机制，确保有效地开发和管理志愿者资源。

1. 设立志愿者服务管理组织，规范志愿者的管理工作

图书馆志愿者服务涉及的内容相当复杂，它需要多个部门协作完成。而志愿者管理，如招募、培训、考核、激励等都是确保志愿者活动有效开展的基本环节。这一系列的工作必须有专门的组织机构负责管理，有专人进行统筹安排。公共图书馆可根据本馆实际情况单独设立图书馆志愿者管理部门，也可以将其归入办公室管理，或者划入图书馆人力资源部门管理，下设具体管理人员，来专门负责志愿者团队的管理事务。例如，上海图书馆的志愿者管理组织机构非常完善，由党委书记亲任组委会主任委员、工会主席，各相关部门负责人任委员，由团委书记、组织人事处副处长协同部分团委委员组成秘书处，负责志愿者服务队日常运行的服务和管理工作。[2]

---

[1] 中国图书馆学会. 中国图书馆学会年会论文集 2009 年卷[G]. 北京：国家图书馆出版社，2009：497.

[2] 上海图书馆志愿者风采[EB/OL]. [2012-08-01]. http://www.library.sh.cn/zyzfc/zzjg/.

2. 制定志愿者服务条例和管理制度

志愿服务具有自愿性，它决定了志愿者行为带有较强的随意性和个人倾向，如果没有制度的约束，志愿者可能会出现"自己想做的时候才做""到时有空就做，没空就不做"的情况。因此，建立统一规范化的日常管理制度是志愿者完成业务工作、达到优质服务标准的重要保证，也是志愿服务活动顺利进行的重要前提。图书馆志愿者管理部门应在分管领导的指导下，制定志愿者管理条例、志愿者培训大纲、工作评估标准、激励规则、各项反馈表、志愿者服务协议书等一系列与管理相关的制度文件，规范志愿者团队的服务活动。例如，上海图书馆通过制定志愿者服务队的注册管理办法，明确志愿者的权利和义务、组织机构、管理办法和经费来源及用途，并通过制定"志愿者服务守则"引导和规范志愿者在图书馆的行为。[1]

3. 建立志愿者招募和培训机制，提高志愿者素质

志愿者招募是图书馆志愿者管理工作的起点，公共图书馆可根据所需的志愿者岗位、人数及要求，采用自行招募、与志愿者组织合作招募相结合的方式建设本馆的志愿者队伍。例如，广州市图书馆与本市高校学生会联系，由学生会统一按照要求招募合格的学生，到图书馆进行义务服务。深圳宝安区图书馆与区义工联合作，由义工联安排义工，按照图书馆的需要，为读者提供义务服务。[2] 志愿者招聘是一个双向选择的过程，是图书馆的需求与志愿者的兴趣与动机之间的匹配。为了保证志愿者活动稳定有效地开展，减少随意性，图书馆在招募前要做好规划工作，准备

---

[1] 上海图书馆志愿者风采[EB/OL]. [2012-08-01]. http://www.library.sh.cn/zyzfc/zzjg/.

[2] 程焕文. 不朽的图书馆精神：汶川地震与家园重建[M]. 北京：国家图书馆出版社，2009：112.

好各种文件和章程；在招募中应充分了解志愿活动申请者参加活动的动机，确定图书馆能否满足申请者的动机要求，并作为选择的参考和录用以后工作安排和激励机制的依据。对录用的志愿者要实行注册制度，个人信息及工作情况能进行档案管理。另外，图书馆招募志愿者要注重提高工作效率，从报名到录用不超过两周时间，最好在一周内完成。

图书馆在完成招募工作之后就要对志愿者进行培训。志愿者参与图书馆志愿服务，一方面需要学习和增强图书馆专业方面的知识和技能，以便在实际工作中提供更好的服务；另一方面，志愿者也期望在培训和服务的过程中满足自身的需求，能力和技能方面都得到提高。因此，志愿者培训具有双重作用。志愿者培训一般分为基础培训和岗位培训。基础培训是全体录用的志愿者都要参加的集中培训，主要包括志愿服务介绍和图书馆基础知识介绍两大方面的内容，可以由志愿者管理人员来完成，培训的方式可以是讲座、研讨、参观等。岗位培训是对具体参与该岗位工作的志愿者进行的分散培训，可以由负责该岗位的主管人员或者骨干馆员来完成，培训的方式可以是资深馆员授课、岗位实习、资深志愿者现身说法等。

4. 开发多层次的服务项目，发挥志愿者的特长

公共图书馆志愿者能参与的服务内容可以是多样的，它不应只局限于书刊流通、排架整理等基础性服务项目。图书馆招募的志愿者来自各行各业，有不同的知识背景、不同的社会工作经验，对志愿者服务工作抱有不同的认识，图书馆应仔细分析了解每一位志愿者，因人而异，在合理安排志愿者参加常规服务项目的同时，对一些条件较好并有一定特长的志愿者，图书馆可以让他们从事读者咨询、讲解、翻译、主持人等具有挑战性的工作，一方面充分利用了志愿者本身资源，体现了志愿者的自我价值；另一方面又使志愿者在以满腔热情无私奉献的同时，收获了知识和能力。例如，天津泰达图书馆不断拓展延伸志愿者服务活动的领域，让志愿者担任涉外会议中的会场口语翻译、专业人员的各种培训讲课老师，充分发挥志愿者的专长和特点，激发志愿者的兴趣和热情。① 苏州图书馆的志愿者中有电视台播音员和少儿作家，前者专门为图书馆的读者活动担任主持人，后者专门开展亲子阅读和未成年人阅读辅导等工作。

5. 建立志愿服务的激励机制，稳定志愿者队伍

激励是调动志愿者工作积极性、增强志愿服务工作稳定性的有效管理手段。人们参与志愿服务的动机是复杂的，除了帮助他人、奉献社会外，也有自身的一些需要，比如学习新知识、获得团体归属感、提升自我价值等。因此，对志愿者的激励应根据他们的不同需求采用多种形式。对志愿者而言，在图书馆义务提供服务的动机主要是利他，是追求自我价值的实现，不以获得物质报酬为目的。所以，对志愿者的激励机制主要以精神层面为主，即实施人本管理，借助于文化引导、关心、表扬、奖励等方式为志愿者注入活力，提高志愿者的荣誉感和积极性，满足他们爱的需要、尊重的需要和自我实现的需要。

在文化引导方面，图书馆可以将组织自身的理念与志愿者的利他动机和自我实现的价值观结合起来，激发他们的工作热情。图书馆是为社会提供普遍均等服务的公益性机构，是利他的，这与志愿者的动机是一致的。图书馆可以通过总结分享会来交流心得，分享经验教训，引导志愿者认识到自己的服务不仅仅是利于图书馆，也是利于自身和社会的，用社会的认同感使其感受到自

---

① 全国中小型公共图书馆联合会. 中小型公共图书馆的体系建设与可持续发展[M]. 北京：中国民族摄影艺术出版社，2011：306.

身的价值,感受到奉献的快乐,从而获得心理上的满足。

在人文关怀方面,图书馆在志愿者管理过程中,应关心爱护志愿者,以增强志愿者的归属感与合作热情。例如,召开志愿者欢迎会,预先设想志愿者的需求和可能遇到的困难,为他们提供帮助,尊重志愿者的时间安排,配备较好的工作设备,开设志愿者休息室,提供茶水等,为志愿者创造一个充满人文关怀和信任氛围的工作环境。同时不断完善《图书馆志愿者工作手册》,帮助志愿者顺利开展工作。

在表扬和奖励方面,图书馆可以采取不同的方法对志愿者进行激励。比如,通过颁发证书、召开表彰会议、媒体报道、评选优秀志愿者、创建志愿者专栏等方式进行宣传与鼓励,让志愿者得到单位、亲戚、朋友的支持与赞赏,吸引更多志愿者的参与;通过送借书证、生日贺卡和小礼品等方式营造精神归属,激发志愿者内在的积极性;通过专业培训、提供实践机会等方式让志愿者学到新的知识与技能,为志愿者的锻炼成长和自身价值的实现创造条件。需要注意的是,对志愿者的奖励必须建立在绩效评估的基础上,奖励结果一定要公正、公平,应让每一位真正付出努力的志愿者的成绩都能得到肯定。

案例 5.5 东莞图书馆义务小馆员的管理

东莞图书馆少儿部从 2005 年新馆开馆以来,就活跃着一支 500 余人的小小义务管理员队伍。他们年龄大小不等,有 10 岁的小学生,也有 20 余岁的大学生。三年来,他们参与东莞图书馆少儿部的读者服务、读者管理、读者宣传、读者活动策划等工作,为促进东莞图书馆工作的开展,提高服务质量,作出了应有的贡献。

一、背景

东莞图书馆新馆开馆后,读者量激增,服务工作人员严重不足，为了解决这一实际问题，东莞图书馆与共青团东莞市委下属的志愿组织取得联系，希望通过它们的志愿帮助，解决图书馆新馆开馆后人力资源紧张的问题。经过两个月的实践操作，由于志愿人员变化太大，岗前培训任务太重，服务时间不确定等因素，东莞图书馆最终放弃了与志愿组织的合作，要求各部门结合实际情况，自行招募志愿者，自行管理志愿者。为此，东莞图书馆少儿部考虑到在校学生需要了解和利用图书馆，需要通过社会实践不断提升自我能力的机会，同时服务时间相对集中等特点，于是开始了向在校学生招募义务小馆员的征程。

二、招募

东莞图书馆少儿部通过两种形式进行义务小馆员的招募：一是在每年的寒暑假通过张贴海报进行招募；二是在平时通过工作人员发动进行招募，如主动与各学校联系，通过学校组织招募。同时，小读者借书、来馆参加活动时，工作人员主动与其交流，了解其参与意愿，发动并吸收其加入义务小馆员队伍，双休日为读者提供服务。由于学生对图书馆天生有亲近的意愿，再加上家长都愿意将自己的孩子送到图书馆这个知识的宝库接受锻炼，为此，报名加入义务小馆员的场面非常火爆。为了挑选到真正热心为读者服务的义务小馆员，东莞图书馆少儿部在了解每位学生报名基本情况的前提下，还通过面试时了解其谈吐、举止、修养等，通过试用了解其工作干劲和工作热情。对工作热情不高者，委婉地告诉其录用结果。

三、培训

由于义务小馆员一上岗就要开始运用专业知识为读者服务，而他们大部分都不曾有过相关的经验，因此，东莞图书馆少儿部委派专人对义务小馆员开展"如何做一名文明读者""小馆员服务行为准则""少儿部岗位工作职责"等培训。同时，在实际工作中，专职馆员给予其必要指导。此外，利用有经验的义务小馆员对新来义务小馆员进行传帮带，使其很快融入工作，融入环境。

四、服务时间

由于义务小馆员的主要任务是学习，为此，东莞图书馆少儿部在义务小馆员服务时间的安排上，坚持"服务时间与学习时间不冲突"原则。在寒暑假期间由于参加服务的义务小馆员人员较充足，东莞图书馆少儿部一般采取自己确定时间的方法；而参加平时双休日服务的义务小馆员，则分为周六上午、下午，周日上午、下午四个时间段，小馆员可根据自己的安排任选一个时间段，每个时间段为两小时。同时，每组人员的安排比正常上岗人员多一人，这样，组员遇上特殊情况可以由其他人替补。

五、工作内容

义务小馆员的主要工作内容为：维护读者的阅读秩序，阻止阅读过程中的不文明行为，辅导读者电子阅读，开展玩具的借还服务，协助图书、报刊的上架、归位工作，参与读者活动的策划、组织与实施，进行图书馆服务宣传等。

六、组织管理

东莞图书馆对义务小馆员的管理采取的是小组管理方式，即4～5人为一组，从中选出正副组长各一名，各个小组之间进行评比。担任小组组长人选的条件是责任心强、有组织能力、经验丰富，自愿参加选拔。组长负责小组内义务小馆员工作的分配和管理，组长在图书馆专职工作人员的带领和指导下，保证整个小组工作的正常运转。

七、奖励

为了激励义务小馆员的工作热情，东莞图书馆少儿部对义务小馆员的工作定期进行评比和嘉奖。例如，给每届义务小馆员提供20小时免费上机时间，赠送少儿图书、少儿读者证，组织"图书馆之旅""图书馆探宝"等活动。每学期结束后，还评选出优秀小馆员进行表彰，感谢他们为图书馆付出的辛勤劳动，表彰他们的这种舍小我为大我的精神，并提倡大家向他们学习。

八、总结

通过义务小馆员三年的活动实践，东莞图书馆义务小馆员工作使一部分学生在图书馆的服务工作中实实在在地得到了锻炼，能力实实在在地得到了提升，与此同时，他们的义务活动也带动了家长、老师、社会对图书馆的关注和了解，具有较强的宣传和导向作用。此外，义务小馆员这种孩子管理孩子的方式，更容易让家长和小读者接受，不仅缓解了图书馆人力的不足，还为图书馆服务和谐文化的建设增色加彩。在义务小馆员管理实施过程中，图书馆应注意肯定、维护并宣传义务小馆员的奉献行为，尊重他们的人格、工作热情和工作成绩，关心他们的学习和生活，不要仅仅把他们当作廉价的劳动力来使用，而应通过交流和沟通，担负起老师和家长的双重职责，通过图书馆服务的实例引导他们，激励他们，塑造他们，使他们健康快乐成长。

资料来源：蔡冰. 图书馆读者服务的艺术[M]. 北京：国家图书馆出版社，2009：154-157。

【本章小结】

人力资源管理是公共图书馆管理的重要内容，专业化的馆员队伍是公共图书馆提供专业化服务的最基本和最重要的条件。与人事管理不同的是，人力资源管理将人作为资源，将人员支出作为资本，因而人力资源管理把人作为公共图书馆中最宝贵的资源来进行开发和管理。在这个过程中，要把好公共图书馆馆员的入门关，确保从业人员的整体专业技能和职业素养，在目前阶段可以先建立从业人员的持证上岗制度；建立公共图书馆内部的馆员继续教育制度，保证馆员的素质能够得到不断提高，知识与技能适应新的形势发展的要求；建立岗位管理，使馆员在职业晋升通道上有多种选择；建立科学合理的分配制度，完善内部分配机制，调动馆员的积极性和创造性；开展学习型组织活动，通过建立学习型团队和项目小组，提高学习和工作效率，增加隐性知识传授的途径和机会；充分认识和发挥志愿者队伍在公共图书馆服务中的作用，把志愿者管理纳入公共图书馆的人力资源管理范畴。

【思考题】

1. 可以采用哪些措施来保证馆员的专业素质、提高馆员的专业水平？

2. 如何激励馆员、开发馆员的潜能、提高馆员的职业成就感和对组织的忠诚度？

3. 阐述图书馆团队建设的意义。

【推荐阅读】

1. 彼得·圣吉. 第五项修炼：学习型组织的艺术与实务[M]. 郭进隆，译. 上海：上海三联书店，1998.

2. 关培兰. 组织行为学[M]. 2版. 北京：中国人民大学出版社，2008.

3. 刘兹恒，徐建华，张久珍. 现代图书馆管理[M]. 北京：电子工业出版社，2010.

第六章 公共图书馆用户管理

【内容提要】

　　用户既是公共图书馆的服务对象,更是重要资源。只有树立以用户为中心的管理理念,公共图书馆才能得到可持续发展。本章重点讲述了公共图书馆开展用户管理及用户合作的意义,用户信息的概念、内容、保护措施及其与馆藏发展政策和服务政策的关系,以及用户调查及用户合作的类型和方法。

第一节 公共图书馆用户管理的意义

　　公共图书馆与用户之间的关系,好比鱼和水,用户为公共图书馆提供了生存空间,用户越多,空间越大。从这个意义上来说,公共图书馆的大与小不完全由馆舍大小、馆藏多少来决定,而更多取决于有多少用户、有多少利用率。用户多,供不应求,小馆就成为事实上的大馆。

　　毋庸置疑,用户是公共图书馆的服务对象,但用户同时也是公共图书馆的资源。本书所讲的用户管理,将作为服务对象的用户,通过管理用户信息,了解其需求、利用习惯、利用规律,甚至影响其习惯,便于更好地提供服务;将作为资源的用户,通过掌握其可支配资源以及社会责任感等信息,建立联系,激励其参与公共图书馆服务,以扩大公共图书馆的可利用资源。

一、公共图书馆用户管理的概念

　　用户是指公共图书馆的服务对象,凡是利用了公共图书馆所提供的资源、环境以及服务的个人和团体，都称为公共图书馆用户。公共图书馆用户是一个发展的概念，是从最初的读者演化过来的。"用户"与"读者"在本质上并无区别，现已在图书馆学界交替使用，本书为了论述引用方便，默认二者含义等同。

公共图书馆用户管理是指管理者根据公共图书馆的目标和任务，对用户进行调查研究，了解其利用公共图书馆的需求，需求的强弱、特点和规律，协调其同公共图书馆的关系，为公共图书馆的各项工作提供可靠的依据，以及激励用户参与公共图书馆事务，为公共图书馆服务提供人力、物力、财力支持的过程。简言之，就是发现用户、研究用户、开发用户和激励用户，即挖掘潜在的用户，使他们逐步变成现实的用户，对老用户以不断提高的服务留住他们并努力提高他们的忠诚度。其目的就是要在公共图书馆树立"以用户为中心"、将用户作为一种重要的资源的用户文化理念，通过各种渠道发现、了解、预测、开发、管理用户资源，并通过满足用户的需求、提高用户满意度来改善用户关系，进而与用户建立长期稳定的发展关系，以支持图书馆目标的实现。

二、公共图书馆开展用户管理的意义

(一)有利于培养馆员的用户意识

用户是公共图书馆的生命线，也是公共图书馆最具活力的资源，已经成为左右公共图书馆发展的决定性力量。开展用户管理将促使馆员不断培养用户意识，树立"以用户为中心"的服务理念与服务宗旨，一切以用户的需求为重，实现更优质的公众服务和用户关怀。具体原因在于如下几方面。

1. 用户是公共图书馆生存的基础

(1)图书馆是为用户存在的，用户是公共图书馆赖以生存的基础。没有了用户，公共图书馆就成了无皮之毛、无源之水。封建时代的藏书楼蜕变为图书馆，正是应了用户的需要而产生的。正是广大用户的需要，公共图书馆才从无到有，从小到大地壮大起来，而且随着用户需求的发展而发展。因此广大用户及其需要是公共图书馆产生和发展的原动力，如果没有用户，公共图书馆就失去了存在的价值和意义。

（2）用户的利用是图书馆生存与发展的关键。一个图书馆的功能价值体现的程度、文献资源的开发利用水平，都取决于用户的数量、质量和使用图书馆的效益和效果。图书馆作用的发挥主要依赖于用户的利用，而图书馆的建筑、藏书、设备技术等都是为用户服务的，所以说只有通过用户的使用才能体现图书馆的作用和存在的必要性。

（3）关注用户等于关注图书馆的未来。"认知科学研究发现，用户是公共图书馆服务的主体，公共图书馆仅仅是用户信息活动的外在工具之一。"[1]用户是公共图书馆的利用者，但并非公共图书馆内部的构成要素，是与公共图书馆外部相关的，并与其相矛盾的独立存在的主体。在供需关系中主体是用户，属于认知公共图书馆并进行阅读活动的人；客体是公共图书馆，即同主体相对的客观存在，属于主体认识和改造的对象。这如同大众传播的受众属主体，传播者属客体一样，客体必须依从主体，并适应主体的需求。以用户为主体的思想要求公共图书馆在观念上有如下三个转变：①把"读者是图书馆的读者"转变为"图书馆是读者的图书馆"。②把"读者应该适应图书馆的要求"转变为"图书馆应该适应读者的要求"。③把"图书馆提供什么服务，读者就接受什么服务"转变为"读者需要什么服务，图书馆就应提供什么服务"。只有这样，公共图书馆才能得到呆持续发展。

----

[1] 李桂华. 当代公共图书馆用户：需求、行为与结构[M]. 成都：四川大学出版社，2010：6.

2. 用户是公共图书馆工作的评价主体

用户对公共图书馆工作是否满意，是由用户的感知与期望所决定的，用户是公共图书馆工作的评价主体。公共图书馆建设和发展的情况如何，为读者提供服务的质量如何，都要由读者来衡量和判断。

一个图书馆办得好不好，主要依据读者对利用图书馆的希望程度、读者对服务项目和服务标准的信誉程度、读者对服务人员素质和服务水平的认可程度而作出评价。读者的评价一般表现在三个方面：（1）读者对文献。文献是否符合读者需求，必须由读者作出判断。（2）读者对图书馆员。图书馆员的服务态度、服务能力、服务效果必须由读者进行鉴定。（3）读者对图书馆工作。图书馆的各项业务、规章制度、服务项目及设施是否符合读者的利益与要求，必须由读者评价。

3. 用户有权选择公共图书馆服务

我国《宪法》第47条规定："中华人民共和国公民有进行科学研究、文学艺术创作和其他文化活动的自由。"《消费者权益保护法》第9条规定："消费者享有自由选择商品或服务的权利。"这些法律规定充分表明，读者具有自由选择知识产品、知识服务的权利。在现实情况中，公共图书馆是图书馆服务产品的提供者，广大读者和用户是公共图书馆服务产品的利用者和消费者，他们有权选择图书馆服务，这种选择性就蕴含了供方的竞争。因此，作为文献信息服务提供者的公共图书馆，在读者和用户自由选择利用图书馆的竞争机制下，必须努力提高服务质量和水平，为社会提供优质的服务以满足读者的需要，否则将会被时代所淘汰。

现代信息技术为公共图书馆的服务延伸和创新提供了更多可能，但也为其制造了越来越多的信息服务领域竞争者，对公共图书馆服务价值提出了巨大挑战。在网络化环境下，用户利用文献信息资源的方式和手段发生了根本性变化，公共图书馆不再是用户唯一的查询资料、获取信息的场所。尽管公共图书馆已经进入了免费开放时代，但读者在接受无偿服务时已经有了付出。且不说是不是纳税人问题，就因为利用图书馆，读者会发生一系列的交通成本和时间成本，时间成本上还包括了因读者在利用困难时所多花费的时间成本，图书馆服务不友好所发生的潜在时间成本等，如果这些成本对于读者来说过于沉重，读者将会作出不利用公共图书馆的选择。在为当地居民提供公共服务以及政府购买双重理念的影响下，用户的数量将在很大程度上决定政府对公共图书馆的投入。因此，如何通过丰富馆藏、改善服务、优化阅读环境来赢得读者，已成为公共图书馆工作的重中之重。

（二）有利于提高用户的满意度

公共图书馆工作的最终目标就是以良好的服务让读者满意。开展用户管理将促使公共图书馆一切工作都是围绕读者这一中心、围绕读者的信息需求进行，千方百计满足用户需求，想方设法提高用户满意度。

1. 用户满意的含义

满意是对需求是否满足的一种界定尺度。当用户需求被满足时，用户便体验到一种积极的情绪反应，这称为满意；否则即体验到一种消极的情绪反应，这称为不满意。用户对公共图书馆的服务有着最直接的体验和感受。用户是否满意直接反映了公共图书馆的社会效果，对后续需求的产生有直接的影响，是衡量公共图书馆工作质量的尺度。

根据顾客满意（CS）理论，用户的满意需要从理念满意、行为满意和视觉满意三个方面去衡量[1]。对于某个公共图书馆来讲，

---

[1] 付立宏，袁琳. 图书馆管理教程[M]. 武汉：武汉大学出版社，2005：465.

理念满意是指该馆的服务理念带给读者的心理满意状态,包括读者对该馆所确立的服务宗旨、服务战略、服务精神、服务信条、服务风格等的满意状态。行为满意是指该馆的服务行为带给读者的心理满意状态,包括对行为规则、行为效率、行为方式、行为语言等的满意状态。视觉满意是指该馆服务中可视性的外在形象留给读者的心理满意状态,包括对服务名称、导引系统、环境美化、文字规范、设施格局、建筑标志、物品陈列、装饰色彩、人员服饰等的满意状态。

2. 满意度的内容

满意度是指用户接受公共图书馆服务的实际感受与事先期望比较的满足程度。[①] 满意度是对公共图书馆工作的全面评价,是满足度、便利度、关心度等评价指标的综合体现。

(1)满足度。即公共图书馆所提供的文献信息服务满足读者需求的程度,可通过文献保障率、文献借阅率等指标来表示。满足度主要反映公共图书馆服务中文献资源的存取及其链接的能力。

(2)便利度。即公共图书馆为读者利用文献资源提供方便的程度,包括馆址是否适中、交通是否方便、服务布局是否合理、标示系统是否完备、检索系统是否高效、参考咨询与导读系统是否健全、残疾人服务系统是否完善等。

(3)关心度。即公共图书馆对读者给予的关心、关切和照顾程度,具体表现为公共图书馆工作人员在提供服务过程中情感的投入程度,如工作人员对待读者热情、诚恳、耐心、周到的服务程度以及对弱势读者,如残疾人、老人、儿童等读者的关切与关怀程度。

---

① 温国强. 图书馆提高读者忠诚度的策略[J]. 中国图书馆学报, 2004(6): 80-83.

(三)有利于图书馆改善服务

用户管理的成果为公共图书馆修订和完善政策、提出改进工作的重点和措施提供了科学依据,直接指导着公共图书馆各个方面的工作。因此,开展用户管理有利于图书馆改善服务,是公共图书馆进行决策的基本需要。公共图书馆应自觉利用用户管理的成果,指导其他工作的开展。

图书馆的所有服务活动,都是围绕用户的需求开展的。公共图书馆用户的需求具有多样性和复杂性,更好地满足用户需求是公共图书馆一切工作的出发点和归宿,要达到这一目的,就必须开展用户管理工作。通过用户管理,公共图书馆可以随时收集和分析用户反应,研究和了解用户对图书馆服务、资源及环境各方面的要求,及时调整或补充文献资源,改进服务,改善环境,把决策和行动建立在对用户信息数据分析的基础上,实现对具体用户进行具体需求分析和提供有针对性的服务,最大可能地满足用户的各种需求。

第二节 公共图书馆用户信息对管理的影响

用户信息是指用户在使用图书馆资源、接受图书馆服务时,所产生的一切与用户有关的信息。在这里,"用户"不仅包括实际到馆利用公共图书馆资源的读者,也包括接受图书馆信息推送、参考咨询等远程服务的读者,还有通过网络等途径远程利用公共图书馆资源的读者。而"信息"也是取其广义,既包括浅层次的一般性的用户数据,也包括深层次的具有个性的、需要通过分析才能得到的信息。用户信息集中反映用户对图书馆资源与服务的需求,是公共图书馆馆藏发展政策和服务政策的决策依据。

一、公共图书馆用户信息与馆藏发展政策

馆藏资源是吸引公众利用图书馆的重要因素，也是图书馆为读者服务的最重要的物质基础。馆藏资源不仅包括印刷型文献，也包括电子信息资源及经过整序的网络信息资源。一个均衡及多元化的馆藏，可以满足社会不同年龄、教育程度、社会及经济背景的人群对信息、研究、自学及休闲的需求。

馆藏发展政策是一个图书馆系统地确定本馆文献资源长期发展策略以及具体实施的规范的纲领性文件。具体而言，即图书馆根据自身的定位、任务和用户需求，制定相应的有关藏书的收集范围、采访原则、采访标准、采访级别、采访细则、采访计划等基本政策，有计划地、科学地进行选择、收集、组织、保管、复选、剔除文献等全部的业务工作。[①]

馆藏建设的合理化发展离不开用户信息分析。了解用户信息是开展馆藏建设工作的前提，只有建立在用户信息分析基础之上的馆藏建设才能更加科学合理。用户信息反映用户的层次类型、知识结构、阅读目的、阅读范围和兴趣；反映馆藏资源的被利用状况；反映用户对现有馆藏的满意度；反映对馆藏的需求、意见和建议，因此，用户信息是对馆藏资源建设情况作出的客观评价，它能验证公共图书馆资源结构的合理性，是制定或完善馆藏发展政策的参考依据。

评价馆藏资源的指标包括：(1)馆藏利用率，馆藏利用率是在一定时间内读者实际使用的文献数量除以馆藏文献总数的比率。(2)平均每册图书的流通次数。(3)平均每千人年新购置馆藏数量。(4)人均馆藏册数。(5)各类电子资源的访问、下载数量等。公共

---

① 高红，朱硕峰，张玮. 世界各国图书馆馆藏发展政策精要[M]. 北京：海洋出版社，2010：1.

图书馆除了开展统计外，还可通过用户调查获得这些信息，作为调整馆藏发展政策的决策依据。

二、公共图书馆用户信息与服务政策

图书馆服务政策是指图书馆组织机构为长期服务社会，针对特定的服务对象，对图书馆服务提供的服务项目、服务内容、服务细则以及服务时应遵守的法律法规所制定的一系列条例和准则，是服务工作总的导向性行动指南。[①] 它是图书馆服务工作发展的重要保障，同时也是读者和用户使用图书馆的路标。

一个图书馆的服务政策是否满足用户的需求，是否能够发掘用户需求，都可以从用户对图书馆服务的评价中得到答案。通过调查用户信息，可以查核图书馆服务目前人、事、物的状态，检测服务理念、服务目标、服务项目、服务方式等有无修改的必要。因此，用户信息是公共图书馆制定服务政策的决策依据，是完善图书馆服务政策最好的意见。例如，某图书馆向读者调查关于本馆开放时间的意见，当大多数读者认为开放时间不合理时，该馆就要根据读者的需求对本馆的日常开放时间和节假日开放时间作出相应的调整。

与图书馆服务相关的用户信息有：(1)借阅服务，包括是否会查找所需文献、获取所需文献的时间、对使用方式(预约、预借等)是否满意、对馆员的服务态度是否满意等。(2)网络信息服务，包括平均每千人访问图书馆主页的比例、服务中是否保护用户个人信息等。(3)参考咨询服务，包括回答咨询问题的准确率、是否满意咨询服务的响应时间、对服务方式的需求(是否开展原文传递等)。(4)读者活动，包括讲座主题是否符合当地听众需求、展览

---

① 缪其浩.图书馆员职业精神与核心能力[M].上海：上海科学技术出版社，2006：151.

主题和形式是否符合需求、阅读推广活动是否有助于各类读者增加阅读量并养成阅读习惯等。(5)特殊群体，包括儿童、老人、残障人士、弱势人群等对服务的要求。公共图书馆可通过用户调查获得这些信息，作为调整服务政策的参考依据。

三、公共图书馆用户信息保护

图书馆用户信息保护是指防止第三方获取图书馆用户信息及当这种信息需要与第三方共享时，图书馆实施控制的能力。① 用户信息保护是用户管理中的一项经常性工作，包括个人信息和机构信息的保护。用户的个人信息属于个人的隐私，机构信息有可能涉及商业秘密，均具有保密性，公共图书馆都应对其实施保护。

(一)隐私保护政策的制定

隐私是指私人信息不受他人非法采集和公开，以及私人生活安宁不受他人非法侵扰。② 凡用户信息，包括个人资料、阅读记录、通信地址、获取知识的倾向、个人生活情况等均属个人秘密、隐私。随着信息技术在图书馆服务过程中的充分利用，使得公共图书馆调用用户信息十分方便，图书馆员不但可以检索到读者的借阅流通记录，同时还可以检索到用户在网上搜索和进行数字参考咨询服务的相关记录，这样，图书馆内的隐私问题就越来越受到重视了。

为了增加对用户信息保护的透明度，同时为了让用户在披露个人隐私信息时感到安全，图书馆采取的最简单有效的办法就是制定一份隐私政策声明，将其在馆内和本馆网站上公布，并严格

---

① 郭明珠，等. 个性化信息服务中用户隐私保护对策探究[J]. 图书馆学研究，2010(8)：62-66.
② 严安. 图书馆网络信息服务中的用户隐私权保护研究[J]. 图书馆学研究，2005(8)：86-88.

遵守这一政策。隐私政策声明的功能主要体现在两个方面：（1）告知功能，通过公告，明确地告诉用户，图书馆在何种情况下收集个人资料、收集的目的和内容、个人对数据资料享有的权利。（2）制约功能，此功能是前一功能的必然延伸，公示权利和义务的目的是为了遵守规则，而制约是规则本身的应有之义，当事人如违反规则，理应接受法律上的不利后果。

隐私权是个人对隐私支配的权利。图书馆制定隐私保护政策，也是尊重用户隐私权，保护用户合法权益的重要表现。一般来说，公共图书馆在隐私政策中都会声明自己收集的用户信息只是用于图书馆服务的改善、提高图书馆服务的质量和统计用户的数量等目的。图书馆在一般情况下，按照有关的规定不能公开用户个人信息。但是，在法定的特殊情况下，图书馆可以将用户的个人信息公开给相关的政府部门。

（二）用户调查的用户信息保护

用户信息保护要求图书馆将与用户有关的图书馆记录作为机密，防止第三方获取并控制其利用。当图书馆开展用户调查，需要收集用户信息时，应明确告知对方收集的目的，对用户的注册和流通信息应该严格保密，保证用户信息不外流。图书馆在做完统计汇总之后要将原始调查问卷封装保存，汇总数据专人专用，以防用户的基本信息泄露，给用户带来不必要的麻烦。

（三）信息服务的用户信息保护

在图书馆为用户提供信息服务的过程中，用户与图书馆员之间往来的书面记录、电子邮件、短信咨询、在线聊天内容等都会涉及用户的机密，公共图书馆应对所有用户的使用记录进行平等保护。

1. 个性化信息服务中的信息保护

个性化信息服务是指图书馆根据用户的特定需求，向用户主动、及时、准确地提供所需信息和知识的一种推送服务。它主要表现为两个层次：(1)按用户要求进行信息定制。(2)挖掘用户兴趣模式，为其主动提供需要的服务。在信息的定制过程中，用户的信息需要传给代理端以进行用户建模，会留下用户的个人基本信息、学术兴趣、在研课题和研究方向等细节，定制成功后形成的个性化页面（我的图书馆）更是属于用户的专属空间，其中链接的学科资源、用户订阅的 RSS 信息等，都属于机密。在为用户主动提供所需服务的过程中，系统运用数据挖掘技术对用户的反馈评价信息、服务器日志等网络使用记录进行分析和挖掘，实现对用户的信息需求和潜在需求的动态跟踪、分析和预测，同样存在着用户信息被泄露的风险。因此，图书馆在开展个性化信息服务中特别要重视对用户信息的保护。

2. 参考咨询服务中的信息保护

图书馆在开展参考咨询服务的过程中，会掌握大量的用户电子邮件地址和用户所咨询的参考问题，这些问题反映了用户的科研动向、兴趣爱好、所关心的问题等，在未经用户同意的情况下，图书馆应对用户查询或获取的信息、咨询及传递的资源予以保密，保证不将用户邮件地址和问题滥用或传递给第三方。图书馆在收集咨询者用户信息前须征得用户的同意，并明确告知修改与更新资料的程序，让用户对其个人资料享有一定的自主权利，杜绝对用户信息的恶意、无聊地外露和扩散。

3. 网络服务中的信息保护

用户访问图书馆网站，在进行创建、查看、编辑时，服务器上常常会记录大量的用户信息，如用户的 IP 地址、用户访问的时间、浏览的网页等；在提供手机图书馆服务中，会掌握读者的手机号码。图书馆在利用网络提供服务的过程中，要对这些用户信息给予保护，不公开、编辑或透露用户信息。馆员要向网络用户说明转移资料的可能性、查阅及修改资料的权利及保护措施。另外，还须防止业务系统的漏洞，避免用户信息在网络上泄露、流传或转卖。

4. 企业信息服务中的商业秘密保护

《反不正当竞争法》第 10 条对商业秘密下的定义是："不为公众所知悉、能为权利人带来经济利益、具有实用性并经权利人采取保密措施的技术信息和经营信息。"技术信息可以是完整的技术方案、阶段性的技术成果以及有价值的技术数据，也可以是针对特定技术问题的技术诀窍。公共图书馆在为企业服务中可能会接触到企业的技术信息。另外，图书馆在为企业开展信息服务的过程中，企业的信息需求本身就说明这个企业在关注什么，可能在开发相应的产品，这也可以成为竞争对手了解该企业的情报，因而构成企业的商业秘密。商业秘密是以秘密状态为必要，商业秘密的这一特殊性要求馆员在服务中树立保密意识，担当保密责任，为权利人保守商业秘密，维护权利人的合法权益。

（四）馆员与用户共同提高保护意识和能力

中国图书馆学会在《中国图书馆员职业道德准则（试行）》中提出："维护读者权益，保守读者秘密。"为此，图书馆在用户管理过程中，一方面要加强工作人员职业道德教育，树立保护用户信息的意识；另一方面还须加强用户教育，提高用户自我保护能力。

图书馆一方面要加强馆员的职业道德教育，增强保密意识，构建用户信息保护的自律机制；另一方面要了解图书馆保护读者隐私政策措施的实质。例如，公共图书馆内禁止拍照，国内许多有此政策的图书馆中的大多数馆员并不了解禁止拍照是为了什么，只知是图书馆规定。殊不知，禁止拍照是为了保护读者隐私。所以，图书馆不仅需要制定保护读者隐私的政策，以制度约束馆员的行为、约束读者的行为，而且需要对这些政策做好宣传和培训，使全体馆员不仅懂法，也懂得尊重和维护用户的人格尊严和法律人身权利，更懂得如何切实开展隐私的保护。

为了使用户隐私权受到的威胁降到最小化，图书馆可以采取相应的防范措施，使用户信息的保密及安全得到必要的技术支持，确保用户信息安全。同时，要引导公众正确使用用户信息保护技术，包括用户信息的表示与识别技术、通信隐私以及安全存取技术等，以实现用户的自我保护，这是用户信息保护最基本的屏障。图书馆还要开展用户教育，将用户信息保护纳入用户教育内容之中，向用户宣传和介绍图书馆用户信息保护的政策和章程，向用户讲授用户信息自我保护的具体方法，提高用户的自我保护意识和能力。

第三节　公共图书馆用户调查

没有调查就没有发言权。图书馆的服务质量、服务效果如何，只有通过用户调查才能获知。用户调查是公共图书馆收集用户信息、研究了解用户的最主要的方法，内容包括确定目标后，设计调查方法，选择调查的范围，实施、分析研究得出结论并予以评价，研究对策。用户调查能提供大量具体生动的材料，可以使图书馆广泛了解用户的各种需求和想法，了解读者对图书馆的认识，能为研究用户和图书馆的建设提供有价值的参考资料，对于改进图书馆工作，促进图书馆学研究，都具有重大的实践意义。公共图书馆必须时刻关注用户的信息，把握用户需求的变化，做好用户的调查工作，把决策和行动建立在对用户调查研究的基础上。

一、用户调查的基本类型

（一）全面调查

全面调查也叫普查，它是对被研究对象所包括的全部单位无一遗漏地加以调查，以掌握被研究对象的总体状况的过程。这种调查方法收集到的信息最全面，最能充分反映调查对象的实际情况，不会失真。但是这类调查需要动用较多人力、物力、财力，花费较多时间，计划组织和实施的工程浩大而复杂。由于资源的限制，公共图书馆一般很少用这种方法对用户进行调查。

(二) 典型调查

在对所要研究的对象有初步了解的基础上，有计划、有目的地选择若干有代表性的典型单位进行周密系统的调查的研究方式。典型调查希望能通过对典型的调查达到了解全面的目的。这种方法对资源的占用不多，比较容易进行系统、深入的分析研究。然而，由于典型的选择容易受到调查者主观所左右，会使得典型不具备客观性，调查结果很难完全反映总体情况。此外，典型个体与总体之间总是存在差异的，因此，典型调查结果的代表性不会很充分。在公共图书馆用户调查中很少采用这种方法。

(三) 抽样调查

从研究总体中按照一定的方法选取部分对象(样本)进行调查，以样本的调查结果来说明或代表被研究总体的情况的方法。抽样调查是获取用户资料的重要手段，它的本质特点是以部分来说明或代表总体。使用抽样调查的方法，能够弥补全面调查的短处，但是前提是抽取的样本必须能够说明或代表总体的特征。由于随机抽样的理论基础是概率论与数理统计，它们保证了每一个被研究的总体单位都有同样的机会被抽到，当样本容量达到一定程度的时候，样本的特征就较好地代表了总体的特征。因此，公共图书馆用户调查研究常采取抽样调查方式，如访问和问卷调查都属于这一类型。

实施抽样调查前制定抽样方案十分重要。从调查对象的总体中，所抽取的样本是否具有代表性，有多大的代表性，都与抽样方案紧密相关。图书馆在设计抽样方案时，首先需要明确界定样本容量，要从成本最低而又不至于损害样本的代表性这两方面考虑样本容量；其次要选择恰当的抽样方法，在可能的情况下，应该尽量采用随机抽样这一科学的抽样方法。

二、用户调查的具体方法

用户调查的具体方法有文献调查法、实地考察法、信息反馈法、访问调查法、问卷调查法等多种形式。其中，访问调查和问卷调查是两种较为实用和常用的方法，在实际调查过程中，公共图书馆往往综合采用多种方法同时进行。

（一）文献调查法

文献调查法是指图书馆通过调查与用户有关的各种文献资料来开展研究工作的一种方法。这是第一手资料不够用或不可能取得第一手资料，而又有第二手资料可用时常常采取的收集资料的方法。其调查内容包括各种文献、用户登记卡、服务工作记录、咨询记录等各种资料。这些调查内容从不同的角度揭示用户的需求和利用情况，因此，我们可以从某一途径进行某一方面的研究。公共图书馆最常用的是从读者的登记、借阅、咨询记录来提取用户信息。这种方法多以分析为主，如从用户登记信息中弄清楚用户的结构及信息需求，从读者借阅文献的重点分析出读者希望阅读何种图书，以便在此类新书上架时可以及时通知读者。

（二）实地考察法

实地考察法是指调查人员通过耳闻目睹或参加其具体活动而进行的调查方法，如实地参观、参加课题研究等。通过实地考察，可以及时捕捉到一些难以明确表达或难以传递的信息，可以观察到文献资料上无法看到的现象。另外，通过现场获取的信息大部分是第一手信息，具有直观、形象、真实、生动、可靠的特点。

例如，图书馆通过实地观察，从人流量的大小、读者阅读时的动作及表情等方面可以分析出读者的阅读喜好和阅读习惯。

(三)信息反馈法

信息反馈法是指利用用户反馈信息，进行用户调查的方法。对于图书馆所作出的一切努力，用户总会作出有意识或无意识、主动或被动的反应，这就是用户反馈。一般来说，用户向图书馆反馈的信息越多，他们就越能得到自身需要的信息产品和服务，也就越能获得更高的用户体验价值。公共图书馆可在用户咨询、用户培训、与用户联络等过程中直接获得用户反馈信息，也可以通过书面征询来获得反馈意见。这种调查方法只能从少量零星的用户反馈信息入手，展开分析研究，因此调查结果缺乏普遍性和全面性。尽管如此，由于用户反馈信息具有可靠、具体的特点，所以该方法正日益引起人们的重视。

(四)访问调查法

访问调查法是指通过对读者进行随机采访，向读者了解情况的一种方法。该方法一般用于调查当前社会关注的图书馆热点问题，包括面对面访问、电话访问及网络在线访问等几种方式。这种方法很灵活，调查结果比较可靠，但是难度较大，需要访谈者具有很高的技巧。在调查过程中，访谈人员要注意与读者建立好感，使读者对其感到信任，从而愿意提供信息。访谈者提问时要掌握谈话的技巧，一般不要涉及敏感话题，问题的提出要明确，不能含糊不清。在谈话过程中，访谈者不要流露出个人的喜好倾向，不要引导读者回答出所期望的答案，要根据读者的语言理解程度提出问题，要注意控制访谈的节奏和气氛，掌握访谈的方向。访谈结束，应对被访者的合作表示感谢并对占用了被访谈者的时间表示抱歉。

(五)问卷调查法

问卷调查法是指图书馆按统一设计的问卷,向读者了解情况或征询意见的一种方法,是目前公共图书馆用户调查中最常用的方法。这是因为:首先,问卷的设计是标准化的,便于大规模地开展,也便于资料的整理和进行定量的分析,使用问卷法可以节省大量人力、物力和时间;其次,问卷调查是间接的,调查者与读者不直接接触,读者在回答问题时不会受到干扰;最后,问卷调查不受时空的限制,使用灵活,适合于各类问题的调查。公共图书馆可以定期或有针对性地开展问卷调查,在醒目的地点设置调查问卷发放处,专人负责在图书馆相关位置收发调查问卷或通过门户网站开展网上问卷调查。

问卷调查中最重要的是问卷的设计。由于调查过程中调查者不与用户直接交流,对用户需求理解的正确性和可靠性完全取决于问卷本身,因此,只有通过精心设计的问卷才能得出有用的调查结果。问卷通常包括封面信、指导语、问题等几个部分。封面信部分只是简单地说明问卷的目的,及表示对被调查者的感谢。在指导语中一般要说明问卷的回答方式及回收时间。

问题是调查问卷的主体。问题要通俗易懂、易于回答,设立时需要注意以下几点。

1. 问题的形式

按问题的回答形式可分为:封闭式问题,即在问题后列出所有可能的答案让读者选择;开放式问题,即在问卷上没有已拟定的答案,读者根据实际情况自己填写。在设计问卷时,可根据不同的调查目的,来确定问题的回答形式。封闭式问题应该用于无联系的、性质截然不同的和数量较少的选项。封闭式问题的选项应该是详尽无遗并且相互排斥的。封闭式问题一般是能迅速回答的,适用于一个教育水平较低的样本。开放式问题用在那些不能用几个简单选项穷尽、需要用较多的论述加以回答的复杂问题，它们被用来引出读者独特的见解和观点。许多问卷是两种问题混合的，一份以封闭式问题为主的问卷，可以包括至少一个开放式问题，以避免忽略了对被调查者具有意义的事项。

封闭式问题的题型分为单选题和多选题两种。多选题又分为多项限选式、多项排序式、多项任选式三种。一个调查问题的选项设计应该是单选还是多选，主要取决于调查的目的和各个选项之间的关联性，如果调查结果具有唯一性，以及各个选项之间具有排他性，那么作为单选比较合理，否则应考虑采用多选的方式。很多时候，读者的选择答案是不止一种的，多选题就比单选题更能反映被调查者的实际情况。而有些时候，由于调查者没能穷尽答案，回答者的情况会不包括在某个问题所列的答案中，解决的办法就是在所有选项的后面再加上一个"其他"类，这样，那些无法选择所列举答案的人，总是可以选择这一答案的。但应该注意的是，如果一项调查结果中，选择"其他"一栏的人数相当多，那么说明问卷中所列答案的分类是不恰当的，即某些比较重要的答案类别没有被单独列出来。

2. 问题的数量和顺序

问题的数量应尽可能少，要尊重读者的时间，把回答问题所需的时间控制在5分钟左右，最多不超过10分钟，否则读者有可能产生厌烦和畏难情绪，由此影响填答的质量和回收率。关于问题的安排顺序，要遵循先易后难、先简后繁、先具体后抽象的原则：把简单易答的问题放在前面，把复杂难答的问题放在后面；把能引起读者兴趣的问题放在前面，把容易引起他们紧张或产生顾虑的问题放在后面；把读者熟悉的问题放在前面，把他们感到生疏的问题放在后面；先问行为方面的问题，再问态度、意见、看法方面的问题；能不设开放式问题最好，一定要设的，一般把它放在问卷的最后。

3. 问题的语言及提问方式

问题的措辞会极大地影响所收回答案的准确性。除语义要清楚无误之外,编写问题的关键因素是简洁,要以最简洁的词语表达所想要表达的意思,当一个词足够时,决不用两个或三个词。提问时,要注意:(1)不能带有倾向性。即问题的提法不能对读者产生某种引导,使他觉得该填什么或者能感觉到调查者希望他填什么。提问要尽量客观,应该以中立的态度来问。(2)不要直接询问敏感性问题。当问及某些个人隐私时,人们往往会有一种本能的自我防卫心理。因此,如果直接提问,将引起很高的拒答率。所以对这些问题最好采取某种间接询问的方式,并且语言要特别委婉。(3)不要用否定形式提问。在日常交往中,人们往往习惯于肯定形式的提问,而不习惯于否定形式的提问。如果采用否定式,由于人们不习惯,会使许多人漏掉问题中的"不"字,并在这种理解的基础上进行回答,导致答案与他们的意愿相反。(4)问题要避免双重或多重含义。双重或多重含义是指在一个问题中,同时询问了两件或几件事情,使被调查者无所适从。

问卷调查是图书馆和读者之间一种行之有效的沟通方式。一次成功的问卷调查的结果,可以成为公共图书馆确定发展目标、及时适应读者的需求变化、有针对性地改善图书馆工作的重要依据。于是,策划一份高质量的问卷也就成为用户调查成功的保障。

案例 6.1　图书馆读者服务满意度调查问卷

各位读者:

您好!为便于图书馆从读者的角度管理、监控、评价图书馆服务工作的绩效,确定图书馆服务工作的重心,及时掌握亟待图书馆改进的领域,特进行此次调查,恳请您能开诚布公地发表您的意见。感谢您的支持与合作！

您现在的职业：

☐ 中小学生　　　　　☐ 大学生
☐ 教师　　　　　　　☐ 技术研发人员
☐ 公司管理人员　　　☐ 政府公务员
☐ 企业员工　　　　　☐ 无固定职业者

您的年龄：

☐ 18 岁以下　　　　☐ 19～35 岁
☐ 36～50 岁　　　　☐ 50 岁以上

您的教育程度：

☐ 小学　　　　　　　☐ 初中
☐ 高中　　　　　　　☐ 大学专科
☐ 大学本科　　　　　☐ 研究生

您到图书馆的频率：

☐ 每月 1 次　　　　☐ 两周 1 次
☐ 每周 1 次　　　　☐ 每天 1 次
☐ 很少

您使用在线图书馆服务的频率：

☐ 每月 1 次　　　　☐ 两周 1 次
☐ 每周 1 次　　　　☐ 每天 1 次
☐ 很少

以下内容请您直接打分：

表 6.1　图书馆读者服务满意度测评

测评范畴	测评指标	对您的重要程度 1~10 分	图书馆在这方面的表现 1~10 分
馆藏资源	1. 馆藏资源符合您的需求		
	2. 印刷型资源易于检索		
	3. 数字图书易于检索		
	4. 电子数据库易于检索		
	5. 馆藏资源布局的标识		
	6. 书刊的种类及数量		
	7. 书刊排架方便索取		
	8. 新增馆藏资源的通报		
设施设备	9. 提供残障人士设施		
	10. 存包柜适用		
	11. 足够的电脑供信息检索		
	12. 便于复印		
	13. 便于打印		
	14. 阅览座位数量恰当		
开放服务	15. 借还记录的正确性		
	16. 借书册数		
	17. 借阅期限		
	18. 逾期处理方式		
	19. 丢书处理方式		
	20. 日常开放时间		
	21. 节假日开放时间		
	22. 馆际互借的执行		
	23. 新的服务项目宣传		
	24. 馆员熟悉业务程度		
	25. 馆员处事效率		

续表

测评范畴	测评指标	对您的重要程度 1~10分	图书馆在这方面的表现 1~10分
服务态度	26. 馆员态度友好		
	27. 馆员平等服务，不歧视		
	28. 馆员服务的主动性		
	29. 馆员乐意帮助读者		
	30. 馆员正确答复读者的咨询		
	31. 馆员对读者抱怨的处理		
	32. 馆员接受读者的意见		

您对图书馆的总体评价：

☐很满意　　　　　　　☐比较满意

☐一般满意　　　　　　☐较不满意

☐不满意

案例6.2　图书馆读者阅读需求调查问卷

尊敬的读者：

　　为了进一步加强图书馆的文献资源建设，更好地为广大读者服务，特邀请您参加此次"读者阅读需求调查问卷"调查。您的意见对我们很重要，将有助于提高图书馆文献资源建设工作质量和服务水平，请认真填写。十分感谢您对我们工作的支持，谢谢！

您的年龄：

☐18岁以下　　　　　　☐19~30岁

☐31~45岁　　　　　　☐46~60岁

☐60岁以上

您的职业：

☐学生　　　　　　　　☐教师

☐公务员　　　　　　　☐企事业单位职工

☐进城务工人员　　　☐下岗退休人员

☐技术研究人员　　　☐管理人员

☐其他

填写说明：请您根据自己的情况，在合适的选项"☐"上打"√"。第 1 题、第 2 题是单项选择题；第 3 题～第 9 题是多项限选题，您最多只能选三个答案；最后的开放式问题，请您畅所欲言。

1. 您经常到图书馆吗？

☐几乎每天　　　　　☐每周 1～2 次

☐每月 1～2 次　　　☐每年 1～2 次

2. 您经常访问图书馆网站吗？

☐经常，几乎每天 1～2 次

☐一般，每周 1～2 次

☐偶尔，每月 1～2 次

☐很少，只通过图书馆主页查找资料

3. 您到图书馆的主要目的是：

☐借还图书　　　　　☐阅览报刊

☐自修学习　　　　　☐查找资料

☐参加活动　　　　　☐上网

☐其他

4. 您到图书馆经常查阅的文献类型有：

☐图书　　　　　　　☐期刊

☐报纸　　　　　　　☐数字资源

☐视听资料

5. 您经常借阅哪一类书刊？

☐专业类　　　　　　☐考试类

☐科普类　　　　　　☐人文素养类

☐生活指南类　　　　☐休闲消遣类

6. 您认为当前馆藏资源存在的主要问题是：

☐ 新书少，馆藏资源陈旧　　☐ 图书种类欠丰富

☐ 馆藏分布不合理　　　　　☐ 缺乏专题数据库

☐ 期刊不足　　　　　　　　☐ 检索不健全

7. 您认为无法借到需要的图书的主要原因是：

☐ 图书馆没有收藏　　　　　☐ 书目中有，架上无书

☐ 不知道如何检索　　　　　☐ 不了解书刊排架

8. 当图书馆馆藏不能解决一时之需时，您采取的方法是：

☐ 向图书馆推荐购买　　　　☐ 找其他图书馆去借

☐ 自己购买　　　　　　　　☐ 利用网络下载资源

☐ 放弃寻找

9. 您向图书馆进行新书荐购采取的主要方式是：

☐ 登录图书馆主页，填写读者荐购表单

☐ 向图书馆主页在线咨询员荐购

☐ 向有关工作人员直接荐购

☐ 发送 E-mail 到图书馆荐购

☐ 根据印刷型新书目勾选

10. 您认为图书馆资源建设及服务工作应如何改进？

三、用户调查工作的开展

图书馆开展用户调查关键在于每次的调查要有针对性、便捷性和实效性。公共图书馆在开展用户调查之前，一定要明确调查的目的，根据目的，确定调查的对象、需要了解的信息内容以及采取的调查方法，继而开展具体的用户调查，以获得详尽的资料，最后对调查结果进行归纳、整理与分析，得出结论。如果是用户结构类的调查，最好是定期（如每年）开展，这样便于纵向比较，

可以获得更大的价值。

（一）用户调查的目的

公共图书馆用户调查的目的多种多样，从宏观来讲，主要是通过了解用户对图书馆各种相关问题的看法、对公共图书馆的希望与认识，为确立公共图书馆今后的发展方向提供依据。从微观来讲，主要是通过了解用户利用公共图书馆的情况，为确立公共图书馆的工作目标提供依据。

1. 在某项工作开展之前，对用户的情况作基本的了解，以明确工作开展的方式方法

公共图书馆要推出一项新的服务项目，需要对项目的潜在用户加以调查，以便明确这项服务的可行方案、时间安排、重点内容等要求。例如，无锡市图书馆在准备开展青少年心理援助服务项目之前，首先对全市未成年人心理状况进行了调研，以了解潜在的用户需求。其次，对该市精神卫生领域的专业队伍以及教育、司法、新闻等领域众多用户资源进行了调研，以确保有充足的社会合作资源共同开展心理援助服务。①

2. 对正在开展的工作进行用户调查，找出工作中存在的问题

例如，在展览展出过程中，调查用户的反馈意见，了解展览的展出效果；又如，对各类图书的利用情况进行用户调查，以便明确馆藏建设中存在的问题，在采购或典藏工作方面作出相应的调整。

3. 对已经结束的工作进行用户调查，追踪服务效果

例如，对办过的讲座进行用户调查，了解听众的反馈信息，

---

① 殷洪. 青少年心理援助：基于社会责任的图书馆服务创新——以无锡市图书馆建设未成年人心理健康活动中心为例[J]. 图书情报工作，2010(9)：95-98.

接受听众的意见和建议；又如，对已经推出的二次、三次信息产品或数据库进行追踪调查，研究用户对它们的反响，从中总结出经验。

(二) 用户调查的内容

主要包括用户的个人情况、用户使用图书馆的情况、用户对图书馆各种相关问题的看法及对公共图书馆的希望与认识等。

1. 用户个人信息

包括用户名称、地址、联系电话、电子信箱、个人年龄、教育水平、职称、专业、工作单位等一些有关用户的基本资料。这些基本情况的信息是图书馆进行读者服务的基础，用于图书馆与用户之间的沟通和联系，比如，预约通知、催还通知、活动通知等；也有利于图书馆掌握用户的类型、结构和特点，有针对性地为用户服务。

2. 用户需求信息

包括特殊读者需求、服务方式需求、阅读环境需求等信息。通过直接调查读者的阅读倾向、检索方式、阅读习惯，图书馆可以方便、直观地了解读者的信息需求以及在信息需求上的差异、特点和规律，据此完善馆藏结构和服务政策。

3. 用户的评价

包括用户对图书馆服务的态度和看法、读者的满意度、接受服务过程中存在的问题、用户的建议等。这些资料反映了用户对公共图书馆的作用、影响、服务重点等问题的看法，有利于图书馆了解自身的不足，确立今后发展的目标和方向。

4. 用户的行为

包括读者的到馆率、文献的借阅率、服务的利用率等信息。态度方面的内容可能存在主观、片面的问题，而实际的行为更能真实反映用户与图书馆之间的关系。比如,从读者的到馆率、读者在图书馆的时间长短能分析出读者对公共图书馆的忠诚度;从读者借阅文献的种类、数量能分析出读者的阅读范围和倾向;从读者对图书馆提供的各项服务的利用率中可以分析出读者对公共图书馆各项服务的需求。

(三)调查结果的整理

调查结果的整理包括对调查的结果进行分类汇总、统计分析、存档保管、详细记录采取的相应对策等过程。图书馆在做完调查后,要对调查结果进行分类汇总。根据不同的调查目的,调查结果有多种分类方法,可以根据用户个人特征、用户行为方式、亟待解决问题等进行分类。例如,对文学类图书读者人群的调查,要根据这类读者的年龄层次、学历情况、阅读目的、借阅周期等进行分类。如果是对读者忠诚度进行调查,就要根据读者的到馆周期、在馆时间、对该图书馆的依赖程度等进行分类。调查结果经分类汇总后进入统计分析过程,图书馆统计的常用方法有分类分析法、对比分析法、动态分析法、相关分析法等,而在公共图书馆的用户调查中,则主要针对用户的主观需求进行分析,通过分析提出相应的改进工作的方法和措施,为后期调整作准备,以适应不断增进的用户需求。

案例 6.3 湖北省图书馆的读者调查

一、调查的目的

通过读者调查,试图了解公共图书馆阅读群体的阅读需求和习惯,包括人们平时看什么书、喜欢看什么书、为什么看书、在哪儿看书、花多长时间看书等;试图了解读者对公共图书馆馆藏建设的评价,包括人们对公共图书馆馆藏建设的满意度,对公共图书馆馆藏建设的意见或建议等;还试图对读者阅读习惯进行动态研究，以了解读者阅读兴趣和阅读需求的变化。以上述分析为基础，拟就如何加强和改善公共图书馆馆藏建设提出相应建议。

二、调查的方法

调查对象为2003—2005年春节期间在湖北省图书馆借阅图书的武汉市市民。其中，2003年和2005年春节进行的是问卷调查，2004年春节进行的是访谈。由于春节期间在省图书馆借阅或学习的读者人数并不多，在进行问卷调查时，调查者没有采取随机抽样的方法来确定调查对象，而是通过分时段普查来确定调查对象。2003年2月7日，共发放285份问卷，收回有效问卷200份，实际回收率为70.2%；2005年2月15日，共发放330份问卷，收回有效问卷214份，实际回收率为64.9%。2004年1月28日，分别对3位读者进行了访谈，并就春节期间读者借阅和学习情况向图书馆工作人员进行了访问。

三、调查的结果

（一）读者阅读范围与阅读兴趣

在考察这一问题时，调查者根据《中国图书馆分类法》的基本大类将图书分为22大类。通过对2003年与2005年数据的统计分析，调查者发现：读者借阅最多的是文学类图书，占被访者所借图书总数的27.0%；其次是综合类图书，占被访者所借图书总数的12.9%；最后是工业技术类图书，占被访者所借图书总数的10.9%。此外，历史、地理类图书也是读者平时借阅较多的图书。

（二）读者阅读目的

通过对读者阅读目的的数据分析，调查者发现：(1)在平时的阅读中，"提高个人知识和涵养"是最重要的阅读目的。其中，有46.7%的读者将之视为平时阅读最重要的目的；有32.0%的读者将之视为平时阅读次重要的目的；有14.1%的读者将之视为平时阅读第三重要的目的。(2)在平时的阅读中，"休闲、消遣"是第二重要的目的。其中,有22.3%的人将之视为平时阅读最重要的目的;有19.8%的人将之视为平时阅读次重要的目的;有35.5%的人将之视为第三重要的目的。(3)"工作需要"成为平时阅读中非常重要的目的。其中,有10.2%的人将之视为平时阅读的第一目的;有22.5%的人将之视为平时阅读第二重要的目的;有22.2%的人将之视为平时阅读第三重要的目的。

(三)读者对馆藏建设的意见或建议

为了进一步了解读者对图书馆的藏书需求。调查者还设计了一个开放式问题,即:"您对图书馆的建设有何意见或建议?"共有74位读者对问题进行了回答,通过分类整理,调查者发现:(1)读者们对图书馆的意见或建议主要反映在馆藏方面。其中,有29位(39.2%)读者认为图书馆新书太少或图书更新太慢;有8位读者(10.8%)认为图书馆畅销书太少;有7位(9.5%)读者认为图书馆文学类图书还需要增加;有3~5位读者认为图书馆外文原著太少、专业书籍太少、复习备考书太少或应用科技类图书太少;各有1~2位读者认为图书馆工程类、证券类、书法类、生态保护类、励志类、素质教育类图书太少。(2)部分读者认为,在图书馆找书不太方便,希望能够更科学地摆放图书,以方便读者查阅。

四、结论与建议

(一)公共图书馆馆藏应突出知识性和艺术性,兼顾趣味性和实用性

了解读者的阅读目的可以从理论层面确立公共图书馆馆藏原则。如前所述,读者到公共图书馆借阅和阅读首先是为了"提高个人知识和涵养",其次是为了"休闲、消遣",最后是为了"工作需要"。这就意味着,图书馆馆藏建设应以知识性和艺术性为主,兼顾趣味性和实用性。为了满足公共图书馆读者"提高个人知识和涵养"的主要阅读需求,馆藏应突出知识性和艺术性,充分发挥公共

图书馆的传递知识信息和教育的社会功能；为了满足公共图书馆读者"休闲或消遣"的需要，馆藏应突出艺术性并兼顾趣味性，充分发挥公共图书馆的休闲功能；为了满足读者的"工作需要"，馆藏应兼顾实用性，充分发挥其传递科学信息的功能。

（二）公共图书馆馆藏应以文学类、工业技术类、综合类图书为重点

了解读者的阅读范围和阅读兴趣有助于从操作层面进行馆藏内容建设。如前所述，文学类、工业技术类和综合类图书的借阅比例高达50.8%，足以说明这三类图书的利用率是最高的；从读者的阅读需求来看，尽管公共图书馆的文学类图书馆藏相对丰富，读者仍然认为图书馆最缺的是文学类图书；有相当一部分读者认为图书馆最缺的是工业技术类图书；此外，文化、科学、教育、体育类图书和综合类图书均存在着供不应求的情况。由此可见，从馆藏内容来看，公共图书馆的馆藏应以文学类、工业技术类、综合类图书为重点。对某些读者需求量大的、利用率高的热门图书，其复本率应有所"浮动"。

（三）公共图书馆要加快馆藏的更新速度

调查结果表明，新书太少、馆藏更新太慢是当前公共图书馆的主要问题之一。更新太慢意味着图书馆无法有效满足读者及时获取最新知识的需求，因而也无法为读者提供高质量的服务。公共图书馆需要加大投入，多采购新书，加快馆藏的更新速度。同时，要减少图书上架的时滞，特别是要提高畅销书的采购、加工、上架速度，保证文献信息的新颖程度。

资料来源：桂胜，田北海. 读者阅读需求与公共图书馆馆藏建设——以湖北省图书馆的读者调查为例[J]. 中国图书馆学报，2006(3)：103-107.

案例 6.4 苏州图书馆读者结构抽样调查报告①

2006年11月29日起至12月5日,苏州图书馆以一个星期为周期,采用问卷调查的方式,对到馆的读者进行抽样调查。本次调查以历史上每天进馆读者平均数为依据,按1:20随机发放调查表,即周一至周五每天发放160张调查表,周六、周日各发放300张调查表,每进馆20名读者发放一张调查表,对反馈调查表的读者赠送一份小礼物以表谢意。本次调查得到了读者的支持,发放的1 400份调查表中,收回1 374份,收回率98.14%。另外,本次被调查的读者年龄均在16周岁以上。

一、对回收的调查表数据的汇总和计算结果

(1)性别结构:男性851人,占61.94%;女性522人,占38.06%;男性读者明显要高于女性读者。

(2)年龄结构:年轻人占绝对优势,46岁以上只占19.14%。

(3)单位性质:企业最多;其次为学校;除驻地部队外,党政机关的最少;另外填在其他类中有21.47%,可能主要为待业人员。

(4)职业结构:与第(3)项一致,除军人外,公务员最少,只占2.20%;单项中学生最多,占27.73%;后面依次为科技人员、管理人员、企业职工、离退休人员等;待业(包括填"其他")的占16.67%。

(5)学历结构:高中及其以下占30.62%,大专以上学历占69.38%,读者学历层次较高。

(6)职称结构:无职称占59.03%,初级职称占12.3%,中级职称占21.54%,高级职称占7.13%。这与读者中年轻人占多数相吻合。

---

① 此抽样调查的目的,一是了解读者结构情况,二是调查社区分馆建设的需求情况。

(7)户籍结构:苏州本市占 69.58%,苏州以外江苏以内占 15.21%,省外占 15.21%。苏州本地人居多,与苏州图书馆地处市中心有关。

(8)利用图书馆的主要目的:工作需要占 15.52%,获取信息 26.21%,学习提高占 36.94%,休闲娱乐占 19.02%,其他占 2.31%。可见读者来图书馆以学习为主。

(9)读者居住地分布:古城三个区读者最多,超过 2/3,相城区最少,仅 0.88%。

(10)居所离图书馆距离:4 公里以内占 58.44%,4~10 公里占 28.68%,10 公里以上占 12.88%。读者来馆次数与距离成反比。

(11)平均每月到图书馆次数:2 次以下占 12.59%,3~5 次占 41.19%,6~9 次占 21.98%,10 次以上占 24.24%。目前成人读者有效借书证为 5 万多张(少儿有效证为 4 万张),平均每月接待成人读者 12.5 万人次,平均每位成人读者每月来馆 2.4 次,而调查结果为平均 4 次,考虑到本馆实行阅览免证,因而接受调查的读者中有许多并不持有借书证,说明还有不少持证读者利用图书馆的次数不到每月一次。

(12)2006 年向图书馆借书册数:1~6 册占 30.86%,7~12 册占 26.06%,13~24 册占 19.87%,24 册以上占 19.21%,只阅览不借书的读者占 4%。

(13)对"如果您居住的社区(或附近)有苏州图书馆分馆,您是否更愿意前往分馆"问题,83%的读者选择愿意,17%的读者选择不愿意。

二、根据调查数据得出的几个初步结论

（1）我们原来一直以为学生是到馆读者中最多的人群，阅读兴趣为休闲最多，通过这次调查，实际情况稍有出入，因而对文献资源的采购、组织、阅读指导需要作适当调整，并开展分类指导，既照顾到面，又照顾到点，有针对性地为读者提供更好的服务。

（2）从调查来看由于图书馆设计容量有限，特别是双休日和节假日人满为患，制约了一些读者前来图书馆，使调查对象的月平均来馆次数超出实际平均数。

（3）单个图书馆的辐射范围是有限度的。从年龄上看，年轻人占优势，45岁以下读者占80.89%，而老年读者不到10%，且主要集中在报刊阅览室。老年人活动半径小，来图书馆也主要为了阅览报刊，因而居住地主要是在附近，这从读者居所距离图书馆的远近与来图书馆的人数成反比也可以看出。由于苏州城区内没有其他的图书馆服务，如有，这个比例可能会更大。这个结果，与国际图联规定图书馆服务半径为1.5～4公里是相符的。

（4）仅靠苏州图书馆提供不了"普遍均等的服务"。从调查来看，读者主要来自古城内的三个区（占总数的2/3），其中又以沧浪区的读者最多（占总数的1/3强），这与苏州图书馆坐落在沧浪区内有直接关系。而相城区为最少，从交通来看，确实相城区的居民最不方便，因此，各区的图书馆建设确实十分紧迫。联系第一个结论，老年读者对身边的图书馆依赖更大。另外，由于苏州图书馆坐落在古城中心，受其辐射半径所限制，主要读者来自古城区，而古城区中主要居住的是"老苏州人"，因而苏州本地人的比例远大于外地人。如何为新苏州人提供文献信息服务、实现信息公平是一个课题。

（5）图书馆成为重要的学习场所。图书馆的服务功能分别为学习、信息、娱乐、活动，由于本次调查未涉及活动，因而出现学习、获取信息、休闲娱乐这样的顺序是符合实际情况的。其中"工作需要"其实就是学习。图书馆在提高人民群众科学文化素质上，是与义务教育并重的社会制度安排，是一种"后义务教育"。另外，从读者职业结构分析，待业人员占了很大的比例，公务员比例最低，所以，"图书馆是平民的大学"，越是收入低的人群越需要公共图书馆的服务。

(6) 企事业单位(不包括学校)中人员知识更新压力更大。从职业结构上看，技术人员、企事业单位人员占了45%，而公务员只占2.2%，结合"学习、提高"的读者比例，可见企事业单位人员的知识更新压力更大。

(7) 苏州市民的知识层次越来越高。综合几项数据，可以看出来苏州图书馆的读者学历层次均很高，大专以上学历的读者占近70%，而25岁以上的读者只占53.13%，说明25岁以下还有大量的大专以上学历的读者。

三、一个建议

从数据和分析来看，尽管苏州图书馆读者盈门，但就读者利用图书馆来看，本市的图书馆服务远不能满足市民的学习和信息需求。苏州城区目前户籍人口210万，苏州图书馆设计容量为3 000人/天，尽管现在每天超负荷运行，年接待150万读者，但平均每个居民每年还是轮不到一次，与发达国家(如挪威、丹麦、美国、英国等)平均每人每月一次相差甚远。苏州图书馆坐落城市中心，辐射相对比较广，但仍无法到达城市边远，使得边远的百姓无法享受到图书馆服务，这无疑会造成信息鸿沟，影响社会公平。从2006年开展的未成年人流动图书馆大篷车和社区分馆建设来看，图书馆服务只要到百姓身边，就会受到百姓的欢迎。按照十六届五中、六中全会和《国家"十一五"时期文化发展规划纲要》中关于建立覆盖全社会的公共文化服务体系，构建服务网络，为社会提供普遍均等的图书馆服务的精神，苏州市有必要建设起覆盖全城区的公共图书馆服务网络，苏州图书馆有必要继续实施总分馆建设，这对实现本市的社会信息公平、提高市民的科学文化素质、实现苏州的可持续发展将产生积极而又深远的影响。

2006 年 12 月 18 日

第四节 公共图书馆用户合作

公共图书馆应将一切可以利用的资源充分为社会利用，反过来，公共图书馆也要利用一切可以利用的社会资源。用户是公共图书馆重要的社会资源，公共图书馆要提高社会竞争力和影响力，就要以用户为中心，广泛开展与用户之间的合作，以获得更多的互补性资源，要想方设法加强与用户的联系，真心诚意地与用户建立和保持良好的关系，充分开发和利用用户资源。

一、公共图书馆用户合作的意义

合作是指相互配合做某事或共同完成某项任务。合作是相互作用的双方联合起来，为相互利益而协调一致的活动，活动的结果需要有利于合作的各方。合作是人类社会赖以生存和发展的重要动力，通过合作，能够增强双方或多方的社会竞争力，从而实现目标价值的最大化。公共图书馆作为社会的重要组成部分，与用户合作是公共图书馆生存发展的必然选择。

(一) 体现用户在公共图书馆的主体地位，发挥用户的宣传作用

公共图书馆与用户合作，为读者提供参与图书馆管理的机会，由此可以确立读者在图书馆工作中的主人翁地位，是尊重读者、

信任读者和理解读者的表现，也是读者民主、自由参与公共图书馆建设所应有的权利。读者只有在参与公共图书馆管理过程中，通过了解和熟悉图书馆具体的规章制度、各岗位工作性质及工作流程、图书馆服务项目等，进而全面了解自己应有的权利和应尽的义务，才能全面维护自身的合法权益。同时，公共图书馆只有让读者参与管理，才能保障读者的各项权益不受侵犯。

用户参与公共图书馆工作，突出了用户的主导性，能使公共图书馆工作与用户需求趋向吻合，提高公共图书馆工作的针对性和有效性。这是因为在参与过程中，广大用户能够站在读者的角度及时发现公共图书馆工作的不足之处，能及时反映广大读者对图书馆服务工作的新需求，能让公共图书馆明晰服务项目是否合适、质量是否达标、效果是否满意；而且也能使馆员更深入地了解读者的需求，不断扩大服务内容，拓展服务模式，完善服务体系。这样，公共图书馆服务就可以更加贴近读者的需求，服务质量也会得到全面提升。

用户参与公共图书馆工作，能在为他人服务的过程中更好地理解图书馆工作的重要意义，有助于馆员与用户之间建立相互信任、相互尊重的关系。因为用户通过参与公共图书馆业务管理，能具体了解公共图书馆每项业务工作的细节内容，能以主人翁的姿态看待公共图书馆工作的专业性质，理解馆员工作的辛劳和价值，从而自觉履行自己的义务，遵守公共图书馆各项规章制度，支持、配合公共图书馆的工作。更重要的是，他们能站在读者的立场上，把自己的切身体会传达给更多读者，让更多的读者理解和认可公共图书馆的工作，从而让社会关心和支持公共图书馆。由于他们来自普通市民，立场中立，因此他们的宣传更具真实性，也更有影响力和说服力。

(二)弥补公共图书馆人力资源的不足，发挥用户的专业特长

我国公共图书馆基本都是全额拨款事业单位，编制、经费有限，固定工作人员大多偏少。近年来，随着社会经济的不断发展，人民群众对公共文化服务的需求越来越多，公共图书馆普遍采取全开架、扩大借阅范围、增加外借册数、延长开放时间、增加服务项目等措施来尽力满足群众的文化需求。例如佛山市图书馆，原来只有中文图书实行外借，现在发展到中文期刊、外文期刊、音像资料等都对读者外借，借书册数也增加到 5 册，开放时间由原来的每周 52 小时延长到 68 小时，另外各种各样的读书阅读活动更是贯穿全年，这些工作的落实必然导致服务量的大增，造成人力资源的巨大缺口。[①] 在这种情况下，积极开展与用户合作，能有效弥补公共图书馆人力资源的不足。

公共图书馆的服务对象非常广泛，有少儿读者、老年读者、残疾人读者、外国读者等，不同读者对图书馆的服务要求各异，而图书馆的员工却是相对稳定的，现有的专业知识结构不可能满足各类读者的需求。并且，随着图书馆开展的读者活动种类的增加和服务深度的拓展，也暴露出图书馆工作人员知识结构不平衡、专业背景单一、视野不够开阔等问题。在这种情况下，公共图书馆与专家用户进行合作，首先可以有效地利用专家的知识与经验，弥补馆员的专业知识缺陷。其次，合作过程综合了馆员熟悉馆藏、熟悉读者需求的经验优势和专家丰富的专业知识优势，能为读者提供更加科学的、专业的信息服务。最后，通过合作可以拓展公共图书馆服务工作的深度，扩大图书馆服务的知名度，使公共图

---

① 中国图书馆学会. 中国图书馆学会年会论文集 2009 年卷[G]. 北京：国家图书馆出版社，2009：496.

书馆的工作更具有针对性、更富有成效。

(三)依靠用户提高办馆效益,降低图书馆服务成本

公共图书馆利用社会资源,广泛开展与用户的合作,依靠社会力量办图书馆,一方面能够降低公共图书馆的服务成本,提高办馆效益;另一方面也从一定程度上缓解了公共图书馆经费不足的压力。比如,公共图书馆可以和一些有志于社会公益事业的基金会合作,募集图书馆专项建设的资金;和一些行业协会或学会合作,开展咨询活动和其他读者活动;还可以采取企业冠名的方式开展讲座等活动。另外,本地的专家和学者也是一种优质资源,公共图书馆可以与他们合作,开展文献的捐赠,较深层次的技术型、研究型工作,从而提升服务读者的能力,提高办馆效益。

(四)让用户了解图书馆,学会利用图书馆

公共图书馆是读者获取知识、解难释疑的重要场所之一。用户在学习、日常生活、工作和科学研究中遇到难题时,往往求助于公共图书馆。用户通过参与公共图书馆工作,可以加深对公共图书馆馆藏布局、文献检索方法、各项业务知识的了解,得到信息素养培训的机会,从而使用户认识图书馆,了解图书馆,学会利用图书馆,遇到问题时总是想到向图书馆寻求解决途径。例如,少儿图书馆志愿者通过参与少儿馆的工作,一方面能掌握与图书馆工作相关的分类、排架等基础知识,学会如何获取图书、查找资料,利用图书馆的文献资源帮助和促进自己的学习;另一方面则能培养自己的阅读兴趣和习惯,培养图书馆意识,养成到图书馆寻找文献信息资源的好习惯,今后在生活、学习、工作中遇到问题和困惑时,都能主动地到图书馆里来寻找答案。

(五)让用户参与图书馆事务,乐于在人、财、物上支持图书馆服务的开展

参与也是一种赏识的手段,它能满足用户归属的要求和受人

赞赏的需要。公共图书馆与用户合作，让用户参与图书馆事务，既能为社会增加信息产品与服务项目，又能充分发挥用户的专长，肯定他们的参与价值，促使用户认知与重视图书馆服务，乐于在人、财、物上支持图书馆服务的开展。例如，深圳南山图书馆分别与深圳大学法学院和深圳博延心理咨询有限公司共同构建了"星期天法律服务日""星期五心灵之约心理健康日"公益咨询服务平台，法律系的师生和心理咨询师于每周日、周五来馆，为广大市民和外来工提供义务、免费、公益的法律咨询和心理咨询。从2006年开始，一直坚持到现在。这种模式建立在多赢的基础上，对合作单位来说，有个免费的场地、人流较大的地方，虽然是义务免费的服务，但对企业和单位是一种宣传作用，提高了社会影响力；对参与活动的专家和学生，则是很好的积累案例的机会；对图书馆而言，不仅增加了专业的公益服务项目，而且服务项目的开展又不需要图书馆在人、财、物上作额外投入，一举几得。[①]

二、一般用户的合作

这里的一般用户主要指普通读者。公共图书馆与普通读者的合作内容主要有以下几个方面。

(一)听取用户的意见和建议

广大读者对公共图书馆提出的建议、批评，既反映读者的信息需求，也维护自己正当的读者权益，是对图书馆所作的帮助、支持，应作为促进图书馆整改、发展的动力。公共图书馆在服务工作过程中直接和读者交流或定期召开读者座谈会是听取意见和建议最常用、最简单的方法。此外，公共图书馆还可以通过组建

---

① 程焕文. 不朽的图书馆精神：汶川地震与家园重建[M]. 北京：国家图书馆出版社，2009：113.

各种读者组织、研讨会、征文等形式听取用户的意见和建议。例如,金陵图书馆早在1986年就成立了读者协会①,在寻求与读者合作方面迈开了第一步;上海市静安区图书馆举办"我与图书馆"征文和"假如我办图书馆"研讨会等活动,还聘请了一批社会人士当"荣誉馆员",检查、督促图书馆的工作,在与用户合作、加深了解、改善关系方面取得了良好的社会效果。

公共图书馆利用现代信息技术,通过网上平台与读者沟通,也是获取意见和建议的一种很好的途径。图书馆可以在网站主页上设立"馆长信箱"或"读者留言",也可以建立"读者论坛"或"QQ在线"交互系统,让读者通过对话窗口表达自己的需求、愿望和建议,获得在线馆员的解答。读者通过这些网上互动平台,与图书馆员的对话交流更直接,表达意见和建议更容易。

(二)参与图书馆的管理和建设

我国各级公共图书馆工作条例或管理办法都规定读者对图书馆的管理和业务工作有批评权和建议权,这一规定是根据读者在图书馆的中心地位而定的。但仅仅赋予读者批评和建议权是不够的,读者是图书馆一切工作的中心,应进一步赋予其对整个图书馆工作参与的权利,组织读者参与图书馆的管理和建设,参与图书馆的工作与决策。

读者参与的公共图书馆工作应包括:参与规章制度、工作计划和发展规划的制定,使其更加人性化、科学化,全面指引图书馆各项工作向前发展;参与图书馆的文献资源建设,如推荐采购、购买新书、剔旧等,使馆藏结构更趋于合理;参与图书馆的外借、阅览、讲座、展览等工作,使读者在管理与服务过程中获得难得

---

① 司徒宁. 读者服务的一项开创性工作:介绍金陵图书馆读者协会[J]. 江苏图书馆学报,1987(3):42.

的体验，并且评价和监督馆员的服务态度、服务能力、服务方式及服务效果，使其更符合读者的意愿；对图书馆的资金运行情况进行监督，以保证读者的权益。

从公共图书馆与一般用户合作的现状来看，从浅层次的体验性参与到深度的建设性参与，已成为公共图书馆与一般用户合作的发展趋势。例如，许多少儿图书馆让馆员带上小读者到书店共同采购图书，使少儿读者直接参与图书馆的馆藏建设工作。而佛山禅城区图书馆创造的"反程序新书阅览室"，更是把采购权直接交给了读者。具体做法是：采访人员不定期到书商处选择近期新出版图书，经过查重和加装磁条后，直接进入图书馆新书展示阅览室供读者阅览、借阅。读者确定需要的图书后，可借，可售。如确定借阅（相当于读者自主采购），工作人员通过快捷加工（包括贴条码、盖馆藏章、简单数据录入），即时办理外借手续。新书经首次借阅归还后，再移交采编部门进行正式分编加工。一定时间后，不曾被读者借阅的图书，经有关人员确认无收藏价值后，则退回书商，更换新的图书。这种与读者深度合作的方式不仅使馆藏得到了百分之百的流通，而且吸引了大量读者来借阅新书、参与采购，"反程序新书阅览室"成为禅城区图书馆人流量最大的场所。①

人是需要激励的，在组织内部，员工需要激励。同样，将激励作为对用户参与行为的肯定，可显著提高用户参与的热情。受到激励后，那些能产生积极或令人满意的结果的行为，以后会经常得到重复。为了更好地争取到广大用户的合作，公共图书馆应采用物质鼓励、精神鼓励等方式激励用户，吸引用户关心公共图书馆事务，热心参与公共图书馆事务。

---

① 中国图书馆学会［EB/OL］.［2012-08-01］. http://www.lsc.org.cn/CN/News/2010-08/EnableSite_ReadNews1328749341282147200.html.

公共图书馆要善于运用奖品、奖金等物质激励手段，采用赠送、颁奖、抽奖等方式对参与图书馆工作的用户进行物质鼓励，通过满足其物质需要来调动用户的积极性。例如，对于向图书馆提出合理化建议、评价和监督馆员的服务态度、参与图书馆各项规章制度制定的读者，图书馆可以赠送图书、借阅证、生活用具等物品；对推荐图书、参与采购的读者，图书馆可以让其抽取购书券等奖品，以种种物质鼓励手段激励读者成为公共图书馆忠实的合作伙伴。

物质鼓励不失为一种有效的激励方法，但物质鼓励只是短期激励措施。对于非营利性的公共图书馆来说，物质鼓励不仅增大了其经济负担，还极易造成用户在物质利益驱动下的不稳定行为。因此，在用户激励过程中，公共图书馆更应注重运用长期的精神鼓励的方式，给予用户某种象征意义的评价，具体方式为表扬、表彰、评先、评优等，全面满足用户在知识交流与心理满足方面的精神需要，形成更为强大、持久的激励力。公共图书馆可以依据用户的参与频率，结合用户的具体表现来进行排名，评选出优秀用户，授予获奖者"优秀读者""优秀志愿者"等荣誉称号并颁发荣誉证书，采用张榜表扬、表扬信、大会表彰等方式，对优秀用户进行表扬和肯定，并对其实行免费办证、优先参加图书馆举办的各种文化活动、优先获知图书馆新书信息、扩大借书权限等奖励。这些对优秀用户的激励方式，对其他用户也有榜样示范的作用，能鼓励激发更多的用户支持并热忱参与图书馆的工作。

三、特殊用户的合作

这里的特殊用户主要指专家学者。专家学者是在某一专业领域有渊博知识和较高造诣的高级专门人才，是公共图书馆不可多得的珍贵资源。来自社会各阶层的各种高级专门人才用户，拥有不同的知识背景和专业技能，在图书馆的专业服务领域中更能充分发挥其专业特长。公共图书馆与专家用户的合作内容主要有以下几个方面。

（一）参与图书馆深层次工作

专家用户可以参与公共图书馆专业书刊的采购、新馆建设方案的论证、各种读者活动等深层次工作。例如，常州市图书馆与当地60位科研创新人才对接，合作采购专业文献。北京市东城区图书馆先后发展了6个业余朗诵爱好队伍，使有专长的用户成为了参与该馆诵读活动的骨干。[1] 无锡市图书馆在创立无锡市未成年人心理健康咨询平台时就聘请了10多位专家作为特约咨询员，以后又陆续招募、吸纳了大量有爱心、有热情的专业人士，至今已近70余人，这些有资质的心理咨询师为广大青少年义务提供心理援助[2]。

（二）开展较高水平的信息工作

专家用户可以参与公共图书馆现实的和虚拟的参考咨询、某个行业定题服务、二次文献的整合创造及各种专题数据库的开发等工作，为读者提供深度的信息服务。例如，上海社科院副院长熊月之研究员，在上海图书馆"网上联合知识导航站"中为广大读者提供有关上海近现代史的参考咨询；上海海事大学副校长黄有方教授为广大读者提供物流管理与工程领域的信息检索与咨询工作。[3] 苏州图书馆聘请了12位相关研究领域的专家学者，组成专家咨询团，参与编辑《信息导航》简报，对信息编印主题提出指导

---

[1] 北京市东城区图书馆[EB/OL]．[2012-08-01]．http://fuzhuang.bjdclib.com/dclib/specialrec/gytd/thesis/201201/t20120106_118717.html.

[2] 殷洪．青少年心理援助：基于社会责任的图书馆服务创新——以无锡市图书馆建设未成年人心理健康活动中心为例[J]．图书情报工作，2010(9)：95-99.

[3] 网上联合知识导航站，http://zsdh.library.sh.cn:8080/userIndex.jsp.

意见，对初选的信息负责精选，以保证《信息导航》具有一定的针对性、及时性和参考性。①

(三) 捐赠工作

专家学者可将自己的著作或发表的作品赠送给公共图书馆，以丰富图书馆的馆藏，同时公共图书馆也可征集本地专家的著作作为本馆地方文献收藏。另外，公共图书馆还可以接受专家学者的批量捐赠，许多热爱家乡、热爱读书、有一定名望的学者会将自己的毕生收藏悉数无偿捐赠给家乡图书馆。例如，常州市图书馆获赠中国出版家徐伯昕先生个人藏书 800 余册，常州籍著名英美文学翻译家汤永宽先生向常州市图书馆捐赠个人珍贵藏书 2 000 余册。常州市图书馆为了弘扬这些热心人士的义举，在网站上开辟了"捐赠荣誉榜"，并设立了"常州人著作馆"，将历年获赠和征集的常州籍作者的优秀作品陈列出来，惠泽万众，绵延后学，同时为家乡人民与侨胞、港澳台同胞之间的交流与合作，架起了一座友谊的桥梁。②

(四) 特殊的志愿者

在公共图书馆志愿者队伍中，有许多是有特殊专长的，图书馆可以与这些专家志愿者通力合作，开展图书采访、讲座、沙龙、专业咨询等工作，从而提高图书馆的服务能力和水平。例如，重庆图书馆招募爱好写作、有一定文字水平的志愿者担任"讲座还原师"，旨在通过文字的形式将部分讲座的内容转换成文字材料，并可以对讲座内容进行可操作范围内的再加工。③ 又如，无锡市图书馆开展的公益法律咨询、盲人服务活动等都是与有专长的志愿

---

① 苏州图书馆，http://www.szlib.com/sszy/zjzy/InfoNavList.aspx。
② 常州市图书馆，http://www.czlib.net/duzheyuandi/fangminglu.jsp。
③ 重庆图书馆，http://volunteer.cqlib.cn/newsshow.asp?newsid=26。

者合作进行的。尤其是在自学成才的读者中，无锡市图书馆挖掘到一批特殊的志愿者，他们之前通过利用图书馆考取了律师资格，日后他们以担当图书馆法律咨询活动志愿者的实际行动回馈图书馆，感谢无锡市图书馆曾经给予的帮助。与特殊的志愿者合作成为公共图书馆拓展各项延伸服务的有效途径。

四、团体用户的合作

这里的团体用户主要指社会机构用户。机构用户拥有不同于公共图书馆的人力资源、财力资源与物力资源，因此，公共图书馆与团体用户之间的合作与交流，能更大程度地提高社会资源的利用率，有效实现社会资源的共建共享。公共图书馆与机构用户的合作内容主要有以下几个方面。

(一)开展项目建设

公共图书馆可以和企业、基金会等机构合作，募集图书馆专项建设的资金，用于图书馆项目建设。例如，佛山市高明区图书馆得到广东溢达集团的扩建资助，馆舍面积从1 000多平方米扩大到3 000多平方米，建成网络信息阅览室、语言实验室和以溢达集团命名的商务阅览咨询室等10多个现代化阅览室。[1] 无锡市图书馆通过多次与美国铁姆肯基金会的洽谈和沟通，终于争取到美国铁姆肯基金会的基金资助，使"无锡市少年儿童流动图书馆"和"盲人图书馆"项目得以顺利实施，拓展了无锡市图书馆为全市特殊群体提供服务的功能。[2]

(二)接受捐赠

一般是指公共图书馆接受机构组织赠与文献或设备。例如，

---

[1] 新华网广东频道，http://www.gd.xinhuanet.com/newscenter/2004-04/04/content_1912189.htm。

[2] 无锡市图书馆，http://www.wxlib.cn/article.asp?articleid=1628。

南京图书馆接受南京东郊国宾馆所藏古籍《资治通鉴》的捐赠。无锡市图书馆自2000年新馆开放以来，先后收到一些单位及社会团体的集体捐赠图书。例如，解放军总参某研究所将其所藏的部分科技检索类文献捐赠给无锡市图书馆；无锡市委宣传部、市地方志办公室、市政协文史委、市档案馆等将其阶段性的出版物捐赠给无锡市图书馆；《太湖》杂志社将其历年的合订本期刊等无偿捐赠给无锡市图书馆，这些机构组织的捐赠大大丰富了该馆的馆藏品种，强化了馆藏的地域特色。

(三)共建图书馆联合体

是指公共图书馆发挥社会群体的作用，与企事业单位、教育部门、物业公司、开发商等机构跨系统协作，吸入社会力量联合办馆。例如，深圳图书馆与深圳创维集团合作共建了创维分馆，该分馆不仅为厂区内员工服务，也向周围社区居民开放。[1] 上海图书馆借助星之健物业公司提供的空间，在静安区曹家路街道的达安居民区建立了一卡通服务图书馆；借助美罗城管理公司在寸土寸金的徐家汇商厦的商品流中辟出了一卡通的文献流服务点。上海图书馆主题馆的建设同样走出了跨行业跨地区的共建共享新路，如生命科学主题馆由中国科学院上海生命科学院和上海图书馆共建；浦东新区陆家嘴功能区金融图书馆由浦东陆家嘴功能区与上海图书馆、海通证券公司共建；黄浦区文庙儒家经典展示馆由黄浦区政府与上海图书馆、清华大学经学研究中心共建；复旦大学上海视觉艺术主题馆由复旦大学视觉艺术学院与上海图书馆、上海音像资料馆共建。[2]

---

[1] 金璐. 深圳图书馆创维厂区开分馆[N/OL]. 羊城晚报. 2008-12-17(22)[2012-09-12]. http://www.ycwb.com/ePaper/ycwbdfb/html/2008-12/17/content_384130.htm.

[2] 王世伟. 图书馆服务标准论丛[M]. 上海：上海社会科学院出版社，2009：232-233.

(四)合作开展图书馆宣传或活动

社会的发展既影响和推动着图书馆事业的发展,又使图书馆与社会各方面的联系更加广泛、密切和直接。作为社会文化活动的中心,公共图书馆的中介性极强,与行业协会、供应商、网络服务、出版、教学等社会各界机构存在着千丝万缕的关系,因此,公共图书馆应充分利用这一优势,积极与各种机构用户进行合作,开展各种图书馆宣传或活动。例如,公共图书馆可以和语言学会、心理学会、心理咨询所、律师事务所分别合作开展外语沙龙(咨询)活动、心理沙龙(咨询)活动及法律咨询活动;和青少年活动中心合作开展少儿活动;和图书(数据库)供应商合作开展会议或论坛;和电信、移动等网络服务机构采取企业冠名的方式合作开展讲座或报告会;和书画协会、民俗文化协会等民间团体合作办展览;和报社、电台等媒体合办报纸版面、专题节目等。例如,宁夏图书馆与《华兴时报》合作,开辟了"阅读新视界"栏目,预告读者活动、推荐精品图书、公布借阅排行榜;与宁夏广播电视总台新闻频道合作共建了"宁夏特色声视频资源"和"书香宁夏"两个大型系列广播网络专题节目,每周六定时播出 30 分钟,让听众和网民增进读书兴趣。① 公共图书馆甚至还可以和高校联合办学。例如,2000 年以来,南京图书馆先后与南京大学和南京师范大学联合成立了"民国文献与书目研究室""品牌与特色专业教学实习基地",和社会教育机构合作开展教学实践活动,取得了较好的效果。②

为了进一步丰富广大市民的业余文化生活,将公共图书馆打

---

① 全国中小型公共图书馆联合会. 中小型公共图书馆的体系建设与可持续发展[M]. 北京:中国民族摄影艺术出版社,2011:123.

② 王陆军. 睁眼看世界——我们向国外图书馆学习什么[M]. 北京:海洋出版社,2010:49.

造为地区的公共文化空间，近年来，公共图书馆与机构用户的合作范围在不断地扩大，方式也在不断地创新。2009年，深圳图书馆依托深圳本土艺术资源优势，通过与专业艺术团体合作，推出"深图艺苑"系列文化推广项目。该项目立足艺术阅读推广，通过讲授、表演、体验、工作坊等多种形式，辅之以馆藏艺术文献导读与资源推介，搭建了专业艺术团体深度参与的公共艺术阅读与推广中心，有效发挥了公共图书馆作为地区公共文化空间的功能和作用。① 又如，温州市图书馆与温州网、《温州晚报》合作成立了读书话剧社，通过话剧演绎引导深度阅读。建社以来，吸引了大批文学爱好者参与，开展了各类公益演出，引起了社会的广泛关注。② 再如，重庆图书馆与本地杂志社等机构开展多方位多层次的合作，创办了"杂志有约"系列活动，利用出版行业全媒体化的优势，通过多种形式满足不同类型读者对杂志内容、图书馆活动的需求。"杂志有约"采用的是共同协商式合作模式，图书馆与杂志社共同协商制定"杂志有约"系列活动方案，签订合作协议。"杂志有约"除了与杂志社合作之外，有的活动还涉及第三方即赞助商的合作。赞助商一般不参与主办，属于活动的协办方，负责提供奖品与其他支持。③

合作是人际交往中普遍存在的行为特征，也是时代赋予人类的基本要求。中国图书馆学会在《图书馆服务宣言》中提出："图书馆与一切关心图书馆事业的组织和个人真诚合作。图书馆欢迎社会各界通过资助、捐赠、媒体宣传、志愿者活动等各种方式，参与图书馆建设。"图书馆与用户合作的前景是非常广阔的，公共图

---

① 全国中小型公共图书馆联合会. 中小型公共图书馆的体系建设与可持续发展[M]. 北京：中国民族摄影艺术出版社，2011：36.
② 温州市图书馆，http://www.wzlib.cn/zxdt/201112/t20111202_134407.htm.
③ 重庆图书馆，http://www.cqlib.cn/ctdt/201108/t20110818_26339.html.

书馆应以积极的态度、更高的效率强化与用户的合作,扩大用户合作的范围,创新用户合作的手段,丰富用户合作的内容,以合力之势进一步优化自己生存与发展的环境,共同推进图书馆事业的发展。

【本章小结】

用户是公共图书馆生存的基础,是公共图书馆工作的评价主体。公共图书馆开展用户管理,首先是把用户当作服务对象,通过开展用户调查,获得用户信息,掌握用户需求,协调用户与图书馆的关系,从而指导、促进图书馆工作,使公共图书馆的资源和服务能够最大限度地满足用户的需求。在这个过程中,公共图书馆应管理好用户信息,保护读者隐私,维护读者利益。其次,公共图书馆还要把用户当作自身的资源,这不仅仅是把读者当成公共图书馆的廉价劳动力,而是通过开展与用户多层次、全方位的合作,激励用户广泛参与图书馆的各项事务,从而让用户了解图书馆,使其充分体现在公共图书馆的主体地位,并能切实把公共图书馆当成自己生活的一部分,而在这个过程中,公共图书馆既能获得用户各方面的支持,又能弥补自身人力资源的不足,还能降低服务成本、提高办馆效益,最终达到共同推进图书馆事业发展的目的。

【思考题】

1. 如何提高公共图书馆用户的满意度?

2. 为什么说用户信息是公共图书馆馆藏发展政策和服务政策的决策依据?

3. 开展一次关于用户对图书馆忠诚度的调查，并根据分析结果提出改进的方法和措施。

【推荐阅读】

1. 李桂华. 当代公共图书馆用户：需求、行为与结构[M]. 成都：四川大学出版社，2010.

2. 王子舟. 民间力量建设图书馆的政策与模式[M]. 北京：国家图书馆出版社，2011.

3. 李海英. 图书馆服务管理[M]. 北京：国家图书馆出版社，2011.

第七章　公共图书馆安全管理

【内容提要】

本章主要以实务形式讲解公共图书馆如何开展安全管理。通过本章的学习,学员可以认识公共图书馆安全工作的重要性,了解安全工作的程序和流程,掌握建立安全制度、机构、机制的内容和方法,落实安全责任制,学会制定安全预案、记录台账、组织演练及检查考核,从而保障公共图书馆的安全和服务的正常开展。

第一节　公共图书馆安全组织体系

安全是一切工作的前提。公共图书馆的正常开放,首先需要在硬件上配备完善的安全设施设备,如建筑本身符合规范的疏散通道、楼梯、消防门、防火闸、明显的应急疏散标志、消防报警、广播和喷淋装置、科学合理设置的消防栓,使用安全玻璃等。而所有的设施、设备都是需要人来管理和操作,需要人来检查和保养以确保这些设施设备的完好,因此,公共图书馆需要在软件上加强安全管理,建立制度和机制,保障用户和馆员的人身安全,保障公私财产安全以及维持公共图书馆秩序,从而确保公共图书馆安全、正常、高效地提供服务。

安全管理是一个系统工程。尽管有突发的重大安全事故,但大多数却往往是由一些小事积累起来的,特别是形成重大后果的恶性安全事故,一定是由平时的疏于管理引发的,看似偶然,实则必然。即使是不可抗力因素造成的事故，也一般都有前兆。因此，建立健全安全管理组织机构，形成安全管理机制，不仅可以避免因事故产生重大伤亡和财产损失，而且可以及时发现隐患，把事故扼杀在萌芽状态。

一、安全组织机构

建立健全安全组织机构是安全工作的总缆绳。安全组织机构既是保障安全工作正常开展的组织机构，又是安全管理中一项最基本、最重要的工作。

对安全组织机构的设置，需要遵循相应的规定：（1）馆长必须同时是安全管理的第一责任人，负责安全工作重大问题的组织研究和决策。（2）应该指定一位副馆长为安全工作的分管领导，负责公共图书馆的安全管理工作。（3）公共图书馆是开放单位，其性质决定了必须设立安全职能部门，负责日常安全管理的监督和落实。

安全组织机构的设置应体现高效精干，其成员应该既有较强的责任心，又有一定的吃苦精神；既有较丰富的理论知识、法律意识，又有丰富的现场实际经验；既有一定的组织分析能力又有良好的道德修养。安全组织机构不能是迫于要求的形式、框架和虚设机构，而是公共图书馆实实在在的职能机构。

（一）图书馆安全工作领导小组

安全工作事关全馆大局。为了加强公共图书馆安全管理工作的领导，首先要组建一个安全工作领导小组，以保证安全工作开展能够具有相应资源。一般情况下，图书馆所拥有的资源与需要完成的工作任务相比相对不足，而确保全馆安全又需要投入一定的人力、物力和财力。因此，如何平衡好两者之间的关系，合理配置资源，是馆长的首要任务。所以，安全工作领导小组的组长必须由馆长担任，副组长应由分管安全的副馆长担任，成员由各个部门的正职或副职主任担任，实行总分馆制的，分馆的馆长应该成为领导小组成员。这样做，可以使安全工作有资源保障、人员上专业互补、管理上横向到边。

安全工作领导小组的工作职责主要是确定图书馆安全管理的长期工作目标，审议并发布安全管理的规章制度，决定安全管理的经费投入，检查和考核全馆安全管理工作，决定安全管理工作上对部门和人员的奖惩。因此，安全工作领导小组主要确定公共图书馆在安全管理上的战略问题。

(二)安全职能部门

在图书馆的内设机构上，应该设置正式的安全职能部门(由政府编制委员会办公室批准的图书馆内设机构，如安全保卫部)，负责全馆日常的安全管理工作。具体职责主要有：负责全馆安全管理规章制度的起草，安全台账的记录，制定处理突发事件的应急预案；执行、落实和检查安全规章制度的执行情况，制定建筑、设备(包括安全设施设备)检修、更新以及安全管理工作年度预算和计划；与安全管理的其他机构(如公安、消防、供电、技术监督等)沟通协调；复核其他部门提出的安全设备检修、更新等申请，检查公共部位的安全设施、设备和情况，并定期或不定期向安全工作领导小组报告；在第一时间处理安全突发事件；负责组织全馆员工的安全教育和宣传，对全馆工作人员安全知识和安全设备的操作技能开展培训；就安全演练或演习提出方案，按批准的方案组织实施等。

(三)安全管理协调小组

由于安全保卫部只是一个内设职能部门，难以指挥其他职能部门，也无法调动必要的资源，而安全管理领导小组又主要负责安全管理的战略性问题，所以，在日常安全管理工作中，需要有一个由馆级领导牵头，能够指挥、协调各职能部门按照安全管理战略规划和安全工作规范开展工作的机构，这就是安全管理协调小组。

安全管理协调小组由图书馆分管安全的副馆长担任组长，安全保卫部主任担任副组长，由各部门指定的安全管理员担任组员。安全管理协调小组还可以细分为消防工作小组、治安管理小组、读者安全小组、安全检查考核小组等。

建立安全协调小组可以使安全管理工作落实到人，让部门、馆员参与安全管理工作，及时发现安全隐患，堵塞安全工作中的漏洞，交叉检查安全管理规章制度的执行和落实情况，交流安全管理工作的经验。由于安全协调小组成员散布在全馆各部门、各岗位，可以第一时间发现和处理安全突发事件。

协调小组还有对安全规章制度进行分解落实、提出修订意见，对安全隐患提出整改意见，必要时参与和监督整改，负责查处安全工作中违章、违规行为，对事故进行调查分析提出处理意见等职责。

（四）建立安全员和义务消防员等团队

对于公共图书馆而言，发生事故总是非常态，既不可能设置庞大的专职安全管理队伍，又需要全馆员工积极参与安全工作。因此，将馆内党员、团员、青年组织起来，建立安全员、义务消防员、急救员等志愿者队伍，通过平时的安全知识学习、安全技能培训、安全演习等，可以在平时强化安全意识，战时发挥安全应急管理和救援的作用。

二、安全管理工作机制

安全管理工作机制的建立，一靠体制，二靠制度。这里所谓体制，主要指的是公共图书馆的组织职能和岗位责权的调整与配置；所谓制度，是指单位内部的规章制度。只有通过建立与公共图书馆安全、正常、有序开放相应的体制和制度，安全管理机制在工作中才能得到体现。

要保证图书馆正常开放，安全是最起码的条件。公共图书馆是向所有人免费开放的公共文化设施，馆舍、设施、设备、馆藏等都是公共财产，特别是其中还有许多珍贵的馆藏，记载着地方的历史与文化。而且，读者众多，结构复杂，可以自由进出，长时间逗留。因此，影响公共图书馆安全的因素很多，在机构上涉及各个部门，在工作流程上涉及采、分、编、技术、服务、活动等方方面面，因而，仅仅依靠安全工作领导小组和安全保卫部的几个人是远远不够的，必须建立一种工作机制。

公共图书馆的安全管理工作机制主要包括以下几点。

(1)全馆安全管理工作会议机制。通过定期召开安全管理工作专题会议，分析、通报图书馆安全工作以及各部门内控内管制度执行情况，针对问题研究图书馆安全的工作规划和对策建议。

(2)安全情况通报机制。针对各安全管理部门以及本馆开展的安全综合检查情况、专项检查及重大事件、突发事件的处置情况，通过各种会议、办公自动化等形式向全馆进行通报。

(3)沟通合作机制。定期不定期地与上级、当地基层政府、公安、消防等其他机构就安全管理情况进行沟通，保持安全管理上信息的畅通，开展合作协调。

(4)计划和总结审定机制。定期修订安全工作计划，定期对安全管理工作进行检查总结，并通过通报机制，使安全管理工作不仅成为馆长或安全保卫部主任关心的工作，也让全馆各部门、各馆员了解全馆安全管理工作情况和下一步的工作计划，研究和审定安全工作总结和年度计划，增强全馆参与安全管理工作的参与度。

(5)安全培训和演练机制。定期开展安全知识培训和各种突发事件的应急演练，达到遇事不慌不乱、准确应对处理的目的。

（6）安全监督检查机制。定期不定期地开展安全监督和检查，落实安全责任制，使全馆员工绷紧安全这根弦，不断提高安全防范意识，及时发现和消除安全上可能存在的隐患。

（7）突发事件应急机制。制定应急预案，快速处理突发事件，迅速恢复正常秩序，并消除因突发事件造成的负面影响。

（8）安全信息搜集和报送机制。利用图书馆在信息搜集上的能力和优势，收集、分析各种安全信息，借鉴其他地方和单位在安全管理上的经验和做法，同时，及时报送本馆安全管理工作的计划、方案等信息，以获取上级和相关机构的指导。

（9）安全管理工作奖惩机制。把安全管理工作的优劣与奖惩结合起来，起到鼓励先进、鞭策后进的作用。

案例7.1　安全监督检查机制中的安全检查的实施步骤

（1）建立检查组织机构。公共图书馆内部的安全检查由安全工作领导小组组织领导，规模较小的、范围较窄的检查，由部门主任组织部门安全员或发动员工自行检查。

（2）安全检查的准备。对检查人员要进行短期培训，培训的目的就是让他们了解安全检查的目的、意义和要求，提高他们对安全管理法规的认识，增强他们遵循实事求是的意识，搞好安全检查。对广大员工要做好宣传和发动工作，提高员工的自觉性，形成一个群众性的查隐患、查整改的活动，使不安全因素得到充分暴露、及时解决。在检查前应确定检查的步骤和方法，讨论检查的内容和重点，明确检查的分工、范围和日程，设计、印制检查表格，以便做好记录。

（3）安全检查表编制。为使安全检查表在内容上既切合实际，又能突出重点和符合安全管理的要求，应依照有关规定、规程和标准，其他事故案例，本单位的经验三个方面来进行编制。还应注意把表中的检查点加以归纳，做到简明而富有启发性。

(4) 安全检查的执行。在检查中应采取灵活多样的检查方法。例如深入现场实地检查，召开汇报会、座谈会、调查会，个别访问清查，查阅有关文件和资料等，都是常用的有效方法。单位还应将自查和互查、检查和整改、总结推广经验和吸取教训相结合，紧紧围绕安全检查的目的和要求来进行。

(5) 安全检查的处理。安全检查应做好详细的记录，对不能及时整改的隐患，要采取临时安全措施，提出整改方案报请上级主管部门核准；不论哪种方式的检查，都应写出小结，提出分析、评价和处理意见；对安全工作做得较好的部门和个人应提出奖励；对做得较差的应提出批评和建议。

(6) 安全检查的总结。单位在检查结束后，应将此次检查的目的、范围、好的经验、存在的主要问题和整改情况等内容写成书面材料，在馆内公布，并报上级主管部门，同时存入安全检查档案。

第二节　公共图书馆安全工作责任制

一、安全工作责任制的概念

安全工作责任制，是以书面表达的、明确单位各级负责人、各职能部门和职工在工作、活动中，应负的安全职责的制度，即安全工作责任制的表达形式是《安全工作责任书》。

二、建立安全工作责任制的重要性

安全工作责任制是公共图书馆安全管理上最根本的管理制度，

是所有安全管理制度的核心。用《安全管理责任书》的形式制定职责明确、边界清晰的安全工作责任制，可以起到分清事故的责任人，划分不同关联的安全责任（如直接责任、领导责任、主要责任），使各个层级、各个岗位的安全责任人增强安全工作的使命感和责任感的作用，从而各司其职。

三、建立安全工作责任制的原则

安全工作与其他工作的不同之处在于，其他工作没有按时完成或者没有达到规定的质量要求，影响的是业绩，不会立即影响图书馆的生存，出现了问题还有纠正的机会；而安全工作如果完成的时间和质量没有达到相应的要求，出了问题没有纠正的机会，可能因此给图书馆带来毁灭性的灾难。所以，安全工作责任制必须实行"谁主管谁负责"的原则。谁负责什么工作，就要对其所负责的工作所涉及的人员、建筑、设备、馆藏等所有方面负全面的安全责任，落实各方面的安全制度和安全保障措施，按照安全工作责任制的指标要求，按时、按质、按量完成相关工作。

四、安全工作责任制的主要内容

在安全责任制中，应明确不同部门和岗位所承担的安全管理工作责任，在责任划分上要做到横向到边、纵向到人，并把安全责任根据岗位的不同划分为决策责任、执行责任、安全专职监督责任。

（1）明确馆长（或主要负责人）是安全的第一责任人，应对本单位的安全工作负总的组织领导责任。

（2）明确分管安全的副馆长的具体责任。

（3）明确安全保卫部主任、各相关部门主任对各级职能部门在安全管理上的职责，以及职工在各自的职责范围内应对安全工作承担的相应职责。

五、安全工作责任书的制定

（1）明确安全组织机构：如安全工作领导小组、安全管理协调小组等。

（2）科学全面细分工作任务：根据安全工作需要，分解工作任务。

（3）明确部门、各岗位在安全工作上的主要内容：将分解后的安全工作任务进行分配，作为各个部门、各个岗位的安全工作职责。

（4）对照安全工作任务和职责，确定和确认各个岗位的安全工作内容和责任：分配后的安全工作职责，一定要有相应的部门或人员签字确认，明确自己在整个安全责任制中的地位和工作内容。

（5）明确责任与奖惩之间的对应关系：在安全工作责任书中，明确检查、考核的办法，以及与考核结果相对应的奖惩关系。

六、安全工作责任的落实

安全管理工作责任制不能只停留在书面上，而主要重在落实。安全工作责任书不可能细化到角角落落，总体还是一种原则。但落实安全工作责任制必须进行细化、量化，并责任到人。所以，在落实安全工作责任制上，主要应做到以下几点。

（1）制定公共图书馆安全责任制的实施办法。根据相关的法律、法规，结合本单位实际情况，制定相应的实施办法。

（2）将安全工作内容和安全责任进行分解量化。对管理人员、各部门及责任人进行层层分解，谁主管，谁负责，责任目标明确。要强调领导的作用，强化各级负责人的安全责任，如制定安全工作责任目标考核量化表等，明确在安全责任上纵向、横向以及纵横之间的相互关系。

(3)制定并严格执行安全工作考核奖惩制度和责任追究制度。该项制度是为了强化各级人员、各部门主要负责人的安全责任意识，预防和减少安全事故的发生，并通过定期的考核检查，来实现奖惩的兑现，有违反有关法律、法规规定的行为的，应追究其责任。

案例 7.2　某图书馆消防安全责任制的组织结构图

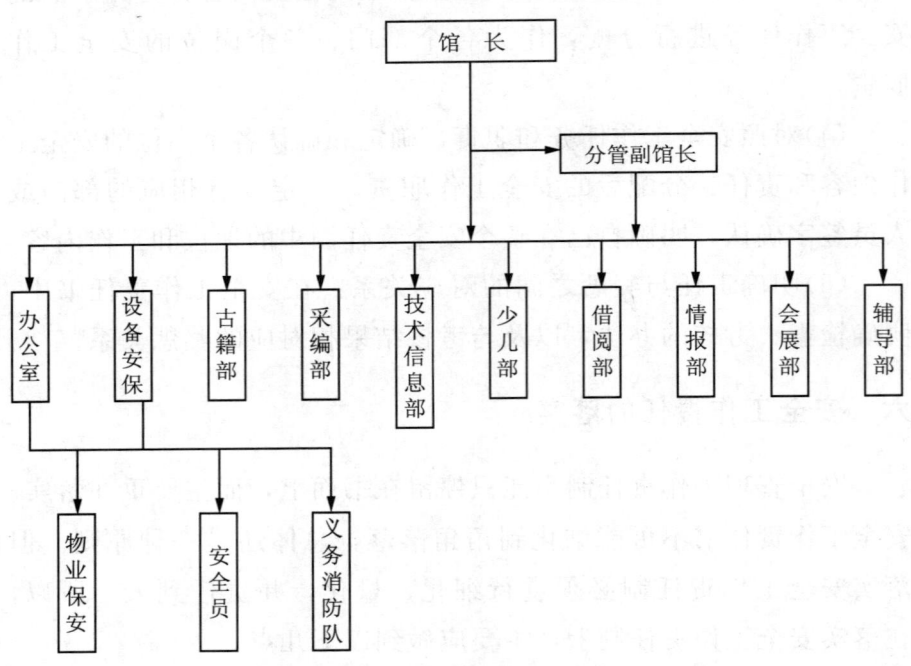

图 7.1　某图书馆消防安全责任制的组织结构

案例 7.3　某图书馆各级人员、各相关部门消防安全职责

一、消防安全责任人(馆长)消防安全职责

(1)贯彻执行消防安全法规、标准规范，保障本馆消防安全符合规定，掌握全馆的消防安全情况。

（2）将消防安全工作与图书馆的工作、管理等活动统筹安排，批准实施年度消防安全工作计划。

（3）为本馆的消防安全提供必要的经费和组织保障。

（4）确定逐级消防安全责任，批准实施消防安全制度和保障消防安全的操作规程。

（5）根据消防法规的有关规定建立义务消防队。

（6）负责制定符合本馆实际的灭火和应急疏散预案。

（7）推广先进的消防安全技术和管理方法，审定重大灾害事故的预防和处理方案。

（8）配备、充实消防安全专业人员，保证消防安全专业人员的素质，稳定消防安全专业队伍。

（9）消防安全责任人不在时，由分管领导负责。

二、消防安全管理人（分管消防安全副馆长）消防安全职责

消防安全管理人对消防安全责任人负责，实施和组织落实下列消防安全工作。

（1）拟订年度消防安全工作计划，组织实施日常消防安全工作。

（2）组织制定消防安全管理制度、作业安全规程和保障消防安全的操作规程，并检查督促落实。

（3）拟订消防安全工作的资金投入和组织保障方案。

（4）组织实施消防安全检查和隐患整改工作。

（5）组织实施对本馆消防设施、灭火器材和消防安全的标志维护保养。确保其完好有效，确保疏散通道和消防安全出口畅通。

（6）组织管理义务消防队。

（7）组织开展对职工进行消防安全知识、技能的宣传教育和培训，组织灭火和疏散预案的实施和演练。

（8）组织编制消防安全技术措施计划、方案及消防安全技术长

远规划。

(9)消防安全管理人应当定期向消防安全责任人报告消防安全情况,及时报告涉及消防安全的重大问题。

(10)定期召开消防安全专题会议,及时研究和解决有关消防安全的重大问题。

(11)本馆消防安全责任人委托的其他消防安全管理工作。

三、防火安全责任人职责(各部门主任)

(1)对本部门的防火安全工作负全面的领导责任,贯彻上级下达的防火安全指标。

(2)定期布置和总结防火安全工作,经常向职工进行防火宣传,教育职工遵守防火安全制度。

(3)定期进行防火安全检查,发现问题及时解决,发现重大隐患应立即停止作业并报告办公室,做好记录。

(4)积极组织本部门义务消防队员学习消防知识和训练。

(5)如发生火灾事故,应立即组织人员进行扑救并积极提供情况,查明原因。

(6)做好本部门消防器材的保障工作,使消防器材处于良好的备战状态。

(7)对防火安全工作搞得好的个人,应给予表扬和奖励,对违反制度或造成事故者,给予处罚。

(8)上述安全职责,作为本部门(室)评比先进部门的条件之一。

四、防火安全责任人职责(工作人员)

(1)遵守国家政府的政策法令及本单位、本部门治安、防火的规定,按规定行使职责。

(2)发现隐患及事故苗头要及时反映,对既成事故要保持现场立即报告。

(3)对个人负责的工作面,除提高警惕,加强防范工作以外,对门窗、电源、消防器材等要加强检查和保管。

(4)要学会使用消防器材,并做到不将火源带进室内。

(5)要积极配合部门主任落实完成签订的年度安全保卫责任书条款。

(6)上述安全责任制,作为评比先进个人的条件之一。

五、办公室(设备安保部)消防安全职责

(1)执行本馆领导安排的消防安全工作及安全指令。

(2)支持、协调各部门的消防安全工作。

(3)组织消防安全教育与考核工作,组织实施安全检查和隐患整改工作,组织参加本馆的消防安全大检查。

(4)监督各部门职工正确使用劳动器具和消防器材。

(5)抓好消防安全工作的奖惩工作,及时总结和推广安全工作的先进经验。

(6)负责档案、存档图纸、技术资料、文件的安全防火。

(7)制订干部、职工消防培训计划。

(8)负责本馆消防安全管理制度及规程的管理考核工作。

六、监控室(消控室)值班人员消防安全职责

(1)参加消防安全活动,学习消防安全技术知识,严格遵守各项消防安全生产规章制度、管理制度、作业规程和标准。

(2)认真执行交接班制度,接班前必须认真检查本岗位的设备运行和消防安全设施是否齐全完好等情况。

(3)精心操作,严格执行工艺规程、安全技术规程,遵守纪律,记录清晰、真实、整洁。

(4)按时巡回检查,准确分析、判断和处理服务工作过程中的异常情况;不能排除时要立即向领导报告。

(5)认真维护保养设备,发现缺陷及时消除,并做好记录,保

持作业场所清洁。

(6) 正确使用、妥善保管各种防卫器材和消防器材。

(7) 不违章作业，并劝阻或制止他人违章作业，对违章指挥有权拒绝执行，同时，及时向领导报告。

(8) 发生事故要及时如实地向上级汇报，保护现场并详细记录。

七、工会消防安全职责

(1) 宣传国家有关消防的政策、法规、标准规范和制度，监督行政部门做好本馆的各项消防安全和卫生工作。

(2) 建立和健全职工劳动保护监督管理网络，共同组织开展群众性消防安全活动，教育员工遵守法律法规、消防安全管理制度和作业规程。

(3) 定期研究本馆消防工作中的重要问题，向馆长室提出有关消防安全工作的改进意见和合理化建议。

(4) 参加群众性的综合消防安全检查和季节性消防安全检查，督促隐患的整改。

(5) 督促有关部门按期实施消防安全技术措施计划，参加新建、改建、扩建和技术改造项目的技术审查和竣工验收。

(6) 会同有关部门组织消防安全活动竞赛和其他群众性的消防安全活动，参加评选消防安全先进集体和个人，总结和推广消防安全工作先进经验。

(7) 参加伤亡事故的调查、分析和善后处理工作，参加工伤鉴定工作。

八、安全工作责任制的检查和考核

检查、考核和兑现奖惩，是落实安全责任制的重要手段和途径。公共图书馆应根据自身的实际制定安全工作责任制的检查和考核办法，并按规定进行严肃、认真、客观的检查和考核，内容包括以下几点。

(1)制定检查和考核表。依据安全工作责任制的要求编写检查、考核内容，制定分值表。

(2)定期考核。根据考核办法规定的时间定期开展安全责任制考核。

(3)工作抽查。在安全责任制落实的情况下，不定期地抽查。

(4)单项检查。根据特定工作要求，对当前重点工作进行单项检查。

(5)兑现奖惩。所有考核结果必须与薪酬挂钩。

九、安全工作责任的档案管理

安全工作是一项长期、连续的工作，必须有记录、有档案。安全工作责任的台账、资料可以促使大家真正认真地去落实安全工作责任制，同时也因此建立了安全工作责任制的数据库，另外还保证了责任制的落实情况及事故责任有据可查。因此，做好安全工作责任的档案管理工作十分重要。

第三节　公共图书馆的安全规章制度

公共图书馆应根据国家安全法律法规，结合本单位的实际，建立健全各类安全规章制度，使安全管理工作有章可循。

一、安全制度的重要性

安全规章制度既是公共图书馆开展安全管理工作的标准和规范，也是安全管理重要的工作内容之一。实现公共图书馆安全的制度化管理，制定合理、完善、具有可操作性的规章制度，可以提高馆员的安全意识，规范单位、员工和读者的行为，有利于公共图书馆安全工作的实施，降低安全事故发生的概率，保障公共图书馆正常、有序的运行。

二、安全制度的作用

建立安全制度的作用包括以下几点。

(1) 明确职责。使馆内员工都知道"谁应该干什么"或"什么事应该由谁来干"，有利于避免互相推诿，有利于各在其位，各司其职。

(2) 规范行为。明确馆内员工在履行职责时应该"怎么做"，有利于规范管理人员的管理行为，提高管理质量；有利于规范员工的操作行为；有利于约束读者或其他到馆人员的不良行为，避免因不安全行为而导致事故发生。

(3) 建立和维护秩序。明确了规章制度、具体方法和操作规程，能使图书馆建立良好的安全运行秩序，有效地制止违章和违纪行为，同时也有利于广大员工和读者自觉、严格遵守安全规章制度，维护图书馆的安全运行秩序。

三、制定安全规章制度的原则

制定安全规章制度的原则包括以下几点。

(1) 符合安全法律和行业规范。

(2) 符合公共图书馆服务理念。

(3) 内容齐全，有实效，可操作。

(4) 形成体系，相互衔接，不留死角。

(5) 相对稳定，不断完善。

四、安全制度的分类

(一)综合安全管理制度

包括安全工作责任制、安全教育、安全检查、安全奖惩、安全考核、事故管理、应急管理、承包合同安全管理、安全值班等规章制度。

1. 安全检查制度

其中有部门日常安全检查制度、大型设备检查制度、特种设备检查制度、安全管理检查制度。

2. 安全教育培训制度

其中有三级教育制度、特种作业人员教育培训制度、员工日常教育制度。

3. 安全报告制度

有事故报告制度、隐患报告制度。

4. 文件管理制度

有各类安全档案资料管理制度。

5. 现场管理制度

有现场动火制度、用工安全管理制度、机械和电器维修安全管理制度、部门台账管理制度。

6. 事故处理制度

有各类事故的调查、分析、报告处理程序和制度。

7. 应急管理制度

有危险事件分类与应急措施细则、重大事件应急组织管理细则、应急救援实施细则等。

(二)安全技术管理制度

包括特种作业管理(计算机网络、用电、空调、电梯、建筑等)、消防防火制度以及各岗位、各工种的安全操作规定等。消防防火制度还可细分为消防责任制实施办法、要害部位防火管理规定、建筑设施防火审核程序规定、火灾事故管理办法、消防设施及防雷避电装置管理办法等。

(三)安全操作规程

包括设备、装置的安全检修规程,各工种的安全操作规程,如管道工、电工、空调工、消防员等的安全操作规程以及应急事故处理等操作的安全操作方法。

(四)其他管理制度

包括卫生管理、卫生设备管理、员工体检等。

案例7.4 某图书馆信息系统安全管理制度

为了贯彻落实"积极防御、综合防范"的信息安全保障工作的方针,保护计算机信息系统的安全,根据《中华人民共和国计算机信息系统安全保护条例》《中华人民共和国计算机信息系统安全保密条例》等法律法规的规定,结合本馆信息系统建设的实际情况,对计算机信息系统安全运行的维护和管理作如下规定。

一、信息系统概念

计算机信息系统主要是指图书馆馆内局域网和分馆网络,即以图书馆局域网为中心,通过电信 MPLS VPN 连接分布在全市范围内的各个分馆的计算机互联网络。

二、安全组织机构

(一)建立图书馆信息安全领导小组并负责本单位网络和信息安全工作。

(二)图书馆计算机网络的运行维护和安全技术管理由本单位

技术信息部负责。

（三）图书馆计算机网络的信息安全保密管理由本单位办公室负责。

三、制度管理及要求

（一）图书馆计算机网络系统的运行维护和安全管理应当遵守《中华人民共和国计算机信息系统安全保护条例》《计算机病毒防治管理办法》等有关法律法规的规定。

（二）图书馆信息安全管理制度。

1. 安全管理责任制度：图书馆技术信息部负责本单位内计算机信息系统保密技术管理，负责本单位计算机、移动存储设备的日常保密管理工作。

2. 信息安全保护制度。

（1）各部门提交信息前要做好查毒、杀毒工作，确保信息文件无毒上载。

（2）根据情况，采取网络病毒监测、查毒、杀毒等技术措施，提高网络的整体抗病毒能力。

（3）对本馆的信息必须做好备份。

（4）对本馆的信息进行审查，必须对网站和各栏目所发布信息制定审查制度，对信息来源的合法性、发布范围、信息栏目维护的负责人等作出明确的规定，信息发布后还要随时检查信息的完整性、合法性。

（5）个人计算机中的涉密文件不可设置为共享，个人电子邮件的收发要实行病毒查杀。

3. 计算机病毒防治制度。

（1）所有计算机应按规定安装与工作相关的软件。

（2）所有计算机均不得安装游戏软件。

（3）在从U盘或光盘复制数据之前必须先用杀毒软件进行查

杀，确保无毒后使用。

(4)任何人在从互联网或本单位局域网上复制文件前均应先行杀毒。

(5)使用人在离开前应先退出系统再关机(主机和显示器)。

(6)开机同时应立即运行杀毒软件实时监控程序。

(三)图书馆应严格执行《计算机信息系统保密管理暂行规定》《中国公共计算机互联网国际联网管理办法》《国家质量监督检验检疫总局涉密计算机信息系统及网络联网保密管理规定》等有关法规，加强对图书馆网站的安全管理和内容审核。

(四)图书馆的计算机网络系统进行国际联网时，要严格与国际互联网实现安全隔离，凡是与图书馆计算机网络物理上存在连接的计算机不得通过任何非安全方式(如安装调制解调器、多块网卡等)直接接入国际互联网。

(五)任何部门或个人未经本单位有关主管部门许可，不得自行对外联网。

(六)严禁利用国际互联网及图书馆局域网、图书馆计算机网络从事危害国家安全、泄露国家秘密和妨碍社会治安等违法犯罪活动。

(七)不得使用图书馆计算机网络系统存取、处理、传递属于国家秘密的信息。

(八)树立全员安全意识，对图书馆计算机网络系统的使用人员应定期进行计算机安全知识普及教育。加强对网络安全技术人员的专业培训，图书馆计算机网络系统的使用人员有义务配合技术部门对自己所用的终端设备和系统进行安全保障、安全防范和安全处理工作。

四、技术管理及要求

(一)图书馆在建设本单位计算机网络系统时应重视防火墙、

防病毒、入侵检测等网络安全基础设施的配备。

（二）在配备计算机网络安全产品时，应使用经国家有关部门认证的产品；在购买计算机网络安全维护时，服务提供者应当具有国家有关部门的服务认证资质。

（三）图书馆计算机网络系统的运行管理人员应及时对网络、服务器和安全设施（系统）进行维护，严格管理并定期更换有关密码，设备（系统）的配置要定期备份，对主要设备（系统）要定期调优，确保系统安全、正常运行。

（四）图书馆及各分馆所使用的重要设备（如路由器、防火墙等）应统一配置、统一管理，重要设备的配置、访问控制、变更和维修，除事先指明的外，由技术信息部核准。网络管理员定时对本单位局域网内重要设备进行检查，排除隐患，确保设备正常工作，同时检查系统日志，发现异常情况要及时报告。各部门及分馆在接入图书馆计算机网络时，都应按照规定设置IP地址，不经申请批准不能随意改动。严禁利用各种网络设备或软件技术侦听、盗用单位的网络信息。严禁使用非法手段扫描网络或试图进入网络获取他人信息的行为，对造成严重后果的责任者依法追究责任。

（五）图书馆计算机网络发生以下情形之一的重大事故后，必须以书面形式向上级部门说明故障发生的原因及处理的结果，并报上一级信息中心。

(1)网络发生瘫痪8小时以上。

(2)重要应用系统因网络系统发生故障12小时以上不能解决。

(3)计算机网络系统发生泄密情况。

（六）不得擅自复制、传递图书馆计算机网络的拓扑结构、网络配置及数据信息，因工作需要复制上述信息，未经批准，不得向外单位人员演示图书馆计算机网络的有关内容。

（七）图书馆网络管理人员应及时检测、清除网络系统中的计算机病毒，并备有检测、清除的记录，避免由于本单位内网络病毒发作，影响网络正常运行。

（八）从其他计算机网络系统上下载程序、数据或者购置、维修、接入计算机设备时，应当进行计算机病毒检测，严禁制造、传播具有计算机病毒的文件和信息。

（九）建立重大网络故障防范的预案，一旦发生网络故障、网络系统受到侵袭，应当及时按照预案进行处理。本规定自印发之日起施行。

第四节 公共图书馆的应急预案

突发事件和意外事故有一定的偶然性，然而偶然之中有必然。大多数公共图书馆全年天天开放，每天接待的读者多则数千、少则几百，在周而复始的开放过程中确实可能因不可抗力或其他原因发生不可预料的意外情况，影响图书馆的秩序和稳定，危及图书馆和读者的生命财产安全。这时，如果事先对这种意外情况设计制定应急预案，并按应急预案开展演练和准备，就可以迅速排除事故、稳定秩序，减轻甚至避免对公共图书馆和读者的危害。因此，公共图书馆必须编制应急预案。

一、公共图书馆应急预案的概念

公共图书馆的应急预案是指为降低公共图书馆可能面对的突发事件而造成的人身、财产损失，维持正常秩序，假设事故发生而应当采取的行动步骤和纲领、控制事态发展的方法和程序而预先制订的科学而有效的计划和安排。

二、公共图书馆制定应急预案的重要性

突发事件与灾害应急预案是事故与灾害预防系统的重要组成部分。公共图书馆的应急预案不仅可以指导应急人员的日常培训和演习，保证各种应急预案处于良好的备战状态，而且还能帮助公共图书馆对于可能出现的突发事件作出快速反应，指导应急行动有计划、有秩序、高效率进行，防止因行动组织不力或现场救援工作的混乱而延误事故应急，从而降低人员伤亡和财产损失，尽快恢复正常秩序。

三、公共图书馆编制应急预案的基本要求

公共图书馆的应急预案包括应当采取的行动步骤和纲领、控制事态发展的方法和程序，其编制的基本要求有以下几点。

(1) 符合有关法律、法规、规章和标准的规定。

(2) 符合图书馆的安全工作目标、危险性分析情况和应急工作要求。

(3) 预防和应急的程序、措施与图书馆的安全设施、设备、人员等应急能力的实际情况相适应。

(4) 应急机构、团队和人员的职责分工明确，并有具体的落实措施。

(5) 应急保障措施明确，预案具有可操作性。

(6) 预案基本要素齐全、完整，预案附件提供的信息准确。

(7) 各个应急预案之间在内容、程序和措施上能够无缝衔接。

四、公共图书馆应急预案的预警机制

(一) 四级预警

馆内工作、阅读、生活秩序正常，没有发现突发性事件前瞻

性、苗头性、预警性信息为四级预警。馆内可采取以下预防措施。

(1)采取多种形式，广泛开展法制教育、安全教育和心理健康教育，增强职工的法制观念和法律意识，帮助他们掌握防火、防盗、防意外事故、防传染性疾病的必要知识和基本技能，增强他们的安全意识和自我防护能力。

(2)实时掌握职工思想动态，准确把握职工关注的热点、焦点问题，有针对性地做好宣传教育工作，及时化解潜在矛盾，消除不稳定因素。

(3)严格排查事故安全隐患和不稳定因素，定期对馆内公共活动场所和人员集中的重点部位和重要设施开展安全大检查，及时发现不稳定因素，彻底消除火灾事故隐患。

(4)配合公安机关，强化馆内网络的管理与监控，加强对有害信息源的控制，有效封堵不良信息，果断删除有害信息，及时发现和捕捉苗头性、前瞻性、预警性信息。

(5)做好信息工作，建立健全稳定安全信息工作机构，实行敏感时期24小时值班和领导带班制度，严格信息报送制度，不断加大信息收集和信息报送力度。

(6)深入职工实际生活，解决职工实际困难，从源头上化解矛盾纠纷，把矛盾和问题解决在萌芽状态，坚决避免矛盾的激化和升级。

(7)不断完善和细化安全保卫工作预案，建立应对突发性事件应急处理机制，不断提高快速反应能力和应急处理能力，努力建立维护馆内稳定的长效机制。

(8)组建包括安全员、义务消防队员的稳定安全工作应急队伍，储备人员力量，加强人员配备，不断提高人员综合素质，提高他们的应急处理能力，为切实维护馆内稳定安全提供人力资源上的保证。

(9)加强大型活动的安全管理。

(二)三级预警

馆内发现突发性事件前瞻性、苗头性、预警性信息，突发性事件处于萌芽状态为三级预警。可采取以下具体措施。

(1)突发性事件前瞻性、苗头性、预警性信息所涉及的部门安全保卫工作小组和馆内安全保卫工作领导小组进入应急工作状态。

(2)加强对突发性事件前瞻性、苗头性、预警性信息的跟踪和监控，充分发挥党、政、工、团，特别是安全员、义务消防员的作用，加大信息收集力度，准确了解全馆稳定安全动态，为馆安全保卫工作领导小组的决策提供依据。

(3)各安保人员进入戒备状态，加大馆内执勤和巡逻强度，警惕各种矛盾激化、升级和事故的发生，密切关注馆内稳定安全动态，发现事件苗头要迅速上报。

(4)在安全保卫工作领导小组的统一指挥下，各相关部门迅速对事件的起因、事件的真相、事件可能发展的程度作深入的调查了解，并迅速组织力量，尽力把问题和矛盾解决在萌芽状态。

(三)二级预警

突发性事件已经发生，但处于局部状态为二级预警。应采取以下具体措施。

(1)安全保卫工作领导小组成员应立即到达事发现场并启动相应的应急预案，安全工作应急队伍迅速开展工作，同时报上级部门。

(2)安全保卫工作领导小组根据事件发生原因，立即通知与事件直接相关的部门负责人赶到现场，对原因清楚、能够立即解决的问题马上予以解决；对原因不详、需要一定时间进行调查处理的，做好耐心细致的说服教育工作，并立即疏散人群，严格控制事态的进一步蔓延。

（3）安保部门立即加强进出门管理。

（4）充分发挥安全员、义务消防员的作用，立即深入了解实际情况，并对聚集人员进行分隔、疏导和疏散，尽力使事态得到控制，得以平息。

（5）安保部门立即组织人员赶赴现场，维护周围秩序，严防有人乘机煽动闹事，蓄意制造事端，挑起动荡。

（四）一级预警

突发性事件发展到较大规模，并蔓延至全馆为一级预警。重点做好以下几方面工作。

（1）在第一时间报告上级主管部门，请示下一步工作指示。积极组织和动员一切力量，竭尽全力控制事态的进一步蔓延。

（2）安全保卫工作领导小组立即组织馆内所有人员进入紧急工作状态，赶赴事发现场进行耐心的劝阻、说服工作和积极的引导、疏导工作，立即疏散人群，严防事态失控。

（3）如有可能，立即召开全馆职工大会，讲明事实真相，提出明确要求，发动职工做好稳定安全工作。

（4）安保部门要进一步加强门卫管理，严格执行门卫制度，严防他人制造混乱。

（5）如有不法分子要闹事，安全保卫工作领导小组应立即组织所有人员布置到位，充分准备，确保馆内安全。

（6）在事态进一步扩大，依靠馆内的力量无法平息的情况下，应立即向当地政府和公安部门报告，请求派遣警力进入图书馆协助维持秩序。

五、公共图书馆应急预案体系

公共图书馆预防和处理突发性事件应急预案体系，应由总预案和各专项预案共同组成，主要包括以下专项预案。

(1)自然灾害应急处理预案。

(2)火灾、爆炸、偷盗、治安案件及重大安全事故应急处理预案。

(3)个体性突发性事件及群体性突发性事件应急处理预案。

(4)供水、供电及供暖等后勤设施事故应急处理预案。

(5)公共卫生突发性事件应急处理预案。

(6)不法组织事件引起的突发性事件应急处理预案。

(7)馆内网络安全防范应急处理预案。

(8)火灾初起消防灭火应急处理预案。

(9)文物(古建筑)保护应急处理预案。

(10)大型活动安全管理应急预案。

案例7.5 某图书馆突发大面积停电应急预案

为确保图书馆正常开放阅览秩序,保证一旦出现事故停电或临时停电能够得到及时妥善的处理,按照统一指挥、分级负责、各司其职的原则,及时控制局面,努力将事故危害降到最低程度,特制定本馆停电应急预案。

一、明确组织机构、职责和联系电话

领导小组

组　　长：××馆长

副组长：××副馆长、××副书记、××主任

组　　员：×××、×××、××、××

二、人员职责

(1)×××负责各部门设备的待机情况。

(2)各部门主任负责维护现场秩序和疏散工作。

(3)××负责停电后各路电箱的电源切断工作。

(4)×××负责了解停电的原因及可能恢复供电的具体时间。

三、两种情况下的停电处理方法及措施

（1）接到停电通知的情况

在接到停电通知的情况下，主管部门应事先将停电线路、区域、时间、电梯使用以及安全防范要求等情况通知领导小组和各部门（特别是计算机中心）主任，以网络、电话停电通知的形式发布停电消息。同时，主管部门应做好停电前的准备工作。

（2）没有接到任何通知，突然发生停电的情况。

在没有接到任何通知，突然发生停电的情况下，在馆电工应立即集中，确认是内部故障停电还是外部停电。若是内部故障停电，应立即派人查找原因采取措施，防止故障扩大；若是外部停电，一方面要防止突然来电引发事故；另一方面致电供电公司查询停电情况，了解何时恢复供电，并将了解的情况通知领导小组及各部门。

四、停电预案

（1）对于有二路电源供电或配备自备应急电源的（如计算机中心），变电所高低压各电源间倒闸操作或启动自备应急电源应按正确操作方法，以尽快恢复对重要用电负荷的电力供应；若外部故障停电，须拉开低压总开关，拉开进线开关，防止来电后可能造成的设备损坏或人身伤害。

（2）馆内如有重大会议及活动，根据需要可租用供电公司发电车。

（3）根据停电范围与可能的停电时间启动相应应急保安措施，保安人员应加强警戒与巡视，严防有人制造混乱，浑水摸鱼，特别是重要部门、重要设备的保卫工作。

（4）部门工作人员要根据情况做好对读者的宣传公告、妥善安置、紧急救援或疏散，稳定读者的情绪，防止引起读者不必要的恐慌。（平时应根据突发停电可能带来的影响、损失或危害，按照

突发停电应急预案,定期进行演练)

(5)详细记录停电事故始末时间、发生原因、应对措施以及造成的损失。

五、遭遇突然停电可能引发的安全事故以及采取的措施

(1)电梯关人。停电后设备保安部立即派人分头前往各楼检查电梯运行情况,发现电梯关人立即按照电梯困人应急预案施救。

(2)阅览室读者发生拥挤、践踏。若出现停电情况,部门管理员要耐心接待读者的询问,做好解释和疏导工作,防止与读者发生冲突,维护好秩序,稳定读者的情绪,等待来电或在部门主任指挥下,引导读者安全离开图书馆。部门主任还要迅速了解情况,通知设备安保部,进行维修;如停电不能在短时间内恢复须疏散读者,防止踩踏事故;疏散读者时,各部门控制楼道、楼梯口,组织读者有序疏散,读者下楼梯一律靠右边行走,防止读者在疏散过程中弯腰去系鞋带或捡丢下的物品,各楼层阅览室疏散必须错开时间,防止拥挤、践踏。另外阅览室还应备置一些应急照明灯,并要注意防火,防止发生火灾。

(3)计算机中心、监控中心设备的安全保障。如出现二路电源全部停电,中心机房的UPS电源将维持两小时的供电,若UPS电源也将没电时,应立即采用发电机进行供电,以保障中心机房内的设备正常工作,直至外部来电。

第五节 公共图书馆安全管理工作举要

公共图书馆的安全管理工作需要理论支撑,但主要是一种实践活动。在完善制度、机制、预案等基础上把工作做实做细,是保障公共图书馆安全的关键所在。本节针对公共图书馆主要的安

全工作进行举例。

案例 7.6 公共图书馆消防安全管理

一、消防安全管理工作内容

(1)明确公共图书馆消防安全管理组织机构，落实逐级消防安全责任制。

(2)确定公共图书馆消防安全责任人和管理人，公共图书馆消防安全责任人和管理人应向公安消防机构备案，应当设有消防工作归口管理职能部门。

(3)制订并实施年度消防安全工作计划。

(4)建立消防安全工作档案，消防安全管理工作档案应当齐全，档案资料应当明确专人保管、备查，装订规范。

(5)确定单位消防安全重点部位，并设置防火标志，实行严格管理。

(6)为公共图书馆的消防安全工作申请必要的经费保障。

(7)落实火灾隐患整改责任制，应按期整改火灾隐患，如果是重点单位应投保火灾公众责任险。

二、消防安全管理工作实施

(一)检查消除火灾隐患

(1)建立防火检查、巡查制度，成立防火检查组、防火巡查队。

(2)开展防火检查和防火巡查。公共图书馆应每季度开展一次防火检查，消防安全责任人、管理人应定期组织防火检查，单位各部门负责人应每周组织开展防火检查。公共图书馆应每日开展防火巡查，公共图书馆开馆时间内应每两小时进行一次巡查。防火检查、巡查记录要填写齐全、真实。

(3)发现的火灾隐患应按要求落实责任部门、责任人进行整改。对不能及时整改的火灾隐患要制定合理的整改方案和采取必要的防范措施。防患整改完毕，责任部门、责任人应将整改记录报送消防安全责任人、管理人。消防安全管理人应组织验收，验收结果应报消防安全责任人并存档备查。

（4）制定员工岗位防火安全职责。员工应履行本岗位防火安全职责，开展班前、班后防火检查。部门负责人应定期考核员工，如提问员工其岗位防火安全职责，要求其演示班前、班后防火检查过程。

（5）应按规范设置消防设施。设有自动消防设施的公共图书馆应签订维保合同，其维保合同应报消防部门备案。设有消防控制室的公共图书馆应与城市远程监控中心联网。

（6）动用明火应有动火审批单，并有专人现场监护并开展防火检查。

（二）组织扑救初起火灾

（1）应成立扑救初起火灾组织机构，并明确任务分工。

（2）应制定灭火和应急疏散预案，并定期组织演练。

（3）应成立第一、第二灭火应急力量，并定期组织训练。第一、第二灭火应急力量应能正确处理初起火灾。

（4）员工应具备扑救初起火灾的能力。每一个员工都能正确回答扑救初起火灾常识或能正确使用消防设施、器材。

（5）消防设施在火灾扑救中应发挥作用。消防设施保持完好有效，不影响防火灭火功能。

（6）应制订消防设施的维护保养计划，自动消防设施应委托有资质的单位进行维护保养，并有记录。

（7）消防控制室的设置及值班操作人员应符合要求。消防控制室应落实24小时双人值班。消防控制室值班人员应持证上岗，会操作。消防控制室应急程序、图纸一同上墙。消防控制室应有值班记录，记录齐全、真实。

（三）组织人员疏散逃生

（1）制定疏散逃生预案并定期组织疏散逃生演练。逃生演练后有总结、有记录。

（2）按规范设置消防安全疏散指示标志，配备疏散、逃生器材。

（3）员工应熟练掌握疏散逃生知识，会使用疏散逃生器材，熟知疏散逃生路线。

（4）应在每个楼层、疏散通道、安全出口明确疏散引导员，负责引导人员疏散。

（四）消防宣传教育培训

（1）消防安全责任人、管理人应当熟知消防安全知识。

（2）应当建立消防宣传和教育培训制度，制订年度消防宣传教育培训计划，每半年进行一次消防安全教育培训。

（3）应明确专（兼）职消防宣传教育培训人员。加强消防宣传教育培训人员的能力培养。

（4）员工上岗、转岗前应经过消防安全教育培训。员工岗前培训人数应达到在岗人数的90%。

（5）应设置消防安全宣传教育培训专栏、展板，悬挂或张贴消防标语。

（6）应设置"三提示"（提示性、警示性、禁止性）标志。在显著位置提示场所的火灾危险性及逃生路线，标出消防设施、器材的位置和使用方法，并在疏散通道、安全出口设置"禁止"类标志。

（7）在人员密集场所的主要出入口设置固定的"消防安全告知书"和"消防安全承诺书"。

案例 7.7　公共图书馆灭火和应急疏散预案

根据《中华人民共和国消防法》和公安部 61 号令《机关、团体、企业、事业单位消防安全管理规定》，为认真贯彻"预防为主、消防结合"的消防工作方针，确保人身和国家财产的安全，一旦发生火警、火灾时能做到及时、有效地报警、灭火、疏散等工作，将火灾损失降到最低程度，从而维护本单位的安全、稳定运行，特制定如下灭火、应急疏散预案。

一、明确组织机构

一旦遇到火灾突发事故时，应迅速成立火场临时指挥部（原则上由图书馆防火安全领导小组的成员组成），在火场临时指挥部领导下设立灭火行动组（由现场第一灭火应急力量和秩序维护员、安全员等第二灭火应急力量负责灭火）、通讯联络组（由办公室负责）、疏散引导组（由各部门或楼层工作人员负责）、安全防护救护组（由安保部、各部门联合负责），如图 7.2 所示。

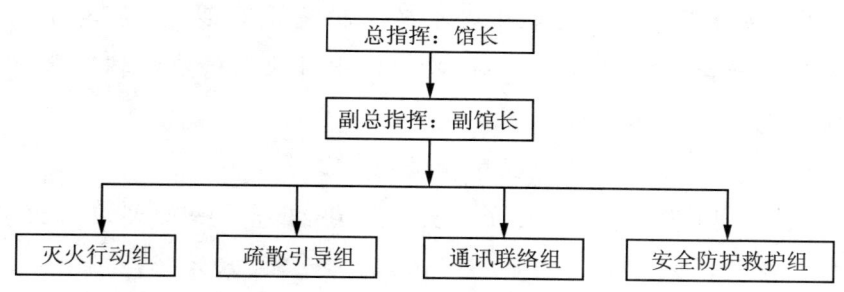

图 7.2　灭火和应急疏散预案组织机构示意图

二、报警和接警程序及内容

监控室或值班人员发现火警、火灾情况，须立即报警。

（1）当火灾发生后，现场人员在第一时间要迅速报火警（119）。报警时要沉着冷静，说清楚着火单位、详细地址、燃烧物质、是否有人员被困，并留下报警人姓名和电话，以便消防人员进一步了解现场情况。

(2)报馆内领导、义务消防队员、安全员后,馆内领导、其他安全员和义务消防队员作为第二灭火应急力量应在3分钟内立即赶到现场,由馆内领导立即成立火场临时指挥部和各救援疏散小组。

三、应急疏散的组织程序和措施

(1)各部(室)或楼层设立疏散引导小组,例如,组长:×××,组员:×××、××、×××。

(2)当发生火灾时,第一发现人立即报警,之后通知图书馆领导。图书馆领导立即启动灭火和应急疏散预案,调集组织机构成员,按分工负责程序进行有序实施。

(3)疏散引导小组成员打开所有疏散门,协助引导火灾现场的读者迅速撤离。

(4)疏散结束清点现场疏散人员,确保所有人员安全撤离现场。

(5)疏散引导小组应携带必要的防护疏散用品,如湿毛巾、应急照明、话筒、对讲机等器材(各部门平时应保持消防辅助器材始终处于完好待用状态)。

四、扑救初起火灾的程序和措施

(1)各部(室)或楼层设立灭火行动小组为第一灭火应急力量,例如,组长:×××,组员:×××、××、×××。

(2)发生火灾后,第一灭火应急力量应进行初期火灾的扑救。

(3)对现场进行必要的断电。

(4)找到供水消火栓和供水水源,保障火场的水源供应。

(5)第二灭火应急力量到达现场就近找到消防器材,组织人员进行灭火,同时采取措施,隔断电路,控制燃烧区域,消防车进入火场后,配合消防队救火。

五、通讯联络的程序和措施

(1)通讯联络组成员,组长:×××,组员:××、×××、××。

(2)应落实好各小组的通信方式,并通过固定、移动电话和对讲机与各小组以及内部和外界保持通信联络通畅。

(3)在发生火灾后,及时报警并组织人员到路口拦截消防车,并正确引导消防车辆到达现场。

(4)及时把现场各组的情况向灭火和应急疏散指挥小组报告。协调各组人员与灭火和应急疏散指挥小组的关系。

六、安全防护、救护的程序和措施

(1)安全防护救护组成员,组长:×××,组员:×××、××、×××。

(2)接到火警通知后准备卫生救护、防护用品,为各救援小组提供进入火场检查的救护防护用品。

(3)迅速在火场附近建立伤员救助点,协助120救护车做好抢救轻重伤员的准备。

(4)引导协助受伤或者被救出人员到医院或到现场的医疗车上治疗。

(5)在负责人的组织指挥下,对被困人员进行引导逃离,并对现场及周围无关人员进行疏散隔离。

七、恢复设备、事故调查及善后工作处理

(1)变配电等重要设施设备应迅速抢修、以最快的时间恢复对外进行送电,恢复秩序。

(2)扑灭火灾后,应保护好火灾事故现场,所有人员应主动配合好馆内安保部和其他有关部门的工作,按照"三不放过"的原则对事故进行调查和处理。

(3)馆内成立善后工作处理小组(由馆工会、办公室负责)对火灾事故进行善后处理。

案例 7.8 公共图书馆举办大型活动安全管理预案

大型活动的安全管理要遵循安全第一、预防为主的方针，坚持举办者负责、政府及其他上级部门监管的原则。

一、明确大型活动领导小组名单及联系电话

二、明确安全责任

大型活动举办者应对其举办活动的安全负责，因此，大型活动举办者的主要负责人就是安全责任人。如果大型活动由两个以上举办者共同举办的，承办者应当签订举办安全协议，明确各自的安全责任，并确定主要安全责任人。

（一）举办者安全责任

（1）制定并落实大型活动安全工作方案和突发事件应急预案，开展大型活动安全宣传教育。

（2）建立并落实安全责任制度，确定安全责任人，明确安全措施、安全工作人员岗位职责。

（3）配备与大型活动安全工作需要相适应的保安人员。

（4）按照负责许可的公安机关的要求，配备必要的安全检查设备。

（5）组织实施现场安全检查，保障活动场所内临时搭建的设施的安全，发现安全隐患及时消除。

（6）落实医疗救护、灭火、应急疏散等应急措施并组织演练。

（7）及时劝阻和制止妨碍大型活动安全的行为，发现违法犯罪行为及时向公安机关报告。

（8）为大型活动的安全工作提供物资、经费等必要的保障。

（9）接受公安机关和上级主管单位等有关部门的指导、监督和检查，及时消除安全隐患。

（二）现场管理者安全责任

（1）保障活动场所、设施符合国家安全标准和安全规定。

（2）保障疏散通道、安全出口、应急照明、疏散指示标志等符合相关的规定。

（3）保障监控设备和消防设施、器材配置齐全，完好有效。

（4）提供必要的停车场地，并维护安全秩序。

（5）保证场地的安全防范设施与大型活动安全要求相适应。

（三）安全工作人员安全责任

（1）实施安全工作方案和突发事件应急预案。

（2）启动应急照明、广播和指挥系统。

（3）熟知安全出口和疏散通道位置，熟练使用消防器材。

三、大型活动安全工作内容

（1）明确活动的时间、地点、人数、规模、内容及组织方式。

（2）落实安全工作人员情况、数量、任务分配、岗位职责和识别标志。

（3）保障活动场所建筑安全和消防安全措施。

（4）确定活动场所可容纳的人员数量以及活动预计参加人数。

（5）负责治安缓冲区域的设定及其标识。

（6）布置入场人员的安全检查措施。

（7）实施车辆停放、疏导措施。

（8）落实现场秩序维护、人员疏导措施。

（9）进行安全工作经费预算。

（10）制定突发事件应急预案。

案例7.9　图书馆举办大型活动安全应急预案

为维护社会稳定，规范大型活动的管理，杜绝因拥挤、践踏而造成伤害的恶性事件、事故的发生，根据上级及市有关文件规定，结合本单位实际，特制定本预案。

一、组织机构及联系电话

组　　长：×××(馆长)

副组长：×××、××、×××(副馆长、副书记)

组　　员：×××、×××、×××、××、×××、××(活动各分项负责人)

二、事故防范

(1)举行大型活动前做好安全纪律教育，定岗、定位、定责。

(2)活动前针对本次活动具体情况，做好活动应急预案和防范措施。

(3)大型活动的场地、设施须符合安全要求，消防设施须保证，活动场地出入和通道要畅通，便于疏散，若夜间开展活动，须有足够的照明设备，停电时要有应急措施。

(4)对参加活动人员进行必要的安全教育和纪律教育，避免在活动中产生危险时，不知所措。

(5)对组织参加活动的领队进行活动前的协调以及必要的安全注意事项的交代，确保活动有序进行。

(6)举办大型活动必须向主管部门申请，报公安部门审批。

三、事故处理

(一)发生拥堵现象时

(1)一号门由两名秩序维护员负责，主要工作是及时疏导和控制参加活动的人员进出，防止人员聚集而堵住进口处。

(2)二号门由一名秩序维护员负责，主要是负责车辆进出。自行车全部停放在外面的寄存处。如有紧急情况，应及时打开二号门疏散人员。

(3)安排其他秩序维护员把守各要道口，防止活动人员原地返回而造成进出人员汇流。

（4）×××分项负责人负责 A 楼、B 楼的安全保卫工作。做到防止人行通道堵塞，并及时疏导参加其他场所活动的人员到达指定场所活动。

（5）×××、××、×××、××等分项负责人负责 D 楼多功能厅的人员活动安全。×××分项负责人负责 C 楼的安全工作。

（6）散场时，各要道口安全值班人员要主动指挥参加活动的人员按规定路线离开。

（7）如遇突发事件，情况汇报流程如下：秩序维护员→主管→主任→领导小组组长、副组长。

（8）如遇突发事件，突发事件领导小组成员应立即赶到现场，采取果断有效措施，运用相应的对策尽快解决，防止事态扩大。

（二）造成人员伤害时

（1）当发生事故并造成人员伤亡，×××负责报 120 和引导救护车，××立即组织抢救。

（2）×××、×××、××、×××第一时间赶赴现场组织指挥。

（3）伤员送最近的医院急救，××负责联系家属。

（4）×××、×××、××、××、×××等在事发后做好善后工作。

四、报告制度

发生事故单位领导要立即报告上级或相关单位，不得迟报、瞒报。

案例 7.10　公共图书馆制定的网络安全管理防范措施

由于网上病毒的传播速度快、涉及面广、危害性大，因此，为加强部门之间的协调配合，建立运转灵活、反应灵敏的网络应急处理协调机制，确保网上突发紧急事件时，能够及时发现、预警并准确判断、快速处理，尽可能避免或减少网络突发事件给图书馆网络造成大的损失，特制定具体管理办法如下。

(1) 技术防范。目前，网络安全仍是互联网发展中面临的重要问题。各种网络安全漏洞大量存在、利用漏洞进行网络攻击频繁发生，使开发、安装相关补丁及采取防范措施的难度增加。针对这种现状，技术部门应及时升级操作系统，打好补丁，安装防病毒功能强的网络杀毒软件，并不断升级。

(2) 硬件防范。由于网络攻击行为日趋复杂，防火墙、入侵监测系统等网络安全设备不能完全阻挡网络攻击，所以要对防火墙进行特定的设置、过滤，从而达到防范已知病毒的目的。

(3) 提升邮件系统的防范能力。目前 NetSky、Bagle 和 Mydoom 等多种病毒都是通过邮件系统传播，传播速度快、危害大。因此，必须对邮件进行过滤或进行特定的算法，增强识别病毒的能力。

(4) 建立网络安全制度，增强安全意识。对网络安全员进行全面培训，提高网络安全员的事件监测和发现能力，加强事件分析和事件管理，积极拓展和发挥应急体系的作用，全面提高互联网的安全保障能力。

(5) 加强馆内各部门的密切配合。全馆各部门馆员应在监测事件、分析事件和处理事件中积极发挥作用，发现问题应及时报告。自己能处理的应及时处理，不能处理的应主动向有关部门报告，请求技术支持。

(6) 加强组织领导。建立以分管馆长为组长的网络安全领导小组，落实工作任务，分工负责。

(7) 建立长期的值班制度。确保能及时发现危害事件及攻击行为，早发现，早处理，以减少损失。

(8)设立网络安全举报邮箱。发动广大用户检举揭发非法用户，限制非法用户的使用权限，减少网络攻击事件。

案例 7.11　公共图书馆反恐安保应急预案

为切实做好图书馆的反恐安全保障工作，安保部与某物业图书馆管理处联合制定各种情况应急预案如下。

一、反恐安保联合小组名单和电话

组长：×××

组员：×××、×××、××、×××、×××

各小组成员的电话和手机号码(略)。

二、岗位设置

(1)巡视岗：保安班长1名。

(2)南大门岗：保安1名。

(3)大厅岗：保安1名；便衣工作人员1名(各部室安全员担当)。

(4)地下车库岗：保安1名。

(5)各部室：安全责任人1名，岗位可视情况安排。

三、巡查要求

(1)联合小组人员每天不定时对全馆范围巡查1次，包括各阅览室等。

(2)保安班长根据巡查制度每天对公共区域进行巡查7次。

(3)各部门安全责任人每天不定时检查各自范围内的安全。

(4)每楼层保洁员打扫时应注意观察，对可疑人员及时报告。

四、突发事件应急处置预案

(1)发现有寻衅滋事分子进入馆内闹事，岗位值勤人员应保持镇静，一方面及时制止，另一方面迅速用对讲机通报联合小组领导，第一时间赶赴现场，采取有效的应急措施进行处理。如一般闹事，带至物业管理处处理；如有滋事，及时拨打110。组织人员控制现场，防止事态扩大（如有反抗，应果断处置，限制其活动范围，制止其反动言论），等待公安机关到来。

（2）发现可疑的无人认领的包，巡查人员不要及时打开，可用对讲机及时通报联合小组，并将周围读者、员工疏散到安全地方，以免造成伤害。联合小组人员到场后，初步可以通过看、嗅、听、摸等办法来判断，采取应急措施。如确认无大的安全隐患物品方可打开，并收缴至监控室；如无法判断则报110处理，等待公安机关到来之前，安保人员应设置警戒线，预防任何人进入现场。

（3）发现有异常人员进入馆内，第一时间及时、巧妙地通知联合小组，并对其秘密跟踪，观察其动向，不可贸然行动，保持与联合小组的联系，等待联合小组的进一步指令。如该异常人员没有非正常行动，继续秘密跟踪，直至其离开馆内；如该异常人员有涉嫌恐怖活动行为，立即通知联合小组要求增援。一方面疏散读者，另一方面可根据不同情况，采取应急措施进行制止。若对方有凶器，不能硬拼，应用巧妙的办法与其周旋，待增援人员赶到，一起将其制服。

（4）一旦发现纵火情况，在岗人员在高声呼救的同时，一方面尽力制服和阻止纵火者，另一方面迅速通报联合小组和其他在岗人员增援。联合小组和其他人员在第一时间赶到后，立即组织疏散读者和扑救工作。尽可能地把火灾扑灭在萌芽状态，如火势蔓延，及时拨打119，并通知其他人员组织自救（具体措施按消防灭火应急预案执行）。

（5）针对各项应急预案，相关部门应组织部门人员积极地、认真地、反复地进行演练，做到每个人熟悉应急预案的程序，熟练掌握，心中有数。

【本章小结】

　　公共图书馆的安全是公共图书馆一切工作的前置条件。建立公共图书馆的安全组织体系和安全管理机制，形成完善和可操作的安全管理制度，以责任制的形式落实到每个部门、每位员工，使安全管理的制度和落实横向到边、纵向到人。针对可能发生的安全事故和危机，制定应急预案，并按照预案的内容开展平时的演练，使公共图书馆在安全管理上有严密的组织机构、完备的管理制度、完善的应急预案、快速的反应能力、规范的检查考核等一整套安全管理的制度和措施，从而及时发现安全隐患，将事故苗头扼杀在萌芽状态，确保公共图书馆和读者的生命财产安全和运行秩序。

　　本章在本书中实务性最强，案例也最多，制度、预案等可以直接借鉴。

【思考题】

　　1. 馆长如何在工作中体现公共图书馆安全管理的重要性？

　　2. 根据你所在图书馆的实际情况，开列一个安全管理规章制度的名单，并形成安全管理制度体系。

　　3. 公共图书馆的安全管理制度与公共图书馆的开放理念之间存在什么矛盾？如何解决这种矛盾？

【推荐阅读】

　　1. 刘兹恒. 图书馆危机管理手册[M]. 北京：国家图书馆出版社，2010.

2. 付立宏. 图书馆管理学［M］. 武汉：武汉大学出版社，2010.

3. 董华，张吉光. 城市公共安全：应急与管理［M］. 北京：化学工业出版社，2006.

4. 刘秀娥. 图书馆防灾与危机管理［M］. 北京：海洋出版社，2007.

5. 崔政斌，崔佳. 现代安全管理举要［M］. 北京：化学工业出版社，2011.

6. 王洪德，石剑云，潘科. 安全管理与安全评价［M］. 北京：清华大学出版社，2010.

7. 陈安，陈宁，倪慧荟. 现代应急管理理论与方法［M］. 北京：科学出版社，2009.

参考文献

1. CHEN Chao. From institutional merger integration to institutional strategic transformation: a case study of the strategic management paradigm at Shanghai library[J]. Chinese Journal of Library and Information Science, 2010(3).
2. HAYES R M, WALTER V A. Strategic management for public libraries [M]. Westport, Connecticut: Greenwood Press, 1996.
3. HAYES R M, WALTER V A. Strategic management for public libraries: a handbook [M]. Westport, Connecticut: Greenwood Press, 1996.
4. WILSON D D. et al. The measure of library excellence: linking the malcolm bladrige criteria and balanced scorecard methods to assess service quality[M]. Jefferson: McFarland & Company, Inc. Publishers, 2008: 154-155.
5. 彼得·德鲁克. 非营利组织的管理[M]. 北京: 机械工业出版社, 2009.
6. 彼得·德鲁克. 管理的实践[M]. 北京: 机械工业出版社, 2009.
7. 彼得·德鲁克. 管理（下册）[M]. 北京: 机械工业出版社, 2010.
8. 彼得·德鲁克. 管理: 使命、责任、实务（使命篇）[M]. 北京: 机械工业出版社, 2009.
9. 彼得·霍布斯. 项目管理[M]. 包晓闻, 译. 北京: 中国社会科学出版社，2001.
10. 彼得·圣吉. 第五项修炼：学习型组织的艺术和实务[M]. 2版. 上海：三联出版社，1998.
11. 蔡冰. 图书馆读者服务的艺术[M]. 北京：国家图书馆出版社，2009.
12. 陈安，陈宁，倪慧荟. 现代应急管理理论与方法[M]. 北京：科学出版社，2009.
13. 程焕文. 不朽的图书馆精神：汶川地震与家园重建[M]. 北京：国家图书馆出版社，2009.
14. 初景利，李麟. 美国图书馆员职业资格认证体系[J]. 国家图书馆学刊，2005(3)：29-34.
15. 崔政斌，崔佳. 现代安全管理举要[M]. 北京：化学工业出版社，2011.
16. 戴成英. 论公共图书馆的绩效管理[J]. 河南图书馆学刊，2011(1)：91-93.
17. 戴尔·卡内基. 人性的弱点[M]. 北京：长安出版社，2009.
18. 丁桂凤. 员工自主学习研究[M]. 北京：中国社会科学出版社，2004.
19. 董华，张吉光. 城市公共安全：应急与管理[M]. 北京：化学工业出版社，2006.
20. 埃德加·沙因. 沙因组织心理学[M]. 马红宇，等，译. 北京：中国人民大学出版社，2009.
21. 弗雷德·R·大卫. 战略管理概念部分[M]. 11版. 北京：清华大学出版社，2008.
22. 付立宏，袁琳. 图书馆管理教程[M]. 武汉：武汉大学出版社，2005.
23. 付立宏. 图书馆管理学[M]. 武汉：武汉大学出版社，2010.

24. 加雷思·琼斯，珍妮弗·乔治. 当代管理学[M]. 李建伟，等，译. 2版. 北京：人民邮电出版社，2003.
25. 高红，朱硕峰，张玮. 世界各国图书馆馆藏发展政策精要[M]. 北京：海洋出版社，2010.
26. 葛秋菊. 项目管理在回溯建库中的应用[J]. 农业图书情报学刊，2007(4)：27.
27. 公共图书馆研究院. 中国公共图书馆发展蓝皮书(2011)[M]. 深圳：海天出版社，2010.
28. 古剑. 职场论语[M]. 济南：山东人民出版社，2010.
29. 龚荒. 企业战略管理：概念、方法与案例[M]. 北京：清华大学出版社，2008.
30. 桂胜，田北海. 读者阅读需求与公共图书馆馆藏建设——以湖北省图书馆的读者调查为例[J]. 中国图书馆学报，2006(3)：103-107.
31. 关培兰. 组织行为学[M]. 2版. 北京：中国人民大学出版社，2008.
32. 郭明珠，等. 个性化信息服务中用户隐私保护对策探究[J]. 图书馆学研究，2010(8)：62.
33. 计津. 以项目管理方式组织图书馆读者活动的思考[J]. 科技情报开发与经济，2011(18)：97-99.
34. 科林·克拉克-希尔，基思·格莱斯特. 战略管理案例[M]. 2版. 北京：经济管理出版社，2000.
35. 乐艳芬. 成本管理会计[M]. 2版. 上海：复旦大学出版社，2010.
36. 李国新. 立足新变化　突破新问题　推动县级图书馆持续发展——第三届百县馆长论坛主旨报告[J]. 图书与情报，2010(4)：1-3.

37. 李国新. 东京公共图书馆的布局与服务[J]. 山东图书馆学刊, 2009(4): 39-44.
38. 李国新. 公共文化服务体系建设中的公共图书馆[J]. 图书馆研究与工作, 2010(3).
39. 李国新. 图书馆制度是支撑社会和谐发展的重要基石[N]. 人民日报, 2006-01-13(16).
40. 李晓新, 陆秀萍, 付德金. 新农村建设中公共图书馆的功能设计——针对资源短缺型县级图书馆的研究[J]. 图书与情报, 2009(6): 24-33.
41. 李东来. 让更多的人享受图书馆: 东莞城市图书馆发展的思考与实践[J]. 山东图书馆学刊, 2009(1): 40-44.
42. 李超平. 中国公共图书馆服务体系"嘉兴模式"研究[J]. 中国图书馆学报, 2009(11): 10-16.
43. 梁立青. 对公共图书馆开展志愿者活动的思考[J]. 福建图书馆理论与实践, 2003(4): 1.
44. 林丽萍. 厦门市图书馆托管型分馆建设实践及思考[J]. 图书与情报, 2010(6): 109-112.
45. 李吉子. 韩国图书馆员职业资格认证制度[J]. 国家图书馆学刊, 2005(3): 41-42.
46. 李桂华. 当代公共图书馆用户: 需求、行为与结构[M]. 成都: 四川大学出版社, 2010.
47. 李海英. 图书馆服务管理[M]. 北京: 国家图书馆出版社, 2011.
48. 李国伟. 消防安全工作与图书馆安全保障[J]. 大众文艺(理论), 2009(12).
49. 黎震. 大中型公共图书馆安全工作相关因素分析[J]. 深图通讯, 2008(1).

50. 刘秀娥. 图书馆防灾与危机管理[M]. 北京：海洋出版社，2007.

51. 刘小琴. 图书馆规章制度选编[M]. 北京：北京图书馆出版社，2001.

52. 刘俊杰，郭智康，黄嘉华. 论定员定额管理和绩效预算相结合的预算机制[J]. 兰州学刊，2004(5)：197-200.

53. 刘兹恒，徐建华，张久珍. 现代图书馆管理[M]. 北京：电子工业出版社，2010.

54. 刘兹恒. 图书馆危机管理手册[M]. 北京：国家图书馆出版社，2010.

55. 马俊，侯一麟，林尚立. 国家治理与公共预算[M]. 北京：中国财政经济出版社，2007.

56. 马骏，叶娟丽. 零基预算：理论与实践. 中国人民大学学报[J]，2004(2)：122-129.

57. 马学伟. 浅论公共图书馆安全危机管理[J]. 图书馆论坛，2008(8)：160-163.

58. 缪其浩. 图书馆员职业精神与核心能力[M]. 上海：上海科学技术出版社，2006.

59. 莫寰，张延平，王满四. 人力资源管理：原理、技巧与应用[M]. 北京：清华大学出版社，2007.

60. 倪秋菊. 零基预算的发展及在我国的适用性. 经济学研究[J]，2005，3(4)：56-61.

61. 戚颖. 项目管理在东华大学图书馆中文图书馆藏优化中的应用研究[J]. 上海高校图书情报工作研究，2010(2)：59-63.

62. 全国中小型公共图书馆联合会. 中小型公共图书馆的体系建设与可持续发展[M]. 北京：中国民族摄影艺术出版社，2011.

63. 秦雪平. 试论项目管理在图书馆中的应用. 内蒙古科技与经济[J]，2010(2)：122-126.
64. 邱冠华. 从政府购买看实行总分馆制的必然性[J]. 新世纪图书馆，2008(6)：39-41.
65. 邱冠华，于良芝，许晓霞. 覆盖全社会的公共图书馆服务体系模式、技术支撑与方案[M]. 北京：北京图书馆出版社，2008.
66. 邱冠华. 公共图书馆的设置与体系研究[J]. 中国图书馆学报，2010(2)：9-17.
67. 屈义华. 公共图书馆服务创新——佛山市禅城区联合图书馆的实践与思考[J]. 图书馆论坛，2005，25(6)：305-307.
68. 宋香云，陈建华，姜东旭. 管理学原理[M]. 北京：中国传媒大学出版社，2008.
69. 田儒会. 公共图书馆绩效管理中的激励方法研究[J]. 科技信息，2011(1)：205-206.
70. 田野. 公共图书馆免费开放的SWOT分析[J]. 图书馆学刊，2011，(8)：31-33.
71. 王世伟. 论中国图书馆职业资格证书制度的建立[J]. 图书情报工作，2003(1)：7-10.
72. 王世伟. 图书馆服务标准论丛[M]. 上海：上海社会科学院出版社，2009.
73. 王如龙. IT项目管理：从理论到实践[M]. 北京：清华大学出版社，2008.
74. 王庆成，李相国. 财务管理学[M]. 北京：中国财政经济出版社，2006.
75. 王洪德，石剑云，潘科. 安全管理与安全评价[M]. 北京：清华大学出版社，2010.

76. 王子舟. 民间力量建设图书馆的政策与模式[M]. 北京：国家图书馆出版社，2011.
77. 王陆军. 睁眼看世界——我们向国外图书馆学习什么[M]. 北京：海洋出版社，2010.
78. 温国强. 图书馆提高读者忠诚度的策略[J]. 中国图书馆学报，2004(6)：80-83.
79. 武新，刘华锋. 社会保障概论[M]. 北京：中国劳动社会保障出版社，2007.
80. 吴建中. 21世纪图书馆新论[M]. 2版. 上海：上海科学技术文献出版社，2003.
81. 吴慰慈. 图书馆职业资格认证制度[J]. 图书馆建设，2004(2)：7-8.
82. 吴建中. 21世纪图书馆员的使命[J]. 图书馆杂志，1999(3)：22-24.
83. 吴建中. 战略思考 图书馆管理的十个热门话题[M]. 上海：上海科学技术文献出版社，2005.
84. 吴翠红. 项目管理在图书馆的应用探索[J]. 图书馆论坛，2009(6)：104-107.
85. 吴晶. 管理会计最新实务指南[M]. 北京：中国纺织出版社，2010.
86. 吴骏. 日本司书资格考试的新动向[J]. 图书馆杂志，2002(5)：71-74.
87. 肖余春. 团队行为学[M]. 杭州：浙江大学出版社，2006.
88. 许美容. 公共图书馆志愿者队伍管理的改进[J]. 图书馆杂志，2007(6)：32-34.
89. 徐建华. 现代图书馆管理[M]. 天津：南开大学出版社，2003.

90. 徐建华，付娇. 图书馆员的职业生涯开发与管理[J]. 中国图书馆学报，2003(1)：19-23.
91. 杨红玉. 管理会计[M]. 上海：立信会计出版社. 2007.
92. 严安. 图书馆网络信息服务中的用户隐私权保护研究[J]. 图书馆学研究，2005(8)：86-86.
93. 姚根兴，李文霆. 安全主任岗位培训手册[M]. 广州：广东经济出版社，2011.
94. 尹隆森. 岗位说明书的编写与应用[M]. 北京：北京大学出版社，2003.
95. 殷洪. 青少年心理援助：基于社会责任的图书馆服务创新——以无锡市图书馆建设未成年人心理健康活动中心为例[J]. 图书情报工作，2010(9)：95-99.
96. 袁咏秋，李家乔. 外国图书馆学名著选读[M]. 北京：北京大学出版社，1988.
97. 余子牛. 效益是这样产生的[J]. 图书与情报，2008(6)：119-122.
98. 于良芝. 图书馆学导论[M]. 北京：科学出版社，2003.
99. 于良芝，许晓霞，张广钦. 公共图书馆基本原理[M]. 北京：北京师范大学出版社，2012.
100. 于良芝，陆秀萍，付德金. SWOT与图书馆的科学规划：应用反思. 国家图书馆学刊[J]，2009(2)：17-22.
101. 于良芝. 战略规划作为公共图书馆管理工具：应用、价值及其与我国公共图书馆的相关性[J]. 图书馆建设，2008(4)：54-58.
102. 约翰·A·皮尔斯二世，小理查德·B·鲁滨逊. 战略管理——制定、实施和控制[M]. 8版. 北京：中国人民大学出版社，2004.
103. 曾淑贤. 公共图书馆在终身学习社会中的经营策略与服务效能[M]. 台北：孙运璿学术基金会，2003.

104. 陈道斌. 管理会计[M]. 北京：中国金融出版社. 2010.
105. 张星河. 求职与就业指导[M]. 北京：北京大学出版社，2008.
106. 张晓彤. 绩效管理实务[M]. 北京：北京大学出版社，2003.
107. 张亚军，李树森，孔繁芹. 谈零基预算[J]. 冶金经济与管理，1999(2)：47.
108. 张世体. 成本会计[M]. 上海：立信会计出版社，2005.
109. 赵志军，赵瀚清. 中外管理思想史[M]. 长春：吉林人民出版社，2010.
110. 赵惠. 试论项目制在公共图书馆读者活动中的运作——兼"寻找城市记忆"活动案例分析[J]. 农业图书情报学刊，2009(1)：121-123.
111. 陈冠年. SWOT 分析法在图书馆的应用[J].（中国台湾）台湾图书馆学会会报，2004(73)：125-136.
112. 周嘉硕. 项目负责制实施要点及分析[J]. 大学出版，2007(3)：55-58.
113. 周英雄. 深圳市宝安区公共图书馆服务体系建设探索与未来发展[J]. 图书与情报，2011(1)：86-90.
114. 中国发展研究基金会. 公共预算读本[M]. 北京：中国发展出版社，2008.
115. 中国图书馆学会. 中国图书馆馆员职业道德准则（试行）[M]. 北京：北京图书馆出版社，2003.
116. 中国图书馆学会. 中国图书馆年鉴 2011 卷[M]. 北京：国家图书馆出版社，2011.
117. 中国图书馆学会. 中国图书馆学会年会论文集 2009 年卷[G]. 北京：国家图书馆出版社，2009.